Eduard Belling

Der große Kurfürst in der Dichtung

Eduard Belling

Der große Kurfürst in der Dichtung

ISBN/EAN: 9783743319011

Hergestellt in Europa, USA, Kanada, Australien, Japan

Cover: Foto ©ninafisch / pixelio.de

Manufactured and distributed by brebook publishing software
(www.brebook.com)

Eduard Belling

Der große Kurfürst in der Dichtung

Der

Große Kurfürst

in der Dichtung

Motto:
Wenn der Leib in Staub zerfallen,
Lebt der große Name noch.
Schiller, Siegesfest.

von

Eduard Belling.

Berlin
Verlag von Brachvogel & Ranft
1888.

Inhalts-Verzeichnis.

V

Einleitung.

Zweihundert Jahre sind es her, seit der große Kurfürst am 29. April 1688 am Sonntage Misericordias Domini aus dieser Welt schied; doch sein Andenken ist noch immer frisch und lebendig in dem Herzen nicht nur des preußischen, sondern auch des deutschen Volkes und wird für alle Zeiten in demselben fort= leben. Denn dieser Fürst, der in einer Zeit, in der das nationale Bewußtsein zu verschwinden drohte, seiner Nation und jedem einzelnen Gliede derselben das patriotische Wort zurief: „Gedenke, daß Du ein Deutscher bist," der selbst gegen alle Feinde des deutschen Volkes, gegen die äußeren, die das Vaterland beraubten und zerrissen, wie gegen die inneren, welche die Freiheit des Denkens und Glaubens zu unterdrücken suchten, mannhaft und ritterlich für deutsche Ehre und deutsche Denk= und Gewissensfreiheit eintrat, aus dessen genialem Geiste eine Fülle von großartigen Gedanken und Anregungen hervorgegangen sind, die sich zum Teil erst jetzt in unſern Tagen erfüllen und verwirklichen, ein ſolch hochbegabter, hochſinniger und thatkräftiger Fürſt iſt mit vollem Rechte zu den edelſten deutſchen Heldengeſtalten zu zählen. Deshalb hat ihn nicht nur die Geſchichte als Begründer des brandenburgiſch=preußiſchen Staates und als einen der bedeutendſten Fürſten anerkannt, ſondern auch die deutſche Muſe von ſeiner Zeit an bis auf unſere Tage ihn als Helden und Menſchen in vielen wertvollen Dichtungen verherrlicht. Fürwahr! ſeine edle Erſcheinung wie ſeine kühnen und großen Gedanken und ſeine glänzenden Thaten regen unwillkürlich zum Geſange an. Schon die wahrhaft fürſtliche Perſönlichkeit ließ den großen Mann erkennen und alle uns erhaltenen Bilder aus ſeiner Jugendzeit bis zu ſeinem ſpäteren Alter üben eine anziehende, feſſelnde Wirkung auf den Betrachter aus. Aber ein noch tieferes Intereſſe rufen die Thaten dieſes geiſt= und charaktervollen Herrſchers wach. Gleich von Kindheit an hat er das Leben von der ernſteſten und bitterſten Seite kennen gelernt und, wenn er ſpäter auch manchen herrlichen Sieg erfochten, manchen bedeutenden Vorteil gewonnen, wie ſchwer hat er gekämpft und gerungen, wie viele durch Sorge und Krankheit verdüſterte Stunden hat er durchlebt, wie viele bittere Enttäuſchungen erfahren, wie viel Herzeleid und Kränkung durch Bosheit und eigenſinnigen Trotz gegenüber ſeinen beſten, redlichſten, wohl=meinendſten Beſtrebungen erdulden müſſen. In dieſem harten Lebenskampfe bewundern wir an ihm eine große Energie und unerſchütterliche Charakterfeſtigkeit, einen kühnen Wagemut und zugleich eine weiſe Vorſicht, ein klares und ſcharfes Urteil und einen faſt prophetiſchen Fernblick bis in die ſpäteſte Zukunft. Es zeigt ſich hierin eine große Ähnlichkeit zwiſchen ihm und ſeinem Urenkel, Friedrich dem Großen. Jedoch in zwei Punkten unterſcheiden ſie ſich vollſtändig. Friedrich der Große fand ſeine Befriedigung in der Beſchäftigung mit der Philoſophie und in der Freundschaft mit bedeutenden, witzigen und geistvollen Männern, der große Kurfürst in der Religion und in der Liebe. Gerade dadurch aber tritt er uns menschlich viel näher und wird auch der poetischen Darstellung viel zugänglicher. Während Friedrich der Große in seinen Jugendjahren nicht dem Drange seines Herzens folgen durfte und später seine Beziehungen zu den Frauen vor den ernsten Regentenpflichten fast ganz in den Hintergrund traten, hat der große Kurfürst der Liebe Lust, aber auch der Liebe Leid voll und ganz erfahren. Nach jener schwärmerischen Jugendliebe zu Ludovika Hollandine, der schönen Tochter des unglücklichen Winterkönigs, genoß er an der Seite der edlen Oranierin Luise Henriette ein reines, seliges Liebes= und Gattenglück, erfuhr aber auch durch ihren frühen Tod den herbsten Schmerz. Wohl suchte Dorothea von Holstein, seine zweite Gemahlin durch liebevolle Pflege den Verlust zu ersetzen, doch bereitete ihm der Zwiespalt zwischen ihr und den Söhnen erster Ehe später manchen Herzenskummer. Er ertrug aber alles Leid mit gottergebenem Sinne. Denn er war ein Mann voll wahren, tiefen Glaubens, aber frei von jeder Bigotterie und gegen Andersgläubige duldsam und wohlwollend. Solche tieffühlende und edelbenkende, hochbegabte und thatkräftige Männer liebt die Dichtung ganz besonders und deshalb ist ihm eine große Anzahl zum Teil recht bedeutender epischer und dramatischer Dichtungen gewidmet worden. Denn Handlung ist die Seele des Dramas und Epos und thatenreich war das Leben dieses hervorragenden Fürsten. Die Dichtung begleitet ihn von der Wiege bis zum Grabe und über dasselbe hinaus; in der späteren und unserer Zeit, die ihn noch besser zu würdigen versteht, als die Mitwelt, sind die wertvollsten und schönsten Dichtungen entstanden. Betrachten wir dieselben genauer und nach dem biographisch = chronologischen Prinzip; zuerst die auf seine Jugendzeit bezüglichen.

Der schreckliche dreißigjährige Krieg wütete damals in dem deutschen Vaterlande und die Marken, zwischen beiden Parteien hin- und herschwankend, hatten ganz besonders schwer zu leiden, wie dies einige Klagelieder hervorheben. In einem „Weh- und Hülferuf" kommt die Verzweiflung der geplagten Bevölkerung zum herzerschütternden Ausbruck; in „Brandenburgs Not" zählt Üchtritz alle die Peiniger der Mark auf und weist auf die Veröbung ganzer Strecken und den Niedergang Berlins hin; Paul Gerhard fleht in dem Gedichte, „in Kriegszeiten," Gottes Barmherzigkeit an, er möge ihnen alle ihre Sünden und Misse-thaten, um derentwillen sie dies Unglück verdient, verzeihen und ihnen wieder den Frieden schenken. Wenig Freude und Heiter-keit, meist bittern Ernst, Jammer und Thränen sah der junge Prinz selbst in seiner nächsten Umgebung. Der Vater, krank und schwach, noch dazu von seinem dem Kaiser ergebenen Minister Schwarzenberg falsch geleitet, konnte seinen streb-samen Geist nicht fördern und sein jugendliches Gemüt nicht erheben. Nur eine Heldengestalt fesselte seine Blicke und sein Herz, Gustav Adolf. Dieser edle König, der ihm ein Vorbild und Muster aller ritterlichen Tugenden und einer wahrhaft hochherzigen, königlichen Gesinnung war, sprach einst, als er den jungen Prinzen mit den dunklen, blitzenden Augen sah, die prophetischen Worte aus: „Von dem wird man noch einmal reden!" Die Beziehungen dieser beiden hat auch die Dichtung dargestellt. In wehmütig ergreifender Weise schildert uns Armin Stein in seinem „großen Kurfürsten, ein Heldenleben" und W. Martin in einer Ballade die stille Totenfeier des großen Schwedenkönigs im Herzogsschlosse zu Wolgast, den thränenreichen Abschied, den die Kurfürstliche Familie und mit ihr der Kur-prinz von dem teuren Verwandten nehmen, und die Aufforderung der nun verwittweten Königin Marie Eleonore an den Kur-prinzen, die Prophezeiung ihres hohen Gemahls durch ruhmvolle Thaten zur Wahrheit zu machen. Es war eine erschütternde und doch zugleich erhebende Stunde für den dreizehnjährigen Prinzen, die ihm unvergeßlich blieb und auf sein folgendes Leben einen bedeutenden Einfluß übte. —

Mit Hülfe der Ersparnisse seiner treuen Mutter begab sich der Kurprinz zu seiner weiteren Ausbildung nach den Nieder=landen. Diesen Lebensabschnitt, das Jünglingsalter und die darin hervortretenden Beziehungen des Kurprinzen zu Friedrich Heinrich von Oranien und seiner Tochter Luise und zur Prin=zessin Ludovika Hollandine hat Hans Herrig in einem Drama von drei Aufzügen, „der Kurprinz,“ recht interessant geschildert. Ist auch die Fabel einfach, so ist doch die psychologische Ent=wicklung und Charakteristik der auftretenden Personen sehr gelungen. Der erste Akt zeigt uns den Kurprinzen als fleißigen Studenten, der eben eine Lektion in der Mathematik erhalten und dann auf den Wunsch seines Erziehers Schwerin noch in das Corpus Juris eingeführt werden soll. Aber der Prinz Rohan, ein leichtfertiger und liederlicher Kavalier unterbricht den Unterricht; er spöttelt über das ernste Studium des Prinzen, teilt ihm mit, daß die Prinzessin Hollandine angekommen, der die jungen Kavaliere ein Ständchen bringen wollen, und weiß ihn so zu beschwatzen, daß er an diesem Tage seine weiteren Studien einzustellen beschließt. Die Szene verwandelt sich in einen Garten. Luise von Oranien verrät ihrer Erzieherin Porter ihre Vorliebe für den Kurprinzen und erzählt ihr einen Traum: in einer Postkutsche habe sie gesessen und der Kurprinz auf dem Kutscherbocke sei mit ihr lustig durch die weite Welt gefahren. Bald darauf tritt zu ihnen der Kurprinz, der den Damen die Ankunft der Prinzessin Hollandine mitteilt, deren außerordentliche Schönheit man allgemein rühme. Luise findet, daß der Kurprinz schnell Feuer fange und deutet ihm auf seine Frage nach dem Wesen der Prinzessin ihre dämonische Natur

an. Unterdessen kommt der Prinz von Oranien, um ihnen anzukündigen, daß er aus dem Haag nach Breda eilen müsse,
welches der Spanier noch immer besetzt halte. Luise will mit
ihrem Vater ins Lager; er lehnt es anfangs ab und verweist
sie auf die Gesellschaft der Prinzessin Ludovika und des Kurprinzen, der sich galant zu ihrem Ritter erboten, aber doch lieber
mit dem Fürsten ins Feld ziehen möchte. Schließlich gestattet
der Prinz von Oranien seiner Tochter, ihn ins Lager zu
begleiten. Nachdem alle abgetreten, erscheint Ludovika Hollandine
mit mehreren Herren und Damen. Sie dankt Rohan und
seinen Freunden für das Ständchen und erkundigt sich nach
dem Kurprinzen. Rohan schildert ihn als ein Muttersöhnchen,
einen strebsamen Menschen, der etwas Besonderes zu werden
sich vorgenommen habe, und als Anbeter der Prinzessin Luise,
mit der er die Psalmen Marots zusammen lese. Während
Ludovika mit ihrer Umgebung ihr kokettes Spiel treibt, erscheint
der Kurprinz und wird ihr von Rohan vorgestellt. Sie spöttelt
über seinen großen Fleiß und weist ihn mit schwärmerischen
Worten auf die Pracht des erwachenden Frühlings hin, sodaß sie
der Prinz entzückt als des Frühlings Göttin bezeichnet, die sich
seidene Kleider angezogen. Eine Rose, die er abgebrochen, steckt
sie sich mit seiner Hülfe ins Haar und weiß ihn durch kokette
Liebenswürdigkeit und Neckerei so anzuziehen, daß er in seinem
Entschlusse, dem Oranier zu folgen, immer wankender wird.
Als ihn Schwerin an seine Pflicht erinnert, besteht er, dadurch
gereizt, um so mehr auf seinem Willen, auch einmal jung zu
sein mit der Jugend, und kniet vor Ludovika nieder, die ihren
Arm um seinen Nacken schlingt. Unterdessen erscheint Luise im
Hintergrunde und Schwerin zeigt ihr stumm und unwillig die
Gruppe der beiden Liebenden. Ludovika aber über die Huldi-
gung des Kurprinzen hoch erfreut, vergleicht ihn mit einem
Schmetterlinge, der aus der Puppe gekrochen, jetzt erst die

Schönheit der Welt kosten solle, und liebestrunken jauchzt der Prinz ihr zu: „O Frühlingszauber, süßes Blumenlocken!" — Der zweite Aufzug beginnt mit einem Monolog des Prinzen in dem Empfangszimmer der Ludovika, von dem aus er mit Entzücken beobachtet, wie die Prinzessin ihre reizende Toilette beendigt. Angemeldet von Fräulein Dessignol, ist er bald mit Ludovika allein und wird durch ihre zauberische kokette Liebens- würdigkeit und ihre zärtlichen Neckereien so entflammt, daß er ihr zu Füßen sinkt und das Geständnis seiner Liebe macht, das sie erwidert. In der dritten Szene erscheinen Rohan, Roermonde, die Gräfin Wangenheim, ein Kavalier und eine Dame, und das Fest der media nocte beginnt. Einfach und schlicht hat diese Szene Nitschmann erzählt, phantastisch-romanhaft die Mühlbach ausgeschmückt, ihr für die sittliche Entwickelung des Prinzen eine psychologisch-interessante Seite abzugewinnen, hat allein Hans Herrig verstanden. Er charakterisiert sehr treffend die einzelnen Mitglieder der Gesellschaft, den jugendlich schwärmerischen, aber edlen Kurprinzen, die lebenslustige, dämonische Ludovika, die genußsüchtige und verliebte Wangenheim, den liederlichen, leidenschaftlichen Spieler Rohan, den phlegmatischen Trinker Roermonde. Ludovika bringt einen Toast auf die Liebe und Schönheit aus und die Gesellschaft wird immer lebendiger und leidenschaftlicher. Rohan greift zu den Karten und leitet das Spiel. Ludovika und der Kurprinz sind jetzt ungestörter; sie werden immer feuriger und Ludovika zerbricht ihr Glas mit den Worten: „Genießt, wo's zu genießen giebt," und aus dem schwärmerischen Weibe tritt die mänadenhafte Natur hervor. Der Genuß ist ihr das Höchste; sie verlacht den, welcher an die Gerechtigkeit des Himmels glaubt; sie hat es verlernt, seitdem sie den Jammer des dreißigjährigen Krieges gesehn, von dem sie eine ergreifende Schilderung giebt. Aber die Erwähnung Deutschlands und des thränenreichen Krieges

erweckt in dem Kurprinzen die Erinnerung an die Not seiner
Mark, die er von Herzen liebt, und stimmt ihn ernst. Die
spielenden Kavaliere geraten in Streit und entfernen sich, nach=
dem sie Ludovika beschwichtigt. In dem auf kurze Zeit allein
gelassenen Kurprinzen kommt beim Erwachen des jungen Morgens
die bessere Natur zum Durchbruch. Immer ernstere Bilder und
Erinnerungen treten vor seinen Geist; er muß an sein unglück=
liches Land, seinen geplagten Vater, die Bitten und das Gebet
seiner edlen Mutter denken und sich eingestehn, wie nichtswürdig
es wäre, wenn er bei dem allgemeinen Jammer und Elend das
Geld verprassen und verzechen und die Hoffnung seiner Eltern
und des ganzen Landes zu Schanden machen wollte. Nichts
vermögen mehr die Schmeicheleien, die Liebenswürdigkeiten und
Spöttereien der zurückgekehrten Ludovika. Er hat seinen sitt=
lichen Halt in sich wiedergefunden, er will fort ins Lager und
reißt sich von dem verführerischen Weibe los — auf Nimmer=
wiedersehn. Der ganze Akt ist vortrefflich geschrieben; die
psychologische Entwickelung der Charaktere, die Mannigfaltigkeit
der verschiedenen Figuren, die lebendige, schöne, poetische Sprache,
die wundervolle, ergreifende Peripetie sind recht anerkennenswert
und der ernste Ausklang nach dem wilden bacchanalischen Taumel
mit seinem pikanten Reiz läßt in dem Leser einen tiefen Ein=
druck zurück. — Der dritte Aufzug führt uns in das Lagerzelt
des Prinzen von Oranien vor Breda. Dieser giebt einem
Offizier den Befehl, Breda zu beschießen, um die spanische
Besatzung zur Übergabe zu zwingen. Der Offizier meldet, daß
ein in einen Mantel gehüllter Mann ihn sprechen will. In
dem Eintretenden erkennt der Oranier voll Freude den Kur=
prinzen und lobt ihn, daß er sich überwunden und dem „aller=
weltskoketten“ Weibe entflohen sei. Der Kurprinz, der offen
gesteht, daß es ihm nicht leicht geworden, bittet, ihn bei sich
aufzunehmen und sein Lehrmeister in der Kriegskunst zu werden.

Er will den Oranier gleich auf seinem Gange durch die Runden begleiten, dieser aber heißt ihn erst in seinem Zelte einen Imbiß nehmen und sich erholen. Der Kurprinz, von dem anstrengenden Ritte ermüdet, sinkt in Schlummer. Da erscheint die Prinzessin Luise, die sich noch einmal nach dem Befinden ihres Vaters erkundigen will. Beim Anblick des Kurprinzen überkommt sie eine große Freude, daß er die Pfälzerin verlassen und in das Lager ihres Vaters gekommen sei; sie erinnert sich, mit wie großem Schmerz sie ihn zu ihren Füßen gesehen; mit Zärtlich= keit vertieft sie sich in die schönen, freundlichen Züge des Schlummernden und will ihm ein Kissen unter den Kopf schieben, damit er besser schlafen könne. Darüber erwacht der Kurprinz und jetzt erfolgt eine Erklärung zwischen beiden, die zwar nicht so schwärmerisch, wie vorher zwischen ihm und Ludovika, aber um so inniger, herzlicher und wahrer ist. Luisens Vater, der unbemerkt eingetreten, ist über die Liebenden erstaunt und giebt dem Kurprinzen zu verstehen, daß er noch kein Mann sei und daß wahre Liebe nicht in der Schwärmerei bestehe, die einem Feuerwerk gleiche; wahre Liebe sei wie der Strom des Blutes, der vom Herzen aus bis zur letzten Faser all unser Sein und Thun belebend durchdringe. Mit ihr sei der klare Verstand wohl vereinbar, der im Weibe nicht ein Spielzeug der Lust, sondern der Gattin Würde erkenne und in dem Manne sich als der Schöpfer großer, ihn überlebender Thaten erweise. Ein Mann aber solle der Kurprinz erst werden. Unterdessen hat die Beschießung von Breda begonnen. Dasselbe ergiebt sich bald; der spanische Offizier unterzeichnet die Urkunde der Übergabe und das Volk strömt aus der Stadt, um in aufrichtigen und begeisterten Worten dem siegreichen Oranier zu huldigen und zu danken. Voll Bewunderung blickt der Kurprinz auf den bedeutenden Fürsten, der ein Held und Mann im wahren Sinne des Wortes ist. In diesem Augenblick überbringt

Schwerin dem Kurprinzen die Nachricht, daß er nach Hause eilen müsse, weil der Vater schwer erkrankt und die Mark von neuen Kriegsstürmen bedroht sei. Da ruft ihm der Oranier zu: „Der Jugend Dämmerzeiten sind nun vorüber! jetzt an die Arbeit!" Begeistert faßt der Kurprinz diese Worte auf; auch er besitze ein Vaterland, das aber zerstückt und blutend dahin sieche; dort habe er seine Aufgabe. Also an die Arbeit! Doch unwillkürlich muß er dabei der Prinzessin Luise gedenken, die bei dem Rufe ihres Namens in seine Arme sinkt. Der Oranier scheint für einen Augenblick etwas erzürnt, daß beide, ohne ihn zu fragen, der Neigung ihres Herzens sich hingeben. Aber bald sieht der Kurprinz sein freundliches Lächeln und versichert Luise seiner wahren, treuen, deutschen Liebe. Freilich würden für ihn noch viele schwere Tage und Wochen kommen, aber dann ein schöner Sonntagsmorgen, wo er sie heimführe. Luise ist betrübt, daß er so schnell scheiden will. Doch er entgegnet ihr: er müsse erst im Kampfe des Lebens ein Mann und, wie ihr edler Vater, der Retter seines Volkes werden. Knieend bittet er den Oranier um seinen Segen auf den rauhen Pfad, und dieser legt ihm seine Hände auf das Haupt und prophezeit ihm seine zukünftige Größe. Mit diesem erhebenden Schlusse endet das schöne Schauspiel, das zu dem Besten gehört, was auf den großen Kurfürsten gedichtet worden ist. — Wie edel und dankbar der Kurprinz war, geht daraus hervor, daß er seinem Erzieher und Begleiter, v. Leuchtmar, der ihn ernstlich vor den Verführungen des Haag warnte, eine Schenkungsurkunde auf eins der besten Güter am Rhein ausstellte. — Es war für den Kurprinzen ein großes Glück, daß er in seiner Jugendzeit bedeutende Männer kennen lernte, wie den Schwedenkönig und den Oranier, die beide ausgezeichnete Feldherren und Staatsmänner, beide edle und große Charaktere waren. In ihnen sah er die Ideale, denen er mit aller Begeisterung der Jugend nachstrebte. Ebenso war es für die Zukunft seines Landes von großem Segen, daß er aus dem Elend seiner Heimat in ein anderes Land kam und ein Volk kennen lernte, welches durch eigene Kraft zu einer hohen Stufe der Kultur gelangt war. In ihm hatte er ein großes Vorbild, nach dem er später seinen eigenen Staat umbilden konnte.

In die Zeit von der Ankunft des Kurprinzen in der Mark bis zu seiner und seines Vaters Reise nach Preußen fällt ein Roman von L. Schneider, „der böse Blick oder die Queiße in dem Jahre 1638." Die Sitten und Gebräuche, der Wunder- und Aberglaube der damaligen Zeit, die Zustände des Hofes, der mächtige Einfluß des Grafen Schwarzenberg, das Heerwesen, die Falschmünzerbanden, „die Kipper und Wipper" werden uns in lebendigen Bildern vorgeführt. Der Held des Romans, Gerhard von Queiße, der im Streite einen Hauptmann erschlagen, gerät in eine Falschmünzerbande und wird gezwungen, ihr Mitglied zu werden. Mit einem Landregiment entkommt er aus Spandau. Dasselbe meutert auf dem Marsche nach Berlin und durch Gerhards Hülfe gelingt es, die Soldaten wieder zum Gehorsam zu bringen. Für sein energisches Auftreten und die Rettung der Tochter des Schwarzenberg eröffnet sich ihm eine glänzende Laufbahn und der Kurprinz nimmt sich seiner freundlich an. Derselbe war eben zur Freude des ganzen Volkes aus den Niederlanden zurückgekehrt. Ihm überläßt es der Kurfürst, die Rädelsführer der Meuterei zu begnadigen. Aber der Kurprinz hat in den Niederlanden bei dem großen Oranier ein anderes Heerwesen, andere Ansichten über militärische Zucht und Ehre kennen gelernt. Er will zunächst noch nichts von Begnadigung wissen; erst soll über sie Gericht gehalten werden. Dies geschieht. Aber auch dann schlägt er eine energische Bestrafung vor: sie sollen zwar nicht getötet, aber als ehrlose Soldaten aus der Stadt gepeitscht werden. Das

Urteil hatte eine gute Wirkung auf die verwilderte Soldateska der damaligen Zeit. Energisch und tapfer erweist er sich bei einem Angriff der Schweden auf Berlin. Seiner Pflicht ein= gedenk verläßt er das Bankett und Komödienspiel und schlägt den Überfall siegreich ab. Ritterlich und fein benimmt er sich gegen die Tochter Schwarzenbergs, die Gerhard liebt, und edel= mütig verspricht er das Glück der Liebenden in seine Obhut zu nehmen. Aber ein unheilvolles Geschick stürzt beide ins Unglück. Gerhard wird wegen Mord und Teilnahme an einer Falsch= münzerbande gefangen genommen. Als sein Vater sich ver= zweiflungsvoll um Rettung an den Kurprinzen wendet, empfindet dieser die tiefste Teilnahme, aber den Gang des Gesetzes will er nicht hemmen; doch ruft er ihm tröstend zu, der Kurfürst werde streng richten, aber milde strafen, ein Grundsatz, den er selbst später in seinem Leben stets befolgte. Die Gräfin stirbt durch ein seltsames Verhängnis, den „bösen Blick", und Gerhard entflieht nach Holland. In diesem Roman ist auch der Erkrankung des Kurprinzen, angeblich durch Gift, wie er selbst glaubte, Erwähnung gethan. Nüschmann führt dieses Unwohl= sein sehr richtig auf einen Krankheitsanfall zurück. Er schildert dann weiter recht fesselnd und lebendig, wie klug und vorsichtig der junge Kurfürst gegen den gefährlichen Grafen Schwarzen= berg auftritt, ihn anfangs aus Rücksicht auf den Kaiser in seiner Stellung beläßt, dann ihm allmählich seine Macht entzieht, die Besatzungen der festen Plätze mit Hülfe Burgsdorfs wieder in seine Gewalt bringt, die drohende Verschwörung mit List und Gewalt unterdrückt, sodaß der alte Graf mehr und mehr seinen Einfluß schwinden sieht. Durch einen Aufstand der Soldaten und durch einen Mord an seiner Tafel aufgeregt, stirbt er am Schlagfluß.*)

---

*) Diese Vorgänge, wie die Erlebnisse des Kurprinzen in Holland hat in lose an einander gereihten Szenen von Festenberg-

Phantaſtiſch und unhiſtoriſch hat dieſe Zeit die Mühlbach in ihrem Roman behandelt. Beſſer gelungen iſt ihr und noch mehr Ritſchmann die Schilderung der Huldigung in Warſchau. Der Kurfürſt ſtand damals in ſeiner vollſten Jugendblüte und ſeine hohe, männliche Schönheit wurde noch durch eine feine, glänzende Tracht gehoben. Als er auf feurigem Roß durch die Straßen der polniſchen Hauptſtadt dahinritt, erregte er im Volke allgemeine Bewunderung und gewann ſich im Fluge die Herzen der Damen, ſelbſt der Königin und der Prinzeſſin Maria. Ihm zu Ehren wurde ein Feſt nach dem andern gegeben. Man ſuchte ihn durch eine Heirat mit Maria enger mit dem polniſchen Hofe zu verbinden und Graf Gerhard von Döhnhof wurde beauftragt, ihm dies anzudeuten. Aber der kluge Fürſt, der infolge der demütigenden Bedingungen bei der Belehnung den Entſchluß gefaßt hatte, das Lehnsverhältnis zu löſen, gab die beſtimmte ritterliche Antwort: „So lange ich mein Land nicht in Frieden regieren kann, darf ich nach keiner andern Braut mich umſehn, als nach meinem Degen." Auch weitere Anträge blieben nicht aus und die Schilderung derſelben gehören zu den beſſeren Partieen des Mühlbachſchen Romans. Zuerſt erſcheint der Graf Trautmannsdorf mit einem Heiratsantrage vom kaiſerlichen Hofe; doch der junge Kurfürſt weiſt ihn zurück; denn er hat weder Luſt, ſeinen Glauben zu wechſeln, noch ſich den Befehlen des Kaiſers zu fügen. Darauf bietet der Geſandte Frankreichs ihm die Hand der Prinzeſſin Luiſe von Orleans an, deren in Brillanten gefaßtes Porträt ſamt dem Bilde des

---

Packiſch in ſeinem Gedenkblatt „Hie Brandenburg" geſchildert. Die Dichtung zerfällt in drei Abteilungen: „Der Kurprinz in Holland," „am väterlichen Hofe" und „Friedrich Wilhelm Kurfürſt," von denen beſonders die beiden letzten durch lebenswahre, meiſt getreu an die Geſchichte ſich haltende Darſtellung und echt patriotiſche Geſinnung anziehen.

Karbinal Mazarin er ihm überreicht. Der junge Fürst lobt es zwar über die Maßen, aber er ist viel zu klug, um sich in Abhängigkeit von Frankreich bringen zu lassen. Am ergötzlichsten ist der Bericht Burgsdorfs von den Zuständen an dem Hofe zu Stockholm, von dem Hochmut und der Ueberspanntheit der eigensinnigen und überbildeten Königin Christine und dem griechischen Hofkonzert, das der gelehrte Maibom leitet, und das mit schallenden Ohrfeigen endet. Friedrich Wilhelm, der nicht dem Herzen, sondern dem Wunsche Gustav Adolfs und seiner Eltern folgend, einen Heiratsantrag an die junge Schwedenkönigin Christine gerichtet hatte, ergötzt sich an dem Berichte Burgsdorfs und der ablehnenden Antwort Christinens, die seinen Antrag zurückwies, weil er an sie keinen lateinischen Brief gerichtet und sie nicht „Allerdurchlauchtigste" tituliert habe. Er ist recht froh, nicht der demütige Mann der stolzen Königin von Schweden und der Sklave ihrer Launen werden zu müssen. Sein Herz und sein politischer Vorteil zieht ihn dorthin, wo er die glücklichsten Jahre seiner Jugend verlebte, an den Hof des edlen Oraniers und zu dem Herzen der lieblich schönen, echt weiblichen und hochbegabten Luise Henriette. — Die Brautfahrt Friedrich Wilhelms nach dem Haag, seine freundliche Aufnahme, die Verlobung, die Verhandlung mit den Ständen und die Vermählung hat, meist getreu nach der Geschichte, Nitschmann in seiner ansprechenden schlichten Weise erzählt. Anders die Mühlbach, die, wie mich dünkt, einer nicht ganz unwahrscheinlichen Mitteilung folgt, wonach der junge Kurfürst nicht so leicht das Herz der Prinzessin Luise gewann, sondern erst einen Gegner aus dem Felde schlagen mußte. Es war dies der Sohn des von seinem Volke angeklagten und eingekerkerten Königs von England. Derselbe hielt sich damals als Flüchtling am Hofe des Oraniers auf und sein trauriges Geschick rief wohl in Luise Henriette eine gewisse Teilnahme wach. Nachdem diese

auch nach ihrer Vermählung ihren kranken Vater aufs treuste
und pietätvollste bis an sein Ende gepflegt hatte, lebte das
junge kurfürstliche Paar in Kleve, wo ihr erster Sohn geboren
wurde. Zu diesem frohen Ereignis wurden ihnen Glückwunsch=
gedichte von Simon Dach und anderen dargebracht. Doch der
kleine Prinz starb bald darauf zum großen Schmerze seiner
Eltern. Auch bei den Friedensverhandlungen machte der Kur=
fürst eine schmerzliche Erfahrung. Pommern, dessen Besitz ihm
rechtlich zustand, nahmen die Schweden in Anspruch. Der
Kurfürst, vom Kaiser im Stich gelassen, mußte sich mit Hinter=
pommern und als Entschädigung für Vorpommern mit Halber=
stadt, Magdeburg, Minden und Kamin begnügen. Dagegen ist
es seinem thatkräftigen Auftreten zu verdanken, daß nicht bloß
den Lutheranern, sondern auch den Reformierten Duldung und
und Gewissensfreiheit verbürgt wurde.

Nach langem Hin= und Herreden, nach vielem Feilschen und
Bieten kam endlich am 24. Oktober 1648 der langersehnte
Friede zustande. Auf denselben hat Paul Gerhard ein recht
tief empfundenes Gedicht, „das Danklied für die Verkündigung
des Friedens" gedichtet. Er heißt tausendmal willkommen „die
teure, werte Friedensgab'." Aber wenn sich sein Blick hinrichtet
auf „die vormals schönen Felder mit frischer Saat bestreut, jetzt
aber lauter Wälder und dürre wüste Heid'," dann bricht er weh=
mutsvoll in die Worte aus: „Hier trübe Deine Sinnen, o
Mensch, und laß den Thränenbach aus beiden Augen rinnen!
Geh in Dein Herz und denke nach!" Eine eben solche tief=
wehmütige Stimmung mochte den Kurfürsten ergreifen, als er
mit seiner jungen Gemahlin an geplünderten Städten, ver=
nichteten Dörfern, veröbeten Fluren vorbei durch seine Marken
reiste. Hier war schnelle und energische Hülfe dringend notwendig.
Seiner Pflicht als Herrscher vollbewußt und von dem größten
Eifer beseelt, belebte der Kurfürst den gesunkenen Mut der

Bevölkerung, erließ zweckentsprechende Verfügungen, half mit
Rat und That und rief aus den übervölkerten Gegenden,
namentlich aus dem Herzogtum Bremen und Holland Leute
herbei, um in den veröbeten Teilen seines Landes den Land-
und Gartenbau wieder zu heben. Auch für das geistige Wohl
des Landes sorgte er, indem auf seine Anregung die Stände
zur Neuerrichtung der Universität Frankfurt und des Joachim-
thalschen Gymnasiums die Mittel bewilligten. In diesem
energischen Schaffen und in dieser unermüdlichen Sorge für
das Wohl der Unterthanen suchte ihn die junge Kurfürstin zu
unterstützen und bethätigte sich hierbei als eine ebenso praktisch
einsichtige, wie edle und liebreiche Landesmutter. Bei der innigen
Liebe, die beide Ehegatten verband, nahm der Kurfürst auch an
dem stillen segensreichen Schaffen seiner Gemahlin, soviel er konnte,
regen Anteil. In dem Roman der Mühlbach, wie in der
Erzählung Nitschmanns ist dies Stillleben in ausführlicher, an
niederländische Kleinmalerei erinnernder Darstellung mit vielem
Behagen und nicht ohne Humor geschildert. Luise Henriette
richtete in Bötzow, dem später nach ihr benannten Oranienburg
eine holländische Musterwirtschaft ein, über deren Erträge sie
sorgfältig Buch führte; gründete das Bruchdorf Neuholland,
um dadurch die holländische Viehzucht in die Marken einzuführen;
legte eine Papiermühle an, um der Bevölkerung einen neuen Erwerbs-
zweig zu eröffnen; pflanzte die ersten Kartoffeln und den ersten
Blumenkohl, wobei ihr der Kurfürst höchsteigenhändig behilflich
war, und ließ zur Hebung der Blumenzucht sich kostbare
Tulpenzwiebeln von ihrer Mutter aus Holland schicken, die zu
ihrem Entsetzen und zum Ergötzen ihres Gemahls der unge-
bildete Gärtner kostete, aber sehr bitter fand. Aus ihrer
Schatulle unterstützte die edle Frau Arme und Kranke in freigebiger Weise, sorgte für einen besseren Unterricht der Jugend,
und, selbst von wahrer, tiefer Frömmigkeit erfüllt, für eine religiös-

sittliche Erziehung derselben. Eine Gönnerin und Freundin der schönen Künste, wie ihr Gemahl, besoldete sie aus ihrer Kasse italienische Sänger, kaufte Werke der niederländischen Maler an, und zeigte nicht bloß, wie der Kurfürst, ein tiefes Verständnis für die herrlichen Blüten geistlicher Dichtung eines Rist, Rinkart und Paul Gerhard, die in der Zeit des traurigen Krieges, wie Blumen zwischen Trümmerhaufen, emporgesproßt waren, sondern gab auch ihren aus reinem Herzen kommenden Gefühlen einen ergreifenden Ausdruck in herrlichen Liedern. Ihr tiefes Seelen= leben und ihre uneigennützige, aufopferungsfähige Liebe zeigt sich in dem Entschlusse, den sie nach langer Überlegung und schwerem, inneren Kampfe faßte, ihren Gemahl um Ehescheidung zu bitten, damit er sich eine andre Gemahlin nehme, die das Land durch einen Thronerben erfreue; denn das sei er dem Lande schuldig. Der Kurfürst bewies auch hier sein edles Herz und seinen festen Charakter. Von der Heiligkeit der Ehe über= zeugt, entgegnete er seiner Gattin: was Gott zusammengefügt hat, soll der Mensch nicht scheiden, und wußte durch besonnene Ruhe und liebevollen Zuspruch das tiefbewegte Gemüt seiner Frau wieder zu beruhigen. Diesen psychologisch höchst interessanten Vorgang haben in Versen Gruppe und Martin, in Prosa Nitschmann recht zart und anmutend dargestellt. Die innige Liebe und Treue der Gatten wurde zur großen Freude des ganzen Landes mit einem neuen Ehesegen belohnt. — Der große Kur= fürst war seinen Kindern erster wie zweiter Ehe ein sehr liebe= voller Vater. Er spielte und scherzte mit ihnen, und wenn er etwas auf dem Markte sah, was ihnen Freude machen könnte, so kaufte er es und brachte es selbst nach Hause. Aber er sorgte auch für eine gute Erziehung derselben und gab eigenhändig darüber bestimmte Vorschriften. Ein besonderes Gewicht wurde dabei auf die Religion gelegt und eine wahre, innige Frömmig= keit herrschte in seiner ganzen Familie. Zugleich aber bewies

der Kurfürst eine große Dulbsamkeit. Hatte er doch mit eignen
Augen gesehen, wie viele Opfer die Hydra des religiösen Fanatismus verschlungen, und deshalb bethätigte er schon jenen
berühmten Grundsatz seines Urenkels Friedrich des Großen, daß
in seinem Staate jeder nach seiner Façon selig werden könnte.
Infolge dessen beschirmte er nicht nur die Protestanten, nahm, wie
wir später sehen werden, Hugenotten und Waldenser bei sich
auf, sondern war auch ein wohlwollender Herrscher seiner katho-
lischen Unterthanen, gewährte den Socianern Dulbung und
gestattete den Juden sich in Brandenburg niederzulassen. Er
hielt es aber für seine Regentenpflicht auf Verträglichkeit und
Dulbsamkeit unter den verschiedenen Konfessionen streng zu achten.
Leider bestanden damals nicht bloß zwischen Katholiken und
Protestanten, sondern fast noch mehr zwischen Lutheranern und
Reformierten heftige Streitigkeiten und Zänkereien. Der Kurfürst,
fest entschlossen diesem beständigen Eifern und Habern ein Ende
zu machen, verbot seinen Unterthanen den Besuch der Universität
Wittenberg, wo man die Reformierten ganz besonders heftig
angriff, versuchte durch die Liebesgespräche die beiden Konfessionen
einander zu nähern, und forderte die Geistlichen auf, sich durch
Unterzeichnung eines Reverses zu verpflichten, „daß sie sich
gegenseitig jeder anzüglichen Beinamen enthielten und dem
andern Teile keine ungereimten und gottlosen Behauptungen
aufbürdeten." Diese Verordnung rief eine große Aufregung
hervor und der Kurfürst sah sich genötigt, einige widerstrebende
Geistliche, wie Reinhardt und Lilius abzusetzen. Selbst Paul
Gerhard schied lieber aus seinem Amte, ehe er sich fügte. Es
ist interessant zu sehen, wie hier die Dichtung gegen den Kurfürsten Partei nimmt und die geschichtlichen Verhältnisse ver-
bunkelt und umgestaltet. In der poetischen Erzählung des
Schmidt von Lübeck, „Paul Gerhard", erscheint der Kurfürst als
ein harter Tyrann, der den frommen Lieberbichter wegen seiner

Überzeugungstreue aus dem Lande verbannt. In größter Not mit Weib und Kind umherirrend, dichtete er zum Troste der Seinen das Lied: „Befiehl Du Deine Wege." Da kommt, wie ein Engel des Himmels, ein Bote des Herzogs von Sachsen-Weißenfels und verkündigt ihm, daß der Herzog ihm alles Verlorene dreifach ersetzen wolle. Diese poetische Sage widerspricht vollständig der geschichtlichen Wahrheit. Denn Paul Gerhard hatte das bekannte Lied schon früher gedichtet, seine Frau war bereits tot und der Kurfürst hat gerade Gerhard gegenüber die größte Nachsicht geübt. Er ließ ihm durch seinen Sekretär sagen, daß er auf seine Unterschrift verzichte, indem er hoffe, daß er auch ohne dieselbe der Verordnung nachkommen würde. Erst als Gerhard nicht wieder die Kanzel betreten wollte, forderte der Kurfürst den Magistrat auf, die Stelle zu besetzen. Er drängte aber hierbei gar nicht, da er immer noch auf eine Sinnesänderung Gerhards hoffte, und ließ es ruhig geschehen, daß er das Beichtgeld und andere Einkünfte der Kirche bezog, bis er nach zwei Jahren die Stelle in Lübben annahm. Jene weise Verfügung, so sehr sie auch damals die Leute aufregte und zum Teil erbitterte, hat ihre guten Früchte getragen. Denn durch sie erst ist die später vollzogene Union der beiden Schwesterkirchen möglich geworden, und insofern hat sich der energische und weise Fürst ein hohes Verdienst um den deutschen Protestantismus erworben.

Während so der Kurfürst und seine vortreffliche Gemahlin im Innern segensreich wirkten, trübte sich wieder der politische Horizont. Der schwedisch-polnische Krieg brach los und der Kurfürst fand jetzt Gelegenheit, das lästige Lehnsverhältnis zu Polen zu lösen. Vorsichtig und klug wußte er aus der jeweiligen politischen Lage Vorteil zu ziehen, kühn und ritterlich focht er an der Seite des Schwedenkönigs bei Warschau und durch sein großes Feldherrntalent und die heldenhafte Tapferkeit seiner Soldaten entschied er den blutigen, dreitägigen Kampf zu Gunsten der Verbündeten. Der Siegespreis war für ihn die Souveränität in Preußen, die ihm im Frieden zu Oliva bestätigt wurde. Die herrliche Waffenthat bei Warschau hat Gruppe in seiner Ballade „Warschau" besungen. Treffend hebt er darin hervor, daß die Schlacht bei Tannenberg gerächt und ein neuer Staat geboren sei, und in kurzen Zügen stellt er dem prahlenden Polenkönige die wuchtige That der Brandenburger und dem ehrgeizigen Schwedenkönige die weise Mäßigung und sichere Selbständigkeit des Kurfürsten entgegen. Auch in Prosa ist die Schlacht von Warschau sowohl von Nitschmann wie von Wichert in seinem Roman, „der große Kurfürst in Preußen," lebendig und anschaulich geschildert worden. Durch den Frieden zu Oliva hatte Friedrich Wilhelm wohl die Anerkennung der Souveränität in Preußen von Seiten der kriegführenden Mächte erlangt, aber die preußischen Stände waren noch nicht bereit, ihm als ihrem souveränen Herrn zu huldigen. Die Kämpfe, welche zwischen ihm und den ersteren ausbrachen, hat Max Ring in einem dreibändigen Roman, „der große Kurfürst und der Schöppenmeister," darzustellen versucht. Der Verfasser hat ihn einen historischen Roman genannt; aber ihm fehlen genauere historische und lokale Kenntnisse und die nötige Objektivität. Denn er steht zu sehr auf Seiten der Stände, die engherzig, eigennützig und eigensinnig nur ihre Interessen im Auge hatten, und wird den verständigen Bestrebungen und der hohen Auf= fassung des Kurfürsten nicht gerecht, der, fest davon überzeugt, daß durch die alte polnische Libertät der Staat zu Grunde gehen müßte, eine neue Ordnung schaffen wollte, in der jeder gleiches Recht haben, der alte Schlendrian der Verwaltung, die frühere Bestechlichkeit und der schleppende Gang der Rechtspflege beseitigt werden, und alle dem Wohle des Staates dienen sollten. Außer Ring hat Wichert diesen Ständekampf behandelt und zwar zunächst in einem historischen Schauspiel, „der große

Kurfürst und der Schöppenmeister," und hierin sein bedeutendes Talent bewiesen. Die Schürzung des dramatischen Knotens ist gewandt, die Sprache edel und würdig, der Verlauf der Handlung spannend, und hat durch Kürzung in einer zweiten Bearbeitung, in die ich Einblick erhielt, noch gewonnen. Im ersten Akt verhandelt der Schöppenmeister Rhode mit dem General Kalkstein, der etwas empfindlich ist über die Zuneigung seiner Tochter zu dessen Sohne, und mit dem polnischen Gesandten Naczorski über den Widerstand gegen den Kurfürsten, indem er von der Ansicht ausgeht, daß wie Preußen mit dem Willen der Stände zu Polen gekommen sei, so auch nur ihr Wille sie von demselben trennen könnte. Der Pole bewirbt sich bei Rhode um dessen Tochter, und dieser ist ihm nicht abgeneigt. Aber Marianne weist ihn ab; ihr Herz schlägt für ihren Landsmann, den Hauptmann Franz Hille, der, trotzdem der alte Rhode seinem Vater früher übel mitgespielt hat, sie doch aufs innigste liebt und ihr und ihrem Bruder Heinrich voll Begeisterung die Heldenthaten des Kurfürsten bei Warschau erzählt. Rhode unterbricht ihn und erklärt, gestützt auf ein Privileg seiner Stadt, daß er dem Befehle des Kurfürsten, den Hille überbracht, nicht nachkommen und die Truppen desselben nicht in die Stadt aufnehmen werde. Aber das energische Auftreten des Kurfürsten erschreckt die Bürgerschaft und der Bürgermeister läßt ihm die Thore öffnen. Im zweiten Akt führt Hille die Gesandten Polens und Oesterreichs, welche die aufstrebende Macht der Hohenzollern aufhalten möchten, ins Kabinett des Kurfürsten und empfängt selbst von Heinrich die Nachricht, daß der Vater seine Tochter der Politik zum Opfer bringen und sie mit Naczorski verloben will; jedoch in einem Briefchen versichert ihm Marianne ihre Liebe, ist aber voll Besorgnis für ihren aufs Schloß befohlenen Vater. Der Kurfürst weist kurz und bestimmt die Prätensionen der beiden Gesandten ab, und nachdem er seine

beforgte Gattin beruhigt, hält er dem Landhofmeister und dem
Adel ihren Eigennuß vor und will von einem Handeln und
Markten mit sich nichts wissen. Eine recht wirkungsvolle Szene
ist das darauf folgende Gespräch zwischen ihm und Rhode.
Fest und bestimmt tritt ihm dieser entgegen, bekennt sich offen
zu allem, was er gesagt und gethan, verteidigt sich geschickt,
immer auf den alten Standesvorrechten fußend, und läßt sich
durch nichts erschüttern, so daß der Kurfürst ihm nichts anhaben
und eine gewisse Achtung nicht versagen kann. Im dritten Akt
kommt Hille in den Rathaussaal und verkündigt den Bürgern
das Dokument des Königs von Polen, der die Preußen aus
ihrer Unterthanenpflicht entläßt. Rhode bezweifelt die Echtheit
der Urkunde, und Hille forbert ihn auf, in den Kreis, den seine
Kürassiere um ihn gebildet, zu treten und das Dokument zu
prüfen. Rhode entgegnet furchtlos, daß, was Polen aufgebe,
nun an die Stände des Herzogtums zurückfalle, tritt in den
Kreis und zerreißt das Dokument. Ein großer Tumult ent=
entsteht, Hille wird mit seinen Soldaten überwältigt und ver=
wundet weggeschleppt. Marianne eilt in größter Aufregung
und Besorgnis um das Leben ihres Geliebten in das Schloß
und meldet der Kurfürstin alles, was geschehen ist. Der Kurfürst
giebt sofort die nötigen Befehle und forbert vom Kanzler die
Gefangennahme Rhodes. Als dieser noch Bedenken hat, entläßt
er ihn ungnädig und beauftragt Hille mit der Arretierung
Rhodes und der Beschlagnahme seiner Papiere. Hille entschließt
sich mit schwerem Herzen dazu. Marianne tritt zu ihm und
wird sich erst jetzt bewußt, daß sie für den Mann, der sie liebt
und den sie wieder liebt, gesündigt, und sie, das eigene Kind,
den Vater verraten habe. Im vierten Akte überwirft sich Rhode
mit Kalkstein, der empört ist, daß dessen Sohn es gewagt habe,
sich um die Hand seiner Tochter zu bewerben. Rhode verhandelt
nun mit dem polnischen Gesandten über einen bewaffneten

Eingriff Polens zu Gunsten der Stände, und dieser geht
scheinbar darauf ein. Aber Heinrich warnt seinen Vater und
bittet ihn, statt bei der alten Zeit zu verharren, lieber mit der
neuen Zeit fortzuschreiten, was aber jener zurückweist. Da
erscheint Marianne mit der Nachricht, daß Kalkstein wegen
hochverräterischer Absichten gefangen genommen sei, und Hille
den Vater zu verhaften komme. Dieser aber stößt seine
Tochter entrüstet von sich. Hille kommt und zeigt den Ver=
haftungsbefehl. Ein Entfliehen ist unmöglich gemacht.
Marianne wirft sich an die Brust des Vaters und will ihn mit
ihrem Leibe decken. Dadurch gerührt, vertraut ihr Rhode seine
wichtigsten Papiere an und fordert sie auf, für ihn in Warschau zu
wirken. Hille nimmt Rhode gefangen; da er aber dem Befehle, dessen
Briefe an sich zu nehmen, nicht nachgekommen, will ihn der Kurfürst
vor ein Kriegsgericht stellen. Eine Deputation der Stände bittet
ihn um Gnade und erklärt sich zur Huldigung bereit. Rhode,
der zugegen ist, bleibt fest und unerschüttert. Diese letzten
Szenen sind in der zweiten Bearbeitung von dem Verfasser
wesentlich gekürzt, ebenso wie der fünfte Akt, welcher uns zuerst
die Verzweiflung Hilles schildert, der zum Duell von Heinrich
gefordert, sich lieber selbst tötet, als daß er Mariannen und
Heinrich vielleicht noch mehr Herzeleid verursachen soll. Marianne,
von Warschau zurückgekehrt, teilt ihrem Bruder mit, daß ihre
Bemühungen vergeblich gewesen, erfährt den Tod Hilles und
eilt zu seiner Leiche. Im Audienzsaale des Schlosses unterwirft
sich Kalkstein, aber mit dem stillen Vorsatze, sich bei Gelegenheit
zu rächen, und wird von dem Kurfürsten begnadigt. Die Kur=
fürstin und Heinrich bitten den letzteren auch für Rhode um
Gnade. Er verspricht sie, wenn Rhode selbst darum bitte.
Bald darauf erfährt er von dem Landhofmeister, daß der
Gefangene, nachdem er anfangs im Gefängnisse getobt, jetzt von
Gnade nichts wissen wolle und seinen Richter fordere. Nachdem

der Kurfürst noch das liebedienerische Gutachten der Dekane der juristischen und theologischen Fakultät mit Widerwillen vernommen, unterschreibt er, zum Teil aus Achtung für den felsenfesten Mann, der standhaft auf seinem alten Rechte beharrt, das Pergament, welches die Bestätigung der meisten alten Landesrechte enthält. Der Kanzler verkündigt Rhode, den man aus dem Gefängnis in einen Korridor geführt, daß er zu ewigem Gefängnis verurteilt sei, daß er aber die Freiheit wieder erlangen könne, wenn er darum bitte. Aber selbst als Heinrich seinem Vater die vergeblichen Bemühungen Mariannens in Warschau, ihren und Hilles Tod mitteilt und ihn bittet, sich zu unterwerfen, wird Rhode zwar tief bewegt, aber nicht umgestimmt. Der Kanzler erscheint nochmals und bereitet ihn auf die Ankunft des Kurfürsten vor, der an ihm vorbei zur Kirche gehen würde, um sich dort von den Ständen huldigen zu lassen, und bereit sei, Gnade zu üben. Jedoch auch in dieser letzten Unterredung mit dem Kurfürsten bleibt Rhode fest und unerschütterlich. Er dankt ihm für sein gütiges Entgegenkommen, aber von seinem Standpunkte aus könne er nicht um Gnade bitten; und als ihn der Kurfürst frägt, was er zu gewärtigen habe, wenn er ihn freigebe, erklärt er offen, daß er weiter kämpfen würde; denn das sei seine Pflicht. Da entgegnet ihm der Kurfürst, daß es dann seine Pflicht sei, ihm Zunge und Arm zu binden, um den Frieden von Hunderttausenden zu erhalten; sie beide seien Vertreter zweier verschiedener Zeiten, Rhode der Vergangenheit, er selbst der Zukunft; er fordert ihn nochmals auf, an dem Werke dieser neuen Zeit mitzuschaffen. Aber Rhode schlägt es ihm ab und bittet selbst darum, ihn wieder ins Gefängnis zurückführen zu lassen. — Denselben Stoff, aber viel ausführlicher, hat derselbe Verfasser später in einem dreibändigen Roman behandelt. Während der Roman Rings eine etwas flüchtig geschriebene, zuweilen platt und schablonenhaft ausgeführte Erzählung ist,

gehört „der große Kurfürst in Preußen" von Wichert unzweifel=
haft zu den besten Erscheinungen auf dem Gebiete des histo=
rischen, vaterländischen Romans. Der Verfasser, der schon in
seinem „Heinrich von Plauen" ein vorzügliches Bild der
damaligen Zustände Preußens entworfen, giebt auch in diesem
Roman eine vortreffliche und höchst fesselnde Schilderung der
historischen und kulturellen Verhältnisse dieses Landes zur Zeit
des großen Kurfürsten. Im Gegensatz zu dem Schlesier Ring
hat er als geborner Ostpreuße eine genaue Kenntnis von Land
und Leuten. Wie anschaulich sind deshalb seine Schilderungen
der dortigen Gegenden und Städte, z. B. Königsbergs und der
Heide mit ihren eigentümlichen Reizen. Wichert versteht zu
schildern; die Bilder, die er entwirft, sind ungemein klar und
anziehend, alles leibt und lebt. Ebenso beherrscht er infolge
gründlicher und sorgfältiger Studien die kulturellen und histo=
rischen Verhältnisse, er durchschaut den innersten Zusammenhang
der Ereignisse, sodaß sich eins mit Notwendigkeit aus dem andern
ergiebt, wie dies namentlich der dritte Teil zeigt. Wie hoch
steht er in dieser Hinsicht über Ring, der sich nicht die Mühe
gegeben hat, sorgfältig zu forschen, objektiv und genau zu
zu prüfen, von der Mühlbach ganz zu schweigen, für die es
recht charakteristisch ist, daß sie diesen wichtigen Abschnitt im Leben
des großen Fürsten mit wenigen Worten abmacht. Ich kann
in dieser Hinsicht nicht genug die objektive Treue, Wahrhaftigkeit
und Anschaulichkeit in der Darstellung Wicherts rühmen. Man
wird durch die Lektüre seines Romans besser als durch ein
weitschichtiges historisches Werk über den politischen Zustand des
Landes, die Sitten und Gebräuche der Bewohner, ihre Empfin=
dungs= und Denkweise, ihre sittliche und geistige Bildung
wunderbar klar orientiert. Der Roman zerfällt in drei Ab=
teilungen. Die erste schildert uns den Tod des Vaters seines
Helden Born, das Hinaustreten des jungen Mannes in die

Welt und damit verbunden das Wesen des damaligen Adels und der politischen Zustände, das Eingreifen des großen Kur= fürsten, die Schlacht bei Warschau, in der Born zum Offizier avanciert, den Einfall der Tartaren und die Liebe Blanches zu Born. Im zweiten Teil stellt der Verfasser, gestützt auf die ein= gehendste Kenntnis der Prozeßakten, die Agitationen und das Schicksal Rhodes, dessen Tochter Born heiratet, nnd die Kämpfe um die Souveränität höchst anschaulich und lebendig, und im dritten Teil in tief ergreifender Weise den Prozeß Kalksteins dar. Den Schluß des Romans bildet die Vereinigung Borns und der Blanche de la Cave, die nach vielfachen Prüfungen und inneren Kämpfen einen innigen Herzensbund fürs Leben schließen. Der Roman ist aber nicht bloß durch die reiche Fabel und den romantischen Zauber, der manchen Gestalten eigen ist, durch die Fülle und Abwechslung der Ereignisse und die bedeutsamen geschichtlichen Thaten, sondern auch durch die klare Gegenüberstellung und feine Charakterisierung deutschen und slavischen Wesens höchst anziehend und wichtig. Sehr treffend und anschaulich schildert er die verrotteten Zustände der polnischen Adelsrepublik, die stürmische Königswahl, die Intrigen des Hofes, den leichten und galanten Ton im Um= gange des polnischen Adels, dessen leicht aufwallendes und doch wieder energie= und haltloses Wesen und dem gegenüber das stramme, feste Regiment des zielbewußten Kurfürsten, die Zuverlässigkeit seiner Diener, die strenge Zucht seines Heeres im Gegensatz zu der marodierenden polnischen Reichsarmee, die Sparsamkeit und Gewissenhaftigkeit der kurfürstlichen Verwaltung, die unermüdliche Thätigkeit und frische Schöpferkraft der Deutschen gegenüber der Genußsucht und dem Leichtsinn der Polen, die sie unrettbar ins Verderben stürzten. Zwischen beiden schwanken die preußischen Städte und namentlich der preußische Adel, der im Herzen der viel gerühmten und doch so unheil=

vollen polnischen Freiheit zugethan, anfänglich dem Kurfürsten
in der stürmischen Art der Polen sich offen widersetzt, beständig
„queruliert" und „gravamiiniert" und auch später nur mit Widerstreben ihm dient. Solche Männer, wie die beiden Kalksteine
und der Schöppenmeister Rhode, sind lebenswahr gezeichnet und
ihr Schicksal ist zum Teil ergreifend geschildert. Das juristische
Verfahren gegen Rhode ist dabei ebenso gründlich behandelt, wie
der Verlauf des gegen den jüngeren Kalkstein geführten Prozesses.
Das tragische Schicksal dieses Mannes erweckt in der Darstellung
Wicherts unwillkürlich Mitleid und Furcht. Durch seine
Abstammuug, das dem Vater geleistete Gelübde, den Einfluß der
Verhältnisse wird er schuldig, leidet schrecklich und stirbt wie ein
frommer Christ. Seine Gefangennahme durch den übereifrigen
Herrn von Brandt war offenbar eine Gewaltthat, aber sie ist
als ein Notakt zu entschuldigen und seine Hinrichtung ist die
gerechte Strafe für seine Empörung und sein unablässiges Intri-
gieren. Wollte der Kurfürst sich endlich Ruhe schaffen und seine
Herrschaft in Preußen sicher begründen, so mußte er, nachdem
er lange Geduld und Nachsicht geübt, ein Exempel statuieren,
um damit alle weiteren Oppositionsversuche für alle Zukunft
zurückzuschrecken. Wie die Hauptfiguren sind auch die anderen
sehr anziehend und zum Teil mit einem wahrhaft köstlichen
Humor charakterisiert. Und welch eine lange Reihe von lebens-
wahren Gestalten hat der Dichter uns vorgeführt und sie alle
nach Nationalität, Rang, Stand, Verhältnissen, Abstammung
fein nüanciert und eine jede mit dem ihr eigentümlichen Geistes-
und Gemütsleben ausgestattet. Dabei sind ihm Frauen= wie
Männercharaktere gleich gut gelungen. Auch auf das höhere
geistige Leben, die litterarische und wissenschaftliche Thätigkeit,
das Studentenleben der damaligen Zeit, die unerquicklichen
Streitigkeiten zwischen den Lutheranern und Reformierten und
die religiöse Unduldsamkeit der Geistlichkeit, gegen die selbst

der Kurfürst nicht viel vermag, ist gelegentlich hingewiesen. So entwickelt sich der Roman zu einem großartigen Gesamtbilde der damaligen Zeit, in dem auch die kolonialen Interessen nicht ver= gessen sind. Angeknüpft sind dieselben an die Person des Helden der Geschichte, Konrad Born, den Sohn des Wildnis= bereiters. In diesem vortrefflichen Manne hat Wichert die kern= gesunde Art seiner Landsleute veranschaulicht und zugleich gezeigt, wie der Kurfürst mit klarem Blick die Leute erkannte und auszeichnete, deren sittliche und geistige Vorzüge für das allgemeine Wohl des Landes von Nutzen waren. In An= erkennung der Tapferkeit, Umsicht und Thatkraft adelt der Kur= fürst Born, ernennt ihn zum Oberförster und giebt ihm Gelegenheit, seinen großartigen Plan, die Wildnis zu kultivieren, nach eigenem Ermessen durchzuführen. Während mit Rhode und den Kalksteins die alte Zeit zu Grabe geht, bricht mit Borns und ähnlicher Männer einsichtiger und rastloser Thätigkeit und Arbeit im Dienste des Staates und zum Wohle des Ganzen die neue Zeit an mit einer frohen Aussicht auf eine segensreiche, gesunde Weiterentwicklung. Und wer ist der Begründer und Förderer derselben? Der große Kurfürst! Er ist in dem Roman nicht in den Vordergrund gerückt, aber mit Hilfe der mehr in= direkten Charakterisierung ist sein mächtiges, umgestaltendes Eingreifen aus der Entwicklung des ganzen Romans deutlich erkennbar. Wie treffend ist seine Heldengestalt, sein großes kriegerisches und diplomatisches Talent in den Kämpfen um Warschau, seine Nachgiebigkeit und sein Entgegenkommen beim Abschluß des Ständekampfes, seine Milde bei der Begnadigung Rhodes geschildert, aber auch seine Energie, wenn es gilt, im Interesse des Ganzen die widerstrebenden Elemente niederzu= werfen, seine unermüdliche Thätigkeit zum Besten des Landes, und seine edle Bereitwilligkeit, treue Dienste zu belohnen, hervor= gehoben! Unter den Romandichtungen, die sich auf den großen

Kurfürsten beziehen, ist Wicherts Roman der beste. — Die Ständekämpfe in Preußen sind in neuster Zeit noch von Arthur Hobrecht in dem Roman „Fritz Kannacher" dargestellt worden, der volle Anerkennung verdient. Auch Hobrecht ist ein Ost=preuße, der Land und Leute genau kennt, mit der Geschichte und den Kulturverhältnissen der damaligen Zeit wohl vertraut ist und ein recht bedeutendes Erzählungs= und Schilderungs=talent besitzt. Daher ist auch seine Dichtung so frisch und lebendig, so treu Zeit und Verhältnisse, Land und Leute wieder=spiegelnd, so anziehend und geistvoll. Er hat die Schilderung der Ständekämpfe in die Erzählung der Wanderungen und des Schicksals seines Helden Fritz von Kannacher, eines ostpreußischen Edelmanns und kurfürstlichen Offiziers, der von Berlin nach seiner Heimat zieht, um sein in den Pfandbesitz des Generals Kalkstein gekommenes Familiengut Norwingen wieder einzulösen, geschickt eingefügt, aber aus den Kämpfen des Rhode und der Kalkstein vorzugsweise das Schicksal des Obersten Ludwig von Kalkstein hervorgehoben. Auch der Schauplatz der Erzählung ist vorwiegend auf Preußen beschränkt. Um so eingehender ist die Darstellung der preußischen Gesellschaft, besonders des Adels; doch auch die anderen Kreise werden anschaulich und lebendig vorgeführt und mancher Aberglaube aus uralter Heidenzeit, der noch unter dem Landvolke herrschte, gelegentlich erwähnt. Die Charaktere sind individuell und scharf gezeichnet. Es sind samt und sonders lebenswahre Gestalten. Der Kurfürst, seine zweite Gemahlin und seine Söhne, Emil und Friedrich, treten zwar nur hin und wieder auf, sind aber, wenn auch mit wenigen Zügen, klar und treffend charakterisiert. Besonders des Kur=fürsten unermüdlicher Fleiß in der Ueberwältigung der vielen auf ihm lastenden Geschäfte, seine unerschütterliche Energie in der Durchführung seiner Pläne, seine zähe, heroische Ausbauer im Kampfe mit den Menschen und selbst mit den Elementen bei der Verfolgung der in Preußen eingebrochenen Schweden, die recht lebendig geschildert ist, seine Strenge, die bei den unabläfsigen Umtrieben Kalksteins unerläßlich war, aber auch seine freudige Anerkennung jeder tapfern That, seine Gerechtigkeitsliebe gegenüber unschuldig Verfolgten, wie Kannacher und dem Pfarrer Wannovius, treten auch in dieser Erzählung deutlich hervor. Nächst dem Wichertschen Roman bietet diese Dichtung eine der besten Schilderungen der damaligen Zeit. Ein frischer, kräftiger, reiner und zu Herzen sprechender Ton geht durch das ganze Buch.

Am 8. Juni 1667 starb nach längerem Leiden die Kurfürstin Luise Henriette. Der Schmerz ihres Gemahls und ihrer Kinder, die alle an ihr mit innigster Liebe hingen, war ein herzzerreißender. Der Kurfürst konnte diesen traurigen Schicksalsschlag nur schwer überwinden und seinem Herzen ist das liebliche Bild seiner ersten Gemahlin niemals entschwunden. Man erzählt sich einen rührenden Zug. In seinen Gemächern befand sich ein Gemälde, worauf die Kurfürstin in Lebensgröße abgebildet war. Vor demselben pflegte er nach dem Tode seiner Gemahlin oft zu beten und sie anzusehen, wobei er zuweilen unter Thränen seufzte: „O Luise, o Luise, wie vermisse ich Deinen guten Rat!" Diesen rührenden Moment hat Martin in Ottavertnen besungen. In den brandenburgisch-preußischen Landen war die Trauer um diese edle Fürstin, die sich durch ihre Herzensgüte und Milde, ihre Frömmigkeit und Reinheit, ihre geistige Regsamkeit und Klugheit die Liebe und Achtung der ganzen Bevölkerung erworben, eine allgemeine und tiefe, wie dies auch die Gelegenheitsgedichte aus jener Zeit beweisen. Auch später ist ihr Leben und ihr Ende von Mitschmann und der Mühlbach recht ansprechend geschildert und ihr in Oranienburg, ihrem Lieblingssitze und der Hauptstätte ihrer Wirksamkeit, ein schönes Denkmal errichtet worden. — Der Wunsch seiner ersten

Gemahlin, die Rücksicht auf die unerzogenen Kinder, die Reprä=
sentation des Hofes und mancherlei andere Gründe veranlaßten
den Kurfürsten, sich zum zweiten Male zu verheiraten. Er
wählte eine Witwe, die Herzogin Dorothea von Holstein.
Während die erste Gemahlin allgemein mit vollem Rechte
gepriesen wurde, ist die zweite im Leben wie in der Dichtung
von manchen Seiten ganz ungerechtfertigter Weise verleumdet
und geschmäht worden. Die Mühlbach hat in dem dritten Teile
ihres Romans sich geradezu an ihr versündigt. Allerdings
entbehrten ihre Gesichtszüge hoher Schönheit, Anmut und Lieb=
lichkeit, aber Willensstärke, Mut, Entschlossenheit und Klugheit
sprachen aus ihren fast männlichen Zügen. Es ist wohl wahr,
daß sie für das Wohl ihrer Kinder sorgte, aber sie verlangte
im Grunde nicht mehr für sie, als Luise Henriette für die
ihrigen gefordert hatte. Jeder aber muß zugeben, daß sie von
aufrichtigster Bewunderung und Liebe für ihren Gemahl erfüllt
war, seine schweren Sorgen geteilt und den je länger je mehr
von der Gicht geplagten und von vielem Kummer nieder=
gedrückten Helden getröstet und in der aufopferndsten Weise
gepflegt hat.

Die Raubkriege Ludwig des Vierzehnten und besonders
der Krieg desselben gegen Holland veranlaßten auch den großen
Kurfürsten die Waffen zu ergreifen. Obgleich er zum Schutze
Deutschlands gegen die Eroberungsgelüste der Franzosen den
Degen gezogen hatte, so hinderte ihn die eifersüchtige österreichische
Politik doch an einem energischen Vorgehen, indem der österreichische
Feldherr Bournonville seine trefflichen Vorkehrungen und Unter=
nehmungen vereitelte. Diese Vorgänge und namentlich der
daran sich schließende Kampf mit den Schweden sind mehrfach
poetisch dargestellt worden. Wie immer zeichnete sich der
Kurfürst auch hier durch Tapferkeit, Umsicht, Entschlossenheit und
Edelmut aus. Denselben bewies er durch eine That, die

Lüttringhaus besungen hat. Einst erbot sich ihm ein französischer Meuchelmörder gegen eine Summe den General Turenne zu töten. Aber entrüstet wies ihn der Kurfürst zurück und benachrichtigte sofort seinen Gegner von der ihm drohenden Gefahr. Wie schweren Undank er für diese edelmütige Offenheit erntete, beweist der plötzliche Tod seines Sohnes Karl Emils. Dieser talentvolle und tapfere Prinz war in körperlicher wie in geistiger Hinsicht seinem Vater sehr ähnlich und die Franzosen fürchteten in ihm später einen gefährlichen Gegner. Um ihn unschädlich zu machen und dem Kurfürsten einen schweren Schlag zu versetzen und dadurch vom Kampfe abzuschrecken, wurde er wahrscheinlich auf ihr Betreiben durch seinen französischen Koch, der bald nach seiner Erkrankung spurlos verschwand, heimtückischer Weise vergiftet. Das später unter den Soldaten verbreitete Gerücht, daß die Kurfürstin ihren Stiefsohn habe vergiften lassen, ist eine Erfindung böswilliger und verleumberischer Zungen, der nur eine Mühlbach Glauben schenken konnte. — Ludwig XIV., der sich auf jede Weise seines bedeutendsten und gefährlichsten Gegners zu entledigen suchte, veranlaßte die Schweden, seine Verbündeten, in die Mark einzufallen. So entspann sich der schwedische Krieg, worin der Kurfürst seine glänzendsten Waffenthaten vollführte. Dieselben sind in der Dichtung teils episch, teils dramatisch verherrlicht worden. Es sind nicht weniger als vier Dramen, die sich auf diese Kämpfe beziehen, zwei ältere und zwei recht bedeutende aus neuerer Zeit. Ein lebendiges Bild jener Zeit und jener glorreichen Kämpfe hat Hans Köster in seinem fünfaktigen Schauspiel „der große Kurfürst" entworfen, das er später, aber nicht zum Vorteil des Stückes, noch einmal umarbeitete. Betrachten wir die erste Abfassung, die offenbar viel frischer und effektvoller ist. Das Stück ist eine dramatische Historie und besteht aus lose aneinander gereihten Szenen, die bald ernst bald humoristisch, bald in Prosa, bald in Versen geschrieben sind und sich durch das treue Kolorit des Ortes und der Zeit auszeichnen. Man wird unwillkürlich an Goethes Götz und Shakespeares Historieen erinnert, so schnell wechseln zuweilen die Schauplätze, und so lebendig und echt volkstümlich sind die Szenen. Es werden uns fast ausschließlich Männer vorgeführt, nur eine einzige Frauengestalt ist in dem ganzen Stück, aber alle Charaktere sind klar und lebenswahr gezeichnet. Die Darstellungsweise ist durchweg realistisch, frisch und anschaulich. Die Handlung des Stückes folgt im ganzen genau dem Verlaufe der Geschichte. In sie ist das Liebesverhältnis des Emanuel von Froben zu Henriette von Briest eingewoben. Der Kurfürst ist in den Vordergund gerückt und sein Charakter individuell und treu nach der Geschichte gezeichnet. Gleich im ersten Akte tritt er im Lager zu Ellkirch im Gespräch mit Schwerin auf und ist tief empört über die Verräterei des Fürsten Lobkowitz und die Felonie Bournonvilles, durch die er in die höchste Gefahr komme, obgleich er hier für Kaiser und Reich kämpfe. Von einem Paktieren mit den Franzosen will er nichts wissen, aber auch nichts von Ruhe und Stillstand. Er sei sich seiner Aufgabe als Fürst bewußt; er wolle für die genommenen Rechte seinem Volke das Gefühl nationaler Kraft und Selbständigkeit geben und seine vereinzelten Länder zu einem festen Staatsganzen verbinden. Da wird ihm die Nachricht von dem Einfall der Schweden in die Marken gebracht und unter dem allgemeinen Beifall seiner Offiziere ist er sofort bereit, dorthin aufzubrechen. Der zweite Aufzug giebt uns ein lebendiges Bild einerseits von der furchtbaren Verwüstung der Mark und dem gewaltthätigen, frechen Übermut der Schweden und andrerseits von der Gegenwehr der schwer gepeinigten Bauern, die den fremden Eindringlingen mutig entgegentreten mit der Losung: „Wir sind Bauern von geringem Gut und dienen unserm gnädigsten Kurfürsten und Herrn mit unserm Blut." In diesen

Kämpfen gewinnt am meisten das Interesse des Lesers Henriette von Briest, die Nichte des alten Schloßherrn auf Vähne bei Rathenow; sie tritt beherzt für eine Pächterstochter ein, um deren alten Vater vor den Mißhandlungen der Schweden zu retten, wird gefangen genommen, aber von den Bauern unter Leitung ihres Vetters wieder befreit. Von diesen wilden Szenen sticht recht wohlthuend der folgende mit vielem Humor geschriebene Auftritt ab, der uns den am Podagra im Schlosse zu Kleve daniederliegenden Kurfürsten schildert, welcher von Froben gepflegt wird. Von Schmerzen schwer geplagt und nicht in der besten Laune, trifft er trotzdem seine Anordnungen und giebt für einen Bußtag genau die Bibelstelle an, wobei er seinen Liebling, für dessen Herzensangelegenheiten er sich interessiert, auf großer Unwissenheit im alten Testamente ertappt. Er verspricht ihm, ein gutes Wort bei Henriette von Briest einzulegen, wenn er seine Unwissenheit in der Bibel wieder gut mache, aber er lächelt freundlich, als der ermüdete Kavalier über den großen und kleinen Propheten des alten Testamentes sanft entschlummert. Der dritte Akt führt uns in das Lager zu Schweinfurt. Das Lied im Anfang des Auftritts, welches die Sehnsucht der Soldaten nach dem Kampfe ausdrückt, ist echt volkstümlich und gewinnt auch den Beifall des Generals Derfflinger, dem Froben die Nachricht von der baldigen Ankunft des Kurfürsten überbringt. Die folgende Szene, die am Ufer der Elbe in der Nähe Magdeburgs spielt, zeigt uns die Flucht Henriettens und des alten Briest, sowie den Tod desselben; darauf die Verräterei des Kommandanten Schmidt, die Henriette erfährt und in der Tracht eines Fischerknaben in das Lager des Kurfürsten eilt. In der Schlußszene begrüßt der Kurfürst die versammelten Soldaten und frägt sie, ob sie bereit seien, den Schweden eine tüchtige Lektion zu geben und der Kurfürstin, die eines Töchterchens genesen, eine Victoria als Pathengeschenk

zu präsentieren. Alle versprechen es begeistert und unter Fanfaren-
klang und Hurraruf zieht die Armee ab. Im vierten Akt
erfährt der Kurfürst aus Henriettens Munde die Verräterei
Schmidts und überführt mit ihrer Hülfe den Schuldigen. Er
dankt dem Fräulein für ihre Treue, küßt sie auf die Stirn und
bittet um die Erlaubnis, sie wieder in das Schloß des Oheims
führen zu dürfen. Er selbst will nach Rathenow, um die schwedische
Armee zu durchbrechen und sie vereinzelt zu schlagen. In der
folgenden Szene trifft Derfflinger seine Anordnungen zur Über-
rumpelung der Stadt Rathenow und erhält hierbei eine Depesche
von dem General Kunowski, welche mit den Worten beginnt:
„Raptim 9½ Uhr". Unwillig fährt er auf, was der Kunowski
in Raptim zu suchen habe, er solle doch jetzt in den Weinbergen
sein. Ein Offizier will ihn belehren, aber der alte Haudegen
donnert ihn an, er solle schweigen, sofort die Karte holen, mit
dem Licht leuchten und suchen helfen. Unterdessen kommt der
Kurfürst, liest die Depesche und sagt Derfflinger leise ins Ohr:
raptim sei ein lateinisches Wort und bedeute „in Eile." Ist
es nun auch mit Derfflingers Latein schlecht bestellt, so versteht
er sich um so besser auf die Kriegslist und durch einen kühnen
Handstreich nimmt er die Stadt. Der Kurfürst läßt in seiner
Großmut gegen den schwedischen Obersten Wangelin trotz dessen
Räubereien, Gnade für Recht ergehen und Gott für den
errungenen Erfolg dankend, sinkt er zum Gebet auf seine Kniee
nieder. Im fünften Akt kommt Froben zu Henriette von Briest
auf Schloß Bähne, um für den ermatteten Kurfürsten ein paar
Flaschen Ungarwein zu holen und jetzt gestehen sie sich beide
ihre Liebe. Darauf berät sich der Kurfürst mit seinen Offizieren
über den Schlachtplan und erteilt dem Prinzen von Homburg
die Erlaubnis, dem Feinde nachzusetzen und ihn zum Stehen
zu bringen, aber mit der strengen Weisung, sich in einen Kampf
nicht einzulassen. In dem folgenden Monologe ist er sich der

3*

Verantwortung bewußt, die er auf sich genommen, aber er fühlt auch den Mut, den Kampf zu wagen, und Schöpferkraft genug, wenn es sein müßte, noch einmal von vorn anzufangen. Trompetengeschmetter ruft ihn zum Kampfe, zu dem ihn Froben wappnet, wobei er ihn zu bestimmen weiß, daß er heute statt seines Schimmels einen Braunen reite. In kurzen und lebendigen Szenen schildert darauf der Dichter die Not des Prinzen von Homburg, der trotz des Befehls die Schlacht begonnen hat, den Heldenmut des Kurfürsten, der die sich zerstreuenden Soldaten sammelt und an ihrer Spitze den Sieg erringt, und den Opfertod Frobens. In der Nähe einer Eiche, in deren Schatten die Leiche desselben niedergelegt und die herbeigeeilte Henriette im tiefsten Schmerze zusammengesunken ist, versammelt der Kurfürst seine siegreichen Scharen, betrauert das frühe Ende des treuen Offiziers, verzeiht dem Prinzen von Homburg seine Voreiligkeit, belobt und beschenkt seine Soldaten, weist auf den unvergänglichen Ruhm dieser Schlacht hin, in der die brandenburgische Armee ihren ersten Sieg aus der Taufe hob, und schließt mit den Worten: „Gott mit uns! hieß der teure, feste Spruch, „Der unsern Aar zum ersten Siege trug, Und wie er wachse, steige und gedeihe, Nie fehl' ihm dieses Spruches heil'ge Weihe!" — Während man die Dichtung Kösters als eine realistische Historie bezeichnen muß, ist der Prinz von Homburg von H. v. Kleist ein regelrechtes Drama, mit einheitlicher Handlung, ein fast klassisches Kunstwerk, von einem idealen Geiste erfüllt und von einer Grundidee durchdrungen. Mit den Geboten der Disziplin und der Pflicht, verkörpert im großen Kurfürsten, geraten die Rechte des Herzens und der Empfindung, die der Prinz von Homburg vertritt, in einen dramatischen Konflikt. Kleist ging von einer Bemerkung Friedrichs des Großen aus, wonach der Kurfürst gesagt haben soll: „nach der Strenge der Kriegsgesetze hätte der Prinz von

Homburg wegen seiner willkürlichen Handlungsweise den Tod verdient; doch sei es ferne von ihm, diese Strenge gegen einen Offizier zu gebrauchen, der so tapfer zum Siege mitgewirkt habe." Diese sagenhafte Ueberlieferung, die sich im Volke gebildet, spann der Dichter weiter fort: Wie, wenn der Kurfürst wirklich das Kriegsgericht hätte sprechen lassen, wenn die Majestät des Gesetzes mit der subjektiven Willkür in Konflikt geraten wäre? — Der Dichter stellt den Prinzen als einen jugendlichen Helden dar, in dem der Mensch die Oberhand über den Soldaten gewinnt. Dem von Sieg und Liebe im Garten zu Fehrbellin bei mondbeglänzter Nacht träumenden Prinzen von Homburg erscheint, auf die Aufforderung des Grafen von Hohenzollern, der Kurfürst mit seiner Gesellschaft, umwindet den aus den Händen des Prinzen genommenen Kranz mit seiner goldenen Halskette und giebt ihn der Prinzessin Natalie. Diese hält ihn dem Träumenden hin und allmählich zurückweichend verschwindet sie mit der ganzen fürstlichen Gesellschaft wieder im Schlosse, wobei ihr ein Handschuh entfällt. Der mondwandelnde Prinz, von seinem Freunde wachgerufen, ist nun von heißer Sehnsucht nach der schönen Erscheinung Nataliens erfüllt. Als er deshalb mit den übrigen Offizieren vom Feldmarschall Derfflinger die Dispositionen des Kurfürsten zur morgigen Schlacht empfangen soll, achtet er nur darauf, ob der gefundene Handschuh, den er fallen läßt, der Prinzessin gehöre, und indem die Liebe die Oberhand über die Pflichttreue des Soldaten gewinnt, überhört er die wichtigsten Befehle. Der abgehende Kurfürst erinnert ihn, daß durch seine Schuld bereits zwei Siege verscherzt seien, und befiehlt ihm jetzt, wo es Reich und Thron gelte, nicht eher anzugreifen, als bis er den Befehl dazu erhalte. Doch in dem Prinzen, der noch unter dem Eindrucke jener Zaubernacht steht, gewinnt die Schwäche des Menschen, die Leidenschaft, den Sieg über die Besonnenheit des Soldaten.

Denn ohne auf die Ermahnung des Grafen von Hohenzollern und des Obersten von Kottwitz zu achten, stürmt er in die Schlacht, und nachdem er den Sieg errungen und Herz und Hand Nataliens gewonnen, ruft er übermütig aus: „O Cäsar Divus, die Leiter setz' ich an deinen Stern!" Doch den jugendlichen Ungehorsam und Uebermut soll bald seine Strafe treffen. Der Kurfürst erklärt in Berlin, wo er den treuen Froben begraben läßt, im Kreise seiner Offiziere, den, welcher eigenmächtig, ehe er den Befehl gegeben, aufgebrochen sei, vor ein Kriegsgericht stellen zu wollen. Er mag nicht den Sieg, den der Prinz gegen seine Schlachtordnung aus eigenem Thaten= und Herzensdrange durch die Gunst des Glückes und des Zufalls erfochten, sondern er fordert, daß „dem Gesetze Gehorsam sei." Als daher der Prinz mit seinen Offizieren erscheint und die erbeuteten Fahnen vor dem Kurfürsten hinlegt, befiehlt er, ihm seinen Degen abzunehmen und ihn nach Fehrbellin ins Hauptquartier abzuführen. Der Prinz, der allmählich zu der Ueberzeugung gelangt, daß es der Kurfürst mit seinem Todesurteil ernst meine, wird besonders, nachdem er in sein Grab gesehen, von großer Todesfurcht übermannt, in deren Schilderung der Dichter offenbar zu weit gegangen. Erst durch den ermutigenden Zuspruch Nataliens wird er wieder einigermaßen beruhigt. Wie diese ihm versprochen, bittet sie den Kurfürsten um Gnade; denn der Prinz habe nur für den Ruhm seines Kriegsherrn die Schranken des Gesetzes durchbrochen. Als sie dann auf des Kurfürsten Frage, was wohl die Folge sein würde, wenn er den Spruch unterdrückte, die Gegenfrage einwirft: „für Dich?" giebt er die für ihn recht charakteristische Antwort: „für mich allein? was für mich? Kennst Du nichts Höheres, Jungfrau, als mich? Ist Dir ein Heiligtum ganz unbekannt, das in dem Lager Vaterland sich nennt?" Demgegenüber appelliert Natalie an die Empfindungen des Herzens und giebt eine lebhafte Schilderung

von der tiefen Erschütterung des Prinzen. Wie streng auch der
Kurfürst an dem Gesetze festhält, so hat er doch eine große
Achtung vor dem Urteil und dem reinen Gefühle andrer und
auch selbst des Prinzen. Indem er ihn für frei erklärt, wenn
er den Spruch für ungerecht halte, macht er ihn zum Richter
über sich selbst und schiebt ihm die Entscheidung ins Gewissen.
In dem Prinzen, der durch Natalie von dem Entschlusse des
Kurfürsten benachrichtigt ist, läßt der Dichter, nachdem er ihn
in seiner menschlichen Schwäche gezeigt, seine edle, heroische
Natur wieder hervortreten. Er sieht seine Schuld ein und,
obwohl von Natalie an die Vollstreckung des Todesurteils
erinnert, ist er bereit, sich dem Spruche des Kurfürsten zu unterwerfen. Hat nun schon die Prinzessin in dessen Herzen durch
ihre Bitten und Thränen eine Umstimmung hervorgerufen, so
geschieht dies noch mehr durch die folgenden Einwirkungen in
dem vortrefflich aufgebauten fünften Akt. Zunächst naht sich
ihm Derfflinger mit der Nachricht von einer drohenden
Empörung der Offiziere, die sich auf dem Rathause versammelt
haben, und bittet, ihr durch einen Akt der Gnade zuvorzukommen.
Doch der Kurfürst hatte keine Angst vor seinen Offizieren; er
weiß, wie den Prinzen nicht die Willkür gefangen genommen, so könne
ihn auch dieselbe nicht befreien. Oberst Kottwitz kommt darauf
an der Spitze einer Deputation der Offiziere und sucht das
Verfahren des Prinzen in der Schlacht durch militärische Gründe
zu rechtfertigen. Aber der Kurfürst widerlegt sie und weist ihn
darauf hin, daß nicht jeder eigenmächtig ihm auf seinem
Schlachtenwagen in die Zügel greifen dürfe; er wolle nicht den
Sieg, das Kind des Zufalls, sondern das Gesetz, die Mutter
der Krone. Doch Kottwitz läßt sich nicht abweisen: man dürfe
nicht an dem Buchstaben des Gesetzes hängen bleiben, wenn
man nur seinen Sinn erfüllt. Was kümmert ihn die Regel,
nach der der Feind sich schlägt, wenn nur der Feind bezwungen

niederſinkt. Auch die Empfindungen des Herzens haben zuweilen ihr Recht. Er ſelbſt würde gelegentlich die That des Prinzen unter ähnlichen Umſtänden wiederholen und, forderte der Kurfürſt von ihm ſein Haupt, es ihm bereitwillig hingeben. Wie berechtigt dieſe Anſicht des Kottwitz iſt, fühlt auch der Kurfürſt. Um ihn für die Begnadigung des Prinzen noch geneigter zu machen, bemerkt der Graf von Hohenzollern, daß der Kurfürſt ſelbſt an der Handlungsweiſe des Prinzen ſchuld ſei; denn er habe durch jenen Scherz im Garten in ihm den Glauben erweckt, daß Gott ihm am nächſten Tage Sieg, Braut und Ehrengeſchenk gewähren würde. Doch hierauf erwiedert der Kurfürſt: dann ſei der Graf von Hohenzollern daran ſchuld; denn er habe ihn zu jenem harmloſen Scherze veranlaßt. Jetzt tritt der Prinz von Homburg ſelbſt, in dem Mut und Stolz, das Gefühl ſeiner Ehre und ſeiner Pflicht zurückgekehrt ſind, vor den Kurfürſten, bekennt ſeine Schuld und weiſt die Offiziere zurück; er will das heilige Geſetz des Krieges, das er verletzt, im Angeſicht des Heeres durch einen freien Tod verherrlichen, und bittet den Kurfürſten nur um die Gnade, nicht mit der Hand Nataliens, um die ſich der Geſandte der Schweden beworben, den Frieden mit den Feinden zu erkaufen. Sieg und Glück auf das Haupt ſeines Fürſten herabflehend, kehrt er trotz des Zurufs Nataliens ins Gefängnis zurück. Durch die freiwillige Demütigung und Unterwerfung des Prinzen umgeſtimmt und ausgeſöhnt, vernichtet der Kurfürſt das Todesurteil. Wie die Handlung muſterhaft entwickelt iſt, ſo ſind auch die Charaktere vorzüglich ausgeprägt. Sie haben alle etwas Symboliſches; ſo iſt Kottwitz der Vertreter der alten populären Offiziere in der Art eines Zieten oder Blücher; der Prinz von Homburg ſtellt die deutſche Fürſtenjugend dar, die friſch, lebensfroh, talentvoll und kühn, im preußiſchen Heere Zucht und Selbſtbeherrſchung lernt; der große Kurfürſt aber iſt das Vorbild der preußiſchen Herrſcher,

welche die ersten Diener des Staates sind. Seine edle Gestalt
ist hier von einem idealen Schimmer umstrahlt. Eine echte
Herrschernatur, groß, fest, energisch, den Gehorsam gegen das
Gesetz und den Staat betonend, dem er sein ganzes Leben
gewidmet, achtet er auch die Gebote des Herzens und ist allen
milden Regungen geneigt. „Gott schuf nichts Milderes als
ihn,“ sagt mit Recht von ihm Natalie. So ist denn auch heiter
und harmonisch die Grundstimmung dieses schönen Schauspiels.
— An den herrlichen Sieg von Fehrbellin schließen sich nicht
bloß dramatische, sondern auch epische Dichtungen an, in denen
die Dichter, wie Balthasar Müller, Minding, Wagner, Serenius,
Julius Curtius, Straß, den großen Kurfürsten als glorreichen
Sieger über die Schweden feiern. Aber in diesem Kampfe wird
noch eine andere Heldengestalt besungen: der Stallmeister
Emanuel von Froben. Auch hier zeigt sich wieder der um=
bildende Einfluß der Sage. Nach der geschichtlichen Über=
lieferung war Froben im Gefolge des Kurfürsten, als er zur
Schlacht ritt, und blieb ihm treu zur Seite. Als sie mitten im
Getümmel auf einem Hügel hielten, flog eine Kanonenkugel
zwischen der Brust des Kurfürsten und dem Halse des Rosses
hindurch und riß dem Froben das linke Bein oberhalb des
Kniees weg. Etwa anderthalb Stunden nach seiner Verwundung
starb er und wurde, von allen tief betrauert, auf Befehl des
Kurfürsten mit „hochansehnlicher Sepultur“ im Dome zu Kölln
begraben. Nachdem Froben gefallen, soll der Leibjäger Uhle
das Pferd mit dem Kurfürsten getauscht und bald darauf, schwer
verwundet, gestürzt sein. So meldet eine Ueberlieferung der
Familie Uhle. Ob sie wahr ist, bleibt dahingestellt. Jeden=
falls erwähnt keine gleichzeitige Quelle, daß Froben den Pferde=
tausch vollzogen habe, um den Kurfürsten, auf den die schwedischen
Kanoniere beständig zielten, zu retten. Hätte er dies wirklich
gethan, so wäre es sicher erwähnt worden. Aber weder enthält

die Leichenrede des Predigers an der Domkirche, Joh. Kunsch von Breitenwald, noch das Trauergedicht auf Frobens Tod vom Subrektor am Joachimsthalschen Gymnasium, Balthasar Müller, irgend eine Andeutung. Die Sage hat sich also erst später gebildet und woher ist sie entstanden? Es ist die Treue ein Grundzug des deutschen Wesens und der deutschen Heldensage. Wie der Herr und König für seine Dienstmannen eintritt, so opfern auch diese für ihn gern Leib und Leben. Diese Aufopferung und Treue zeigt sich im Nibelungen= und Gudrunliebe, im Hug= und Wolfdietrich, und aus derselben Quelle, dem treuen, deutschen Gemüte und Herzen, scheint mir die Sage von der Aufopferung Frobens für seinen geliebten Herrn und Kurfürsten entsprungen zu sein. Aber noch ein andres Moment mag auf die Bildung derselben eingewirkt haben; das ist die Begeisterung des Heeres für seinen großen Schöpfer und Führer. Der große Kurfürst hatte die Armee erst geschaffen und sie dann von Sieg zu Sieg geführt. Was ist natürlicher, als daß die Soldaten, wie es uns auch die Geschichte überliefert, für ihn begeistert und bereit waren, für seine Sache und seine Person sich allen Gefahren zu unterziehen, und mit dem eigenen Blute, wenn es not that, das teure Leben des großen Helden zu erhalten, der sich selbst unerschrocken in den Kugelregen und die Schwerter der Feinde stürzte. So mag sich zuerst in den Reihen des Heeres diese Sage gebildet und im Volke je länger je mehr befestigt haben. — In Verbindung mit dem Kurfürsten wird noch eine andere Heldengestalt der damaligen Zeit besungen: der alte Derfflinger, der sich von niederer Herkunft durch Tapferkeit und Umsicht zum Reitergeneral emporgeschwungen hatte. In epischen wie in dramatischen Dichtungen ist er als eine volkstümliche, zuweilen komische Figur dargestellt, und dabei sind allerlei Anekdoten und Witze benutzt worden, die sich auf sein früheres Schneidergewerbe beziehen, das aber historisch gar nicht begründet ist. Schon in den besprochenen Dichtungen tritt er als Nebenfigur auf. Ein unbekannter Dichter aber hat ihn in einem Drama, „Feldmarschall Derfflinger, ein soldatisches National-Lustspiel, auf historischem Boden" ganz besonders verherrlicht. Dasselbe besteht aus zwei lose zusammenhängenden Teilen. Im ersten, „Derfflinger im Lager 1675", hat der Dichter nach Varn-hagens Lebensbeschreibung in kecken Zügen seine Thaten vor Rathenow geschildert und dabei den Versuch gemacht, den Hans-wurst wieder einzuführen, was nur zum Teil geglückt ist, da die Wortwitze meist gezwungen und schal sind. In dem mehr ansprechenden zweiten Teile, „Derfflingers Geburtstag im März 1678", tritt sowohl seine gemütliche, einfache, bescheidene, echt volkstümliche Natur hervor, wie sein soldatisches und mannhaftes Wesen. Denn als ihn der französische Gesandte wegen seines früheren Handwerks hochmütig behandelt, fertigt er ihn derb ab, der Kurfürst aber, der sich ihm, wie andern treuen Dienern gegenüber, als ein wohlwollender und dankbarer Herr zeigt, hebt seine Verdienste, seine Treue und Zuverlässigkeit hervor, und bringt auf ihn ein Hoch aus. — Wie die Schlacht von Fehrbellin, so ist auch die Verfolgung der Schweden, die Be-lagerung und Eroberung von Stralsund und die Huldigung der Gesandtschaft des Zaren Feodor Alexandrowitsch sowohl von gleichzeitigen, wie späteren Dichtern, wie Gruppe, Wichert und Martin besungen worden. Der letztere, sowie Alexis in dem Roman „Dorothea," haben den tiefen Seelenschmerz des großen Helden beim Abschluß des Friedens von St. Germain in herz-bewegender Weise geschildert.

Wie der große Kurfürst der Begründer der preußischen Armee war, so schuf er auch die erste preußische Flotte. Die Anregung hierzu hatte er bereits in seiner Jugend in Holland erhalten, das grade damals durch seinen Handel, seine Industrie, seine Wasserbauten und seine vortreffliche Flotte eine hervorragende Stellung in Europa einnahm. Schon 1647 versuchte er, eine ostindische Handelsgesellschaft zu gründen. Aber diese scheiterte an seinem eigenen Geldmangel und an der Kurz= sichtigkeit der Königsberger Kaufleute. Um sich eine Flotte, die ihm im schwedisch=polnischen Kriege sehr gefehlt hatte, zu ver= schaffen, schloß er mit dem tüchtigen holländischen Rheder Benjamin Raule einen Vertrag, wonach dieser ihn 1675 und 1676 im Kampfe gegen die Schweden unterstützen sollte; und wirklich gelang es Raule bei Bornholm, die schwedische Fregatte „Leopard" und einen Brander zu nehmen und sie als erste Trophäen zur See in den Hafen von Kolberg einzubringen. Ebenso glücklich war die Flotille gegen Spanien, das im Kampfe gegen Frankreich Subsidien zu zahlen versprochen, aber nicht gezahlt hatte. Einige spanische Gallionen wurden gekapert und durch deren Verkauf wenigstens ein Teil der geschuldeten Gelder aufgebracht. Doch der kühne und geniale Geist des großen Kurfürsten begnügte sich nicht mit diesen kriegerischen Erfolgen zur See, er wollte auch an dem Weltverkehr und Welthandel teilnehmen und, wie die andern Seemächte, Kolonien gründen. Unter der Leitung Ottos von Gröben wurde dieser Gedanke ausgeführt und 1681 zwischen Axim und dem Vorgebirge der drei Spitzen an der Küste Guineas, die Veste Großfriedrichsburg gegründet. Der Kurfürst hocherfreut, ließ eine darauf bezügliche Denkmünze prägen, ernannte Raule zum General = Marine= direktor und faßte weitere, kühnere Pläne. Doch dieselben gingen damals nicht in Erfüllung, sondern wurden erst jetzt nach zwei Jahrhunderten wieder von neuem auf= genommen. Auch diese großartige Thätigkeit des genialen Fürsten ist der Gegenstand der Dichtung geworden. Um den Verkehr zu Wasser und zu Lande zu heben, hatte er bereits 1669 durch einen Kanal Spree und Oder und damit Nord= und Ostsee verbunden. Das Bankett, das damals im Flußbette

abgehalten wurde, ist von Gruppe in einem epischen Gedichte
besungen worden. Seine maritime Thätigkeit hat von älteren
Dichtern Clefmann in holländischer Sprache in einer melobram-
artigen Dichtung verherrlicht. Von neueren Dichtern haben ben
ersten Sieg über die Spanier Gruppe und Wagner in Liedern
gefeiert und ersterer in einem humoristischen Gedichte den Eindruck geschildert, den das Erscheinen eines Mohren und sein
Tabaksrauchen, das damals in der Mark noch ganz unbekannt
war, bei der Landbevölkerung hervorrief. Besonders erwähnenswert aber ist der Roman, „Der Mohr von Berlin" von Georg
Horn. Die Dichtung gehört zu den bessern Leistungen auf dem
Gebiete des historischen Romans. Der Grundgedanke derselben
ist die überseeische Kolonisation. Denselben vertritt der Held der
Geschichte, Otto von Gröben, der den Marinedirektor Raule, den
jungen Kaufmann Daum und den anfangs ihm feindlich
gegenüberstehenden Minister Fuchs für seine Absichten gewinnt.
Dieselben bekämpft der Kommerzrat Ruschart und seine Anhänger,
in denen der beschränkte und eigennützige Handelsstand verkörpert
ist, ferner der holländische Gesandte Amerongen und der afrikanische Gouverneur Ernsthausen. Vergebens sucht Ruschart die
kühnen Pläne des energischen Gröben durch eine Gegenvorstellung
beim Kurfürsten zu vereiteln. Der weit blickende Fürst erteilt
Gröben seine Genehmigung: er will Kolonien gründen und
zugleich, wie dies die Taufe des Negerhäuptlings Abba im
Anfang des Romans andeutet, Afrika christianisieren und
zivilisieren. Als Ruschart es wagt, Raule als einen Fremdling
zu bezeichnen, muß er die des großen Fürsten würdigen Worte
hören: „Unter Kurfürst Friedrich Wilhelm frägt man in Brandenburg nicht darnach, von wannen einer gekommen, sondern
nach dem, was einer kann." Auch Ruscharts Intrigen, der
durch die Frau von Falaiseau Gröben und Erica, die Tochter
des Ministers von Fuchs, trennen und die afrikanische Kompagnie

zerstören will, mißlingen; ebenso wenig Erfolg haben die
Bemühungen des Gesandten Amerongen, der Raule nach Holland
zurücklocken möchte, um dadurch die Pläne des Kurfürsten zu
hintertreiben. Der Kampf setzt sich in Afrika fort. Hier tritt
der holländische Gouverneur Ernsthausen Gröben feindlich ent=
gegen, sucht eine Niederlassung der Brandenburger zu verhindern
und als ihm dies nicht gelingt, durch Aufwiegelung der Neger
die Kolonie zu vernichten. Die Liebe der Negerin Ebja, die
Gröben früher einmal gerettet, die bunte Pracht der Tropen=
welt, der verderbliche Einfluß des Klimas, unter dem viele
Brandenburger sterben, die Intrigen Abbas, der Ebja liebt
und darum Gröben haßt, der schreckliche Seesturm, der ein
Schiff auf die Seite legt, alles das ist anschaulich und lebendig
geschildert. Unterdessen gerät in der Heimat Daum, der durch
das Ausbleiben der Schiffe in Verlegenheit kommt, mit Ruschart
in Streit. Die Falaiseau intrigiert wieder. Um den Minister
von Fuchs heiraten zu können, sucht sie Erica aus dem Vater=
hause zu verdrängen und weiß es durchzusetzen, daß durch eine
Ordre des Kurfürsten Fuchs die Aufforderung erhält, die Hand
seiner Tochter Amerongen zu geben, der schon früher um sie
geworben. Die Liebe Ericas besteht die Probe, Fuchs durch=
schaut die Intrigantin und sie muß Berlin verlassen. Auch
Raule kommt in große Gefahr. Der stolze, selbstbewußte Mann
hat zur Einweihung seines prächtigen Hauses den Kurfürsten,
den Hof und selbst seine Gegner eingeladen. Da rotten sich,
von Ruschart und Abba aufgestachelt, Pöbelhaufen zusammen,
beschimpfen ihn, und Abba lügt dem Kurfürsten vor, die Flotte
sei mit Mann und Maus untergegangen. Raule fällt in
Ungnade. Als er aber den Kurfürsten bei einer Wasserfahrt
aus Lebensgefahr errettet, und die Nachricht von der Ankunft
eines der nach Afrika entsandten Schiffe eintrifft, wird er wieder
in Gnaden aufgenommen. Bald darauf zieht die Mannschaft des

Schiffes „der Kurfürst" ein, ebenso kehrt Gröben zurück und verlobt sich öffentlich mit Erica. Abba, der heimliche Liebhaber der albernen Tochter Ruscharts, stürzt sich ins Wasser. Die Fabel ist mannigfaltig und anziehend, die Charakteristik der Personen, namentlich der höheren Stände, gelungen, und außerdem verleiht der öftere Wechsel des Schauplatzes der Erzählung indem der Dichter uns bald nach Europa, bald nach Afrika, bald an den Hof, bald in die Bierstuben und Kontore der Kaufleute, bald in die Schlösser der Vornehmen, bald in die Hütten der Landleute führt, dem Romane einen ganz besonderen Reiz. Sowohl der historische Teil desselben, der auf den Aufzeichnungen Ottos von Gröben beruht, als auch die frei erfundenen Partien sind wohlgelungen und wirkungsvoll durchgeführt. Der Dichter schließt im Hinblick auf den baldigen Verlust der afrikanischen Besitzungen mit den Worten: „Die rote Adlerflagge am Ozean war gesunken — das deutsche Banner ist an seiner Stelle emporgestiegen." Und wahrlich! herrlich sind die kühnen Pläne des großen Kurfürsten in Erfüllung gegangen und vielleicht großartiger, als er es selbst gedacht. Er hat e i n e n Kanal gebaut, Friedrich der Große drei, unser Kaiser Wilhelm setzt diesen Bestrebungen durch den Bau des Nord=Ostsee=Kanals die Krone auf. In demselben Afrika, in dem Gröben eine kleine Veste anlegte, haben wir bereits große Strecken in Besitz genommen und werden noch mehr in Besitz nehmen; und nicht bloß dort! Unsere Dampferlinien verbinden und sichern unsere Erwerbungen. Unsere Flotten ziehen durch alle Meere, unsere Handelsschiffe findet man in allen Häfen der Erde. Wir nehmen teil, wie der große Kurfürst gewollt, an dem Welthandel und Weltverkehr. Wir Deutschen sind durch ihn und seine großen Nachfolger ein mächtiges Volk geworden!

So energisch wie der große Kurfürst für die Entwicklung des Handels und der Seemacht sorgte, ebenso beherzt und mann=

haft trat er für die freie Religionsübung seiner Glaubensgenossen ein, nicht bloß in Deutschland für die von der kaiserlichen Regierung sehr unterdrückten Protestanten in Schlesien, sondern auch für die schwer verfolgten Hugenotten in Frankreich und die Waldenser in Italien; und indem er die Vertriebenen bei sich aufnahm, förderte er zugleich die industrielle und geistige Entwicklung seines Volkes. Durch das Blutbad der Bartholo= mäusnacht wollte die katholische Partei in Frankreich die Protestanten vernichten. Jedoch gelang ihr dies nicht vollständig und den übrig gebliebenen Hugenotten sicherte der wohlmeinende und edle Heinrich IV. durch das Edikt von Nantes freie Religionsübung zu. Aber die blutigen Verfolgungen erneuerten sich unter dem alternden Ludwig XIV., der 1685 das Edikt von Nantes aufhob. Den hart bedrängten Hugenotten blieb nichts andres übrig, als entweder ihren Glauben abzuschwören oder auszuwandern. Da wagte es der große Kurfürst dem Zorn des mächtigen Franzosenkönigs zu trotzen und sich der Unglücklichen anzunehmen. Durch das berühmte Edikt von Potsdam (b. 29. Oktober 1685) bot er den Hugenotten in seinem Reiche eine Zufluchtsstätte an und gab reiche Mittel zur Aufnahme der Flüchtlinge her. Als Ludwig XIV., darüber erzürnt, Friedrich Wilhelm wegen des Ausdruckes „harte Ver= folgung" in seinem Edikte zur Rede setzte, erhielt er von ihm eine mannhafte und treffende Antwort. Er verstehe darunter, entgegnete der Kurfürst, jene Dragonaden, jenen Raub der Kinder, jene Verurteilungen zur Galeere, zur Kerkerhaft, jene Bluthaten, Gräberentweihungen und Kirchenschändungen, welche gegen die Protestanten in Frankreich offenkundig verübt worden seien. Daß diese beherzte Sprache und edle Handlungsweise des großen Fürsten die Herzen aller Orten für ihn begeisterte und zum Gesange anregte, ist selbstverständlich. Von den ein= wandernden Hugenotten aber, die noch mit mancher Sorge

zu kämpfen hatten, habe ich französische Lieder auf den großen
Kurfürsten nicht auffinden können. Vielleicht aber rühren von
einem derselben die sinnigen, fein durchgeführten Embleme und
die geistvollen französischen Devisen her, welche sich in der
königlichen Bibliothek befinden. Die ersten verherrlichen einige
Tugenden des großen Fürsten, wie seine Gerechtigkeitsliebe, seinen
Hochsinn und Scharfblick, seine Kraft und Tapferkeit, seine
diplomatische Gewandtheit und seine kühnen Entwürfe; die
übrigen versinnbildlichen die Kurfürstin als treue Begleiterin
ihres Gatten auf den Feldzügen, ihn selbst an den Gestaden
des Rheins, seine Verfolgung der Schweden, die Wiederherstellung
und den Segen des Friedens, den Mut der Prinzen, und
den frommen Glauben der ganzen kurfürstlichen Familie an
unsern Heiland. Ein Verfasser dieser eigenartigen Dichtungen
ist nicht angegeben. Dagegen giebt es sowohl von den Nach=
kommen der Hugenotten deutsche und französische Lieder, als
auch von einheimischen Schriftstellern deutsche Dichtungen, welche die
edle That des großen Kurfürsten preisen. Ich hebe besonders die
Dichtungen der beiden Fontane, des Dr. Béringuier, der Julie
Rosenberger geb. du Bois = Reymond und den Roman Rings,
„die Schützlinge des großen Kurfürsten“ hervor. Derselbe ist
viel besser gelungen und spricht viel mehr an, als sein Roman
„der Kurfürst und der Schöppenmeister.“ In gefälliger,
anmutiger Darstellung schildert uns der Verfasser die Schicksale
einer Hugenottenfamilie im südlichen Frankreich, den durch seine
Kunstfertigkeit weit berühmten Goldschmied Pierre Roussel, seine
treue Gattin, seinen geistvollen Sohn Raoul, einen ausgezeich=
neten Arzt, und seine liebliche Tochter Gabriele. Bosheit und
Rachsucht, verbunden mit religiösem Fanatismus, stören das
anfänglich reine, ungetrübte Glück derselben. Aber weder die
berüchtigten Dragonaden, noch die Bekehrungswut der Geistlichen
vermögen sie von ihrem Glauben abwendig zu machen. Sie

versuchen zu fliehen, werden aber ergriffen und die Männer, mit
Ketten belastet, in den Kerker geworfen, die Frauen in ein
Nonnenkloster gesperrt. Jedoch die Kunst des Raoul befreit sie
aus ihrer Haft. Er wird von dem Intendanten der Citadelle
zu dessen schwer erkrankten Sohne geführt und stellt ihn in
kurzer Zeit wieder her. Aus Dankbarkeit läßt sie der Inten=
dant entkommen. Sie fliehen nach Berlin und lassen sich
in der Dorotheenstraße nieder, wobei ihnen der junge Gold=
schmiedgeselle Hans Lieberkühn behilflich ist, der Neffe des Hof=
goldschmiedes Gottlieb Lieberkühn, dessen schöne Tochter Agnes
er heiraten soll. Doch zwischen dieser und Raoul und zwischen
Hans und Gabriele entspinnt sich ein Liebesverhältnis. Aber
ihr Glück wird durch den alten Goldschmied, der zugleich als
Innungsmeister einen bedeutenden Einfluß besitzt, gestört. Er
ist auf die Kunstfertigkeit des Pierre Roussel eifersüchtig;
seine feindliche Haltung und das Übelwollen andrer Berliner
Bürger gegen die eingewanderten Franzosen läßt die Hugenotten=
familie nicht recht aufkommen. Jedoch die Kunst Roussels kommt
trotzdem zur Geltung. Der Kurfürst wird bei einem Feste des
Kurprinzen auf seine vortrefflichen Leistungen aufmerksam und
die Kurfürstin vertraut ihm die neue Fassung der Kronjuwelen
an. Bei einer Besichtigung der neuen Bauten in der von der
Kurfürstin angelegten Dorotheenstadt lernt der Kurfürst das
bescheidene, aber geschmackvolle Heim des Goldschmieds kennen,
stellt den tüchtigen Sohn desselben als Regimentsarzt der
Gardes Mousquetaires an und interessiert sich für die Liebe
Gabrielens zu Hans Lieberkühn. Namentlich der geistvolle
Raoul tritt ihm später in diplomatischer Beziehung näher und
unterstützt ihn in seinen letzten Plänen und Unternehmungen für
die Sicherheit des Protestantismus in England. Durch die
Einwirkung des Kurfürsten werden die Schwierigkeiten hinweg=
geräumt, die eine Verbindung Gabrielens und Hans Lieberkühns

hindern, und endlich besiegt auch die Kunst und der edle Charakter
Raouls den Widerwillen des Zunftmeisters gegen die Franzosen,
und beide glückliche Paare feiern ihre Verlobung, von aufrichtiger
Liebe und Dankbarkeit für ihren wohlwollenden und edlen
Fürsten erfüllt. Die Fabel ist einfach, aber anmutend. Klar
und anschaulich ist der wohlthätige Einfluß der eingewanderten
Franzosen auf die gewerbliche und geistige Entwicklung Berlins
geschildert, ebenso der Widerwille mancher Kreise, zu deren
Wortführer in dem Roman sich der alte Derfflinger macht,
geschickt zurückgewiesen. Die meisten Personen und besonders der
große Kurfürst sind treffend charakterisiert und sein Edelmut und
Wohlwollen gegen die unglücklichen Flüchtlinge, sein vorurteils=
freier Sinn, sein richtiges Verständnis für die Bedeutung des
eingewanderten Elements, seine liebevolle Fürsorge für die Ver=
schmelzung desselben mit der einheimischen Bevölkerung hervor=
gehoben. Sein Bild hinterläßt in dem Leser einen höchst
wohlthuenden Eindruck. In der That hat der edle und kluge
Fürst auch in dieser Hinsicht Großes gethan, indem er durch die
Aufnahme der charakterfesten und kunstverständigen Réfugiés
eine größere Bildung, einen höheren Kunstsinn und feinere
Sitten unter seinem Volke verbreitete; er hat durch diese hoch=
herzige That einer wahren Nächsten= und Christenliebe sich für
alle Zeiten die Liebe, Hochachtung und Bewunderung aller edel
und vorurteilsfrei denkenden Menschen erworben.

Eine wohlwollende Gönnerin und Beschützerin der einge=
wanderten Hugenotten war auch die Kurfürstin Dorothea.
Unter ihrem Namen, der zugleich der Vorname der Heldin der
Erzählung ist, hat Willibald Alexis einen Roman herausgegeben,
der ein Intrigengemälde aus dem Berliner Hofleben zur Zeit
des großen Kurfürsten enthält und zu den besten Werken des
Autors gehört. Die Darstellung ist sinn= und geistreich, der
Stil hat etwas Treuherziges, zuweilen Altertümliches und

Chronikenartiges, das aber zu dem Kostüm jener Zeit paßt.
Der Roman umfaßt die Zeit kurz vor dem Frieden von
St. Germain bis zum Tode des Kurfürsten und entwirft uns
in Walter Scotts Manier ein anschauliches Bild der damaligen
Zustände der Mark und des Hofes. Diese Schilderungen sind
eingewoben in die Erzählung der Lebensschicksale der früher
geraubten, aber später wieder anerkannten und von der Kurfürstin
zum Hoffräulein angenommenen Dorothee von Schapelow.
Ein holländischer Gelehrter Skytte, der mit ihr auf der Reise
zusammentrifft, nimmt sich der Verlassenen an, führt glücklich
ihren Prozeß gegen den alten Derfflinger, verteidigt sie gegen
den Mädchenräuber Junker von Polenz ritterlich mit der Waffe
in der Hand, wird infolge dessen wegen Verletzung der scharfen
Duellmandate verurteilt, aber vom Kurfürsten auf Fürbitte des
Fräuleins von Schapelow begnadigt und verheiratet sich
schließlich mit ihr, nachdem ein Ausgleich mit dem alten Derff=
linger zu Stande gekommen, der ihre Hochzeit ausrichtet. Diese
abwechslungsreiche Erzählung giebt dem Autor Gelegenheit, die
Nachwehen des dreißigjährigen Krieges dem Leser zu vergegen=
wärtigen: die Verwüstung der Mark, in der ganze Ortschaften
vom Erdboden verschwanden, die greuliche Mißhandlung und
Vernichtung ganzer Familien, die wüste Wegelagerei und die
grimmige Erbitterung der lutherischen Geistlichen gegen die
Reformierten, wie z. B. Piosanders, des Pflegevaters der
Schapelow, der lieber zum Katholizismus übertritt, als daß er
die calvinistische als seine Schwesterkirche anerkennen will.
Ebenso anschaulich und treffend sind die Abenteurer, Quacksalber,
Schwärmer und Adepten jener Zeit gezeichnet, die zuweilen, wie
Balsamo, unter ihrer Maske noch andere, höchst gefährliche
Ziele verfolgen, indem sie der Ausbreitung des Protestantismus
entgegenarbeiten und die Macht der durch die Verbindung mit
den Oraniern, wie es ihnen dünkt, noch gefährlicher gewordenen

Hohenzollern heimlich zu bekämpfen suchen, ja selbst das Gift nicht verschmähen, wenn es gilt, ihr Ziel zu erreichen. Es ist eine immerhin nicht unwahrscheinliche Vermutung, daß jene vergiftete Orange, nach deren Genuß Prinz Ludwig erkrankte und starb, von einem solchen Sendlinge jener finstern, unheimlich wirkenden Macht ihm in die Hände gespielt wurde, um den letzten kräftigen Sprößling jener Fürstenverbindung Hohenzollern-Oranien — der Kurprinz Friedrich galt für zu schwächlich für die Fortsetzung derselben — aus dem Wege zu räumen. Gelegentlich sind auch die Beziehungen des Kurfürsten zu Rhode und Kalkstein berührt; ausführlicher ist der Friede von St. Germain behandelt, und der tiefe Schmerz des bitter enttäuschten, schmählich im Stiche gelassenen Helden herzbewegend geschildert. In den Roman ist noch das Verhältnis der Kurfürstin zu ihren Stiefsöhnen hineingewoben, und man muß anerkennen, daß die Darstellung desselben viel objektiver und richtiger ist, als in dem letzten Bande des Mühlbachschen Romans. Denn es giebt in diesem wohl kaum etwas Würdeloseres, Ekelhafteres und Widerwärtigeres als das Kapitel „Unfriede im Hause," das vom ästhetischen wie vom historischen Standpunkte aufs schärfste zu verurteilen ist. In dem Alexisschen Roman erscheint Dorothea allerdings auch für das Wohl ihrer Kinder bedacht; sie möchte gern an die Stelle des Kurprinzen, ihren Liebling Philipp setzen und dies mit Hilfe ihres Schützlings, Dorothee von Schapelow, beim Kurfürsten erreichen; aber sie wird mit vollem Rechte, wie dies aus dem Gespräche des französischen Gesandten mit seinem Sekretär hervorgeht, gegen die nichtswürdigen Verleumbungen boshafter Zungen, die ihr die Vergiftung ihres Stiefsohnes zur Last legten, in Schutz genommen, und gelegentlich werden auch ihre guten Eigenschaften anerkannt, die diese schwer verleumdete Fürstin in der That besessen hat. Recht treffend und anziehend ist der Kurfürst charakterisiert. Obgleich in politischen Angelegenheiten bitter enttäuscht und schwer gekränkt, durch den Zwiespalt im eigenen Hause gepeinigt, von der Gicht gequält und vom Alter gebeugt, verliert er doch niemals seine Würde und Hoheit. Seine Energie selbst noch im Alter, seine höhere Auffassung des Lebens, sein Überblick über Zeit und Menschen tritt am klarsten hervor in seinem Gespräche mit Burgsdorf, dem Vertreter der Junkerpartei, die über ihre Kirchturmpolitik nicht hinauskommt, nur ihre eigennützigen Ziele im Auge hat und höheren und weiter reichenden Bestrebungen und Unternehmungen feindlich gegenübersteht. Den schroffsten Gegensatz zu diesen krassen Realisten und Egoisten bildet der idealistische Schwärmer Skytte, der von einer zukünftigen lateinischen Stadt schwärmt und den Kurfürsten für die Gründung einer solchen zu gewinnen sucht. Trug sich doch der Kurfürst selbst einige Zeit mit dem Gedanken, an einem neutralen Orte eine „Universität aller Völker, aller Wissenschaften und Künste" zu errichten und, wie es in dem Entwurfe heißt, sie „zu weihen zum Sitze der Musen, zum Tempel der Wissenschaften, zur Werkstatt der Künste, zum Wohnsitz der Tugend, zu einer Königsburg der besten und erhabensten Beherrscherin der Welt, der Sophia (der Weisheit)." Dieser großartige Plan ist ein leuchtendes Denkmal seines hochsinnigen Geistes, ein glänzender Beweis, wie hoch er sein Zeitalter überragte. Die Ausführung desselben war zu seiner Zeit und bei seinen geringen Mitteln kaum möglich. Aber so viel er konnte, hat er das Seinige dazu beigetragen: er ist der Begründer der Kunstkammer, der königlichen Bibliothek, des anthropologischen Museums; er war der eifrige Förderer der Universitäten von Königsberg und Frankfurt, der Begründer der Universität in Duisburg, der wohlmeinende Gönner sowohl einheimischer als auswärtiger Gelehrten, mit einem Wort, der geniale Erwecker des höheren geistigen Lebens in seinem Staate. Was dem gelehrten Schwärmer Skytte dunkel vorschwebte und was der große Kurfürst wohl beabsichtigte, es ist, so weit es bei einem Ideale möglich, jetzt zur Wirklichkeit geworden: die Metropole der Intelligenz Berlin, dies Berlin, das durch seine Energie und seinen Geschmack aus einem verkommenen Städtchen zu einer fürstlichen Residenz umgeschaffen wurde, und das sich jetzt zu der glänzenden Hauptstadt eines mächtigen Reiches, ja zu einer viel bewunderten Weltstadt erhoben hat.

Einen herzbewegenden, erschütternden Eindruck macht in dem Alexisschen, wie in dem Ringschen Roman die Darstellung des Todes des Kurfürsten. Auch hier zeigt er sich als einen wahren Christen, liebevollen Familienvater und gewissenhaften Fürsten. Er nimmt mit den Seinigen das heilige Abendmahl, beruft noch einmal den Staatsrat, um die letzten Angelegenheiten zu ordnen und seinen treuen Ratgebern zu danken, er übergiebt seinem Sohne die wichtigsten Regierungsgrundsätze, die er eigenhändig aufgezeichnet, und empfiehlt ihm die Ehre seines Hauses und das Wohl seiner Unterthanen, besonders auch der eingewanderten Hugenotten, er verabschiedet sich von den Seinigen, tröstet sie und beschenkt seine Diener. In seinen letzten Augenblicken denkt er nur an Gott und seinen Heiland, und zu ihm betend schlummert er sanft hinüber. Schwerin sagt mit Recht in seinen Denkwürdigkeiten: „Er zeigte, wie man sterben soll." Sein Tod rief die tiefste und aufrichtigste Trauer in allen Kreisen der Bevölkerung hervor. Eine große Anzahl von Klageliedern erschien in deutscher und lateinischer Sprache von Dichtern und Dichterinnen, und in diesen Dichtungen zeigt sich eine wahre und tiefe Empfindung, ein edler und natürlicher Ausdruck öfter, als in den meist langweiligen und mit mytho= logischen Reminiszenzen ausgeputzten Glückwunschgedichten, die ihm in großer Anzahl zu seinen Geburtstagen dargebracht wurden. Denn nun fühlte man erst recht, was man an ihm verloren.

Bekanntlich hatte der große Kurfürst in früheren Jahren ein Testament gemacht, wonach der Kurprinz, entsprechend den seit Albrecht Achilles geltenden Hausgesetzen, das ganze Reich erbte. Aber die Kurfürstin Dorothea hatte den alternden Gatten zu bewegen gewußt, daß er zu Gunsten ihrer eigenen Kinder ein neues entwarf, nach dem der Kurprinz nur die Marken und die Kurwürde, ihre Kinder aber, die seit dem Frieden von Osnabrück und Münster erworbenen Gebiete als selbständige Fürstentümer erhalten sollten. Erzürnt über einen Streit und Wortwechsel, den der Kurprinz mit seiner Stiefmutter über diesen Punkt gehabt, unterzeichnete der Kurfürst das Testament, das Dorothea sogleich nach Wien sandte, wo es in der Reichskanzlei nieder= gelegt wurde. Außer in dem Mühlbachschen Roman ist der Streit und die Entscheidung über dies Testament von Putlitz in einem historischen Schauspiel dargestellt worden, das eins der besten Stücke dieses Dichters ist und volle Anerkennung verdient. Denn eine geschickte Steigerung der Handlung, besonders in den letzten drei Akten, eine feine und edle Sprache, die sich vom gewandten und leichten Salonton stellenweis zu einem würdigen Pathos erhebt, eine echt patriotische, die deutsche Einheit ver= herrlichende Gesinnung zeichnen diese schöne Dichtung aus. Es ist ein Meisterzug des Dichters, daß er durch den Einfluß des großen Ahnherrn den Umschwung und die schöne harmonische Lösung des Familienstreites herbeiführt. In der Erinnerung an seinen großen Vater, dessen seligen Geist er um Kraft und Bei= stand anfleht, rafft sich Friedrich aus kleinmütiger Verzagtheit zu energischem Handeln auf; von seiner edelmütigen Gesinnung erfüllt, vernichtet er die boshaften Verleumbungen, mit denen man seine Stiefmutter beleidigt und gekränkt hat; von seines Vaters heroischem Mute durchdrungen, tritt er energisch den Anmaßungen der fremden Höfe entgegen und richtet gegen sie die Spitze seines Schwertes. Da erwacht der durch kleinliche Interessen zurück= gedrängte Familiensinn in allen Gliedern des kurfürstlichen Hauses, sie wollen den Staat, den der Ahnherr mit unsäglicher Mühe geschaffen, nicht wieder zerstückeln, sie halten dem Ausland gegenüber treu und fest zusammen und fühlen sich in der Ein= tracht groß und stark. So übt noch der selige Geist dieses bedeutenden Fürsten einen wohlthätigen Einfluß auf die Seinigen und triumphiert über Haß und Streit im eigenen Hause und über Bosheit und Tücke des Auslandes, das sein großes Werk zerstören möchte.*)

Auch auf seine Enkel und Urenkel hat sein großartiges Vorbild erhebend und belebend eingewirkt und sie zu gleichen Thaten angefeuert. Als nach dem Bau des neuen Domes die Särge der Ahnen aus ihrer alten in die neue Ruhestätte hin= übergeschafft wurden, ließ Friedrich II. den Sarg des großen Kurfürsten öffnen und betrachtete voll tiefer Wehmut die sterb= lichen Reste des glorreichen Ahnherrn. Mit Thränen im Auge sich an sein Gefolge wendend, rief er aus: „Der hat Großes gethan!" und gelobte sich im Stillen diesem leuchtenden Vor= bilde, das er auch in seinen Dichtungen verherrlichte, nachzueifern und das von jenem begonnene Werk weiter fortzusetzen. Dieser historisch=denkwürdige Moment ist von Martin in einem epischen Gedichte besungen worden. Als später in den Kämpfen mit Napoleon der Staat Friedrichs des Großen zusammenbrach, war es die edle Königin Luise, welche ihre Söhne zu Schwedt

---

*) Sein dankbarer Sohn, König Friedrich I., hat ihm ein herrliches Reiterdenkmal von dem berühmten Schlüter errichten lassen, das 1706 auf der Schloßbrücke aufgestellt wurde, und dieser Ausbruch wahrer Pietät ist mehrfach besungen worden.

auf das Vorbild ihrer ruhmvollen Ahnen, des großen Kurfürsten und des großen Friedrich, hinwies und sie ermahnte, entweder mit den Waffen in der Hand die Schmach des Vaterlandes zu rächen und das verlorene Reich wieder zurückzuerobern oder zu sterben. Diese bedeutsame Szene hat der Volksdichter Weise in einem epischen Gedichte geschildert. Auch in der Folgezeit erinnerte man sich immer wieder des Begründers des brandenburgischen Staates und des Schöpfers seiner ersten Marine. In dem Gedichte „1684 und 1884" gedenkt Gerhard von Amyntor des Tages, da die ersten Mohren nach Berlin kamen, um dem großen Kurfürsten die Erzeugnisse ihres Landes zu Füßen zu legen, und vergleicht mit der damaligen kolonialen Thätigkeit die jetzige hoffnungsvolle Entwicklung unseres deutschen Seewesens. — Zu einem erhebenden Feste gestaltete sich die 200jährige Gedenkfeier des Ediktes von Potsdam von Seiten der französischen Kolonie, am 29. Oktober 1886, welche in Berlin, wie anderwärts, einen würdigen, ja glänzenden Verlauf nahm; am ersten Orte unter Beteiligung Sr. kaiserlichen Hoheit des Kronprinzen des deutschen Reiches und seiner hohen Gemahlin, sowie fast des gesamten Staatsministeriums, einer großen Anzahl hoher Staatsbeamten und der städtischen Vertretung. Am 28. wurde das Denkmal Calvins und das Relief am Koloniehause enthüllt, am 29. eine kirchliche Feier begangen, der am Abend ein glänzendes Familienfest der Kolonie in den schön geschmückten Räumen der Philharmonie folgte. Eingeleitet wurde dasselbe durch einen schwungvollen Prolog, von dem älteren Fontane gedichtet und von Böringuier vorgetragen. Der Dichter feiert in ihm die edle That des Kurfürsten, der die Vertriebenen in seinem Lande aufnahm, schildert das Aufblühen der französischen Gemeinden und ihre Bedeutung für das gesamte Vaterland, huldigt und dankt dem erlauchten Fürstenhause, das den Nachkommen der Hugenotten so viel Gutes erwiesen. In sechs lebenden Bildern, zu deren Verständnis Fontane die erläuternden Strophen dichtete, wurden die wichtigsten und bedeutsamsten Szenen aus der Geschichte der Hugenotten veranschaulicht. Ihnen folgte ein Festspiel in Versen von dem jüngeren Fontane. Das kleine Stück spielt im Oktober vor 200 Jahren in Frankreich. Vater Morand, ein alter calvinistischer Bauer, hat alle Schrecken der Dragonaden überstanden. Sein Heim ist verwüstet, seine Tochter Marion weiß von fürchterlicher Drangsal zu erzählen, aus der sie und die Ihrigen kaum das Leben gerettet haben. Und immer ist des Elends kein Ende zu sehen und zu hoffen. Der Alte aber will nicht fliehen, wie sehr auch die Tochter ihn darum anfleht. Er baut auf sein gutes Recht. Doch grausam wird sein Glaube getäuscht. In verzweifelter Aufregung stürzt sein Sohn und dessen Freund René in die Hütte. Sie waren nach Paris entsendet, um den König um Rettung anzuflehen. Dort vernahmen sie die Aufhebung des Ediktes von Nantes und die freventliche Zerstörung des calvinistischen Tempels zu Charenton. René schildert mit großer Lebendigkeit und leiden= schaftlichem Schmerze das Entsetzliche, dessen Zeuge er gewesen. Des Alten Widerstand ist gebrochen. Er will mit den Kindern fliehen und René, der Marions Hand erbittet und erhält, sich ihnen anschließen. Aber wohin? Pierre schlägt Holland vor, René Brandenburg. Da überkommt den alten Morand ein prophetischer Geist und zeigt dem Ahnungsvollen die Bilder der Zukunft, welche dort seine Glaubensgenossen erwartet. Der entzückte Visionär schildert sie, wie er sie mit seinem inneren Auge schaut; und wie er sie schildert, so erscheinen sie dem Zu= schauer, als der Vorhang vor dem Hintergrunde zurückweicht: der große Kurfürst die Réfugiés empfangend, dieselbe Szene, die Böses Relief am Koloniehause und das schöne Bild von Vogel darstellt; und hundert Jahre später der große Friedrich im Garten von Sanssouci den berühmten Abkömmling von

Refugiés, seinen alten General de la Motte Fouqué ansprechend und den Kranken nach seinem Leiden fragend. Aber noch weiter reicht des Sehers Blick. Er schaut den mit der Kaiser= krone geschmückten hohenzollerschen Heldengreis, und während er ihn und des Reiches Herrlichkeit preist, zeigt sich im elektrischen Lichte die Apotheose: Von der Kaiserkrone überragt, erscheint, beschattet von den Fittichen des schwarzen Adlers, auf goldenem Grunde das Reliefbild des großen Kurfürsten; daneben die Kolossalbüste des Kaisers und der Kaiserin, umgeben von den Büsten der preußischen Könige, zu den Füßen des großen Kur= fürsten der brandenburgische Adler. Das Ganze in herrlicher Pflanzendekoration. Die Musik spielt die Nationalhymne; die ganze Versammlung erhebt sich und singt sie stehend mit. Es war ein überwältigender Augenblick!

Wie die Wirksamkeit dieses hervorragenden Fürsten, des Begründers der brandenburgisch = preußischen Monarchie, im Leben eine großartige, maßgebende und vielseitige war, wofür ihn die Geschichte mit dem Beinamen des Großen auszeichnete, so ist auch sein Bild in der Litteratur ein höchst anziehendes und abwechslungsreiches. Die große Zahl der sich auf ihn beziehenden Lieder, Dramen und Romane, die zum Teil recht bedeutend sind, beweisen deutlich, daß er ein Liebling der deutschen Dichtung war und ist; und wie sein nachhaltiger Einfluß nicht bloß auf die Gegenwart, sondern auch noch in die Zukunft reicht, so wird sein edler Name nicht verklingen, sondern in immer neuen Liedern wieder sein segens= reiches Wirken und Walten besungen werden. Für jeden, der in diesem Fürsten den Begründer unseres mächtigen Staates und den Ahnherrn unseres ruhmreichen Herrschergeschlechtes ver= ehrt, dürfte es interessant sein, die ihm gewidmeten Dichtungen kennen zu lernen. Aber besonders für die Jugend hat der große Kurfürst in der Geschichte wie in der Dichtung eine hohe

Bedeutung. Denn an ihm kann sie lernen, wie man durch Selbstbeherrschung und Selbstüberwindung frühzeitig frei und selbständig wird und im Kampfe erstarkt; wie man die oft bitteren Prüfungen des Lebens mit gottergebenem Sinne trägt und durch Hindernisse unbeirrt, rastlos nach seinen Zielen ringt; wie endlich des Himmels Gnade ein edles, unermüdliches Streben mit reichem Segen krönt, und der Ruhm der Ahnen ein Hort der Enkel ist.

Der Kurprinz.

Drama in drei Aufzügen von Hans Herrig.

Letzte Szene.

Die Vorigen (der Kurprinz, Luise, der Prinz von Oranien).
Graf Schwerin tritt von der Seite ein und überreicht dem
Kurprinzen einen Brief.

Schwerin.

Prinz, ein Kurier kam von Berlin. An Euch!
Ich bin Euch schnell ins Lager nachgeeilt,
Denn böse Zeitung, sagt er, steh' darin!

Kurprinz.

Gieb her!

Luise.

Was ist?

Oranien (zu den Bürgern von Breda).

Genug! genug! habt Dank
Und geht, wo man ein Mahl für Euch bereitet,
Erholt Euch von der langen Fastenzeit,
Und nie vergeßt mir diese erste Nacht,
Die Euch ans Vaterland von neuem schloß.
Von all der Not, die hinter Euch nun liegt,
Erzählt den Kindern und den Enkeln noch,

Daß sie der frohen Gegenwart sich freun,
Und niemals träg sind, für sie einzutreten.
(Er tritt ins Zelt zurück, welches während erneuter Hochrufe
zugezogen wird.)

Oranien.

Nun, Kurprinz? doch, was ist? — Graf von Schwerin?

Kurprinz.

Botschaft kam aus Berlin. Ich muß davon,
Die Tage meines Vaters sind gezählt,
An seiner Seite wünscht er mich zu wissen,
Der Zeiten Drangsal wird ihm allzuschwer.
Zu neuen Zügen rüstet sich der Schweb',
Indes vom Süd' die Waffen Östreichs drohn!
Vom frohen Schauplatz heitrer Siegesfeste,
Muß ich zurück in meine öde Mark!

Oranien.

Der Jugend Dämmerzeiten sind dahin,
Die Stimme, die Du hörst, ruft: an die Arbeit!

Kurprinz.

Ja, an die Arbeit! Diesen Schwur vernimm!
O Held, meinst Du, es hat mich nicht durchschauert,
Was ich erlebt in dieser kurzen Stunde!
Wie, hab' ich denn nicht auch ein Vaterland?
Zerstückelt, blutend siecht es jetzt dahin,
Ein Spott den Völkern, ohne Glück und Ruhm!
Doch, an die Arbeit! noch ja bin ich jung,
Und eh das Abendrot des Lebens naht,
Liegt vor mir noch ein langer rüst'ger Tag!
Luise!

Luise.

Fritz!
(Sie stürzt ihm in die Arme.)

Schwerin.

Was?

Oranien.

    Ohne mich zu fragen!

Schwerin.

Ich bin behext!

Kurprinz.

    Nein, nein, er zürnt uns nicht,
Der teure Vater!

Oranien.

    Seht Ihr, er versteht's,
Die Herzen sich zu nehmen!

Kurprinz.

    Sieh, sein Lächeln;
Er zürnt uns nicht, er weiß, ich lieb' Dich echt
Und wahr und treu, wie's einem Deutschen ziemt!
Und Du bleibst mir treu, nicht, mein süßer Schatz?
Nun kommen saure Wochentage erst,
Und nur der stumme Gruß des Federkiels
Erzählt uns, daß einander wir gedenken.
Doch keine Woche, Liebste, ist so lang,
Daß mehr sie als sechs Werkeltage hätt',
Und endlich ist's ein schöner Sonntagmorgen,
Da läuten lieblich süße Kirchenglocken,
Und alles schaut so festesfreudig drein,
Da wird das Fräulein Liebste meine Frau!
Gieb Deinen Segen uns, Oranier!

Oranien.

Was kann ich thun?

Schwerin.

    Säh' das doch Eure Mutter!

Luise.

Mein teurer Vater! ach, und Du willst fort?
Wie schnell wird dieser süße Augenblick
Zur Bitternis!

Kurprinz.

Nein, Tochter des Oraniers
Du darfst nicht seufzen! ja, nun muß ich fort,
Damit die Welt es schaut, daß ich ein Mann.
Du Gott von droben, steh mir gnädig bei,
Daß ich ein Retter meinem Volke bin,
Daß ich ihm werde, was es zitternd hofft;
Und jenes Jauchzen, das ich hier vernahm,
Laß durch die Au'n auch meines Vaterlands
Es einstmals schallen. Aber Du, o Fürst,
Der mich so viel gelehrt, der Vater mir
Einst werden will, Du Hüter meines Schatzes,
Zürn' meinem Knien nicht, Deinen Segen sprich,
Mit ihm entlaß mich auf den rauhen Pfad,
Der vor mir liegt, den einz'gen Pfad zum Ziel!

(Er kniet.)

Oranien.

Wenn eines schwachen Menschen heißer Wunsch
Beim Höchsten gilt: sei immer Gott mit Dir!
Mein Sohn, mein Freund, Du edler Fürstensproß,
Als Held erwiesen hast Du Dich vor mir.
Wie meine Hand ich auf Dein Haupt jetzt lege,
Drückt einst die Nachwelt Dir den Lorbeerkranz
Auf Deine Stirne: Heil Dir, wackrer Prinz,
Heil Dir, den Deinen, Deinem Brandenburg,
Und Hohenzollern Heil in alle Zeit!

Der böse Blick
ober
Die Gurige in den Jahren 1538, 1638, 1738 u. 1838.
Hiftorifcher Roman in vier Abteilungen von L. Schneider.
Zweite Abteilung: Berlin vor 200 Jahren.

Aus dem achten Kapitel

Der Eintritt des Oberften von Burgsdorf unterbrach dies Gefpräch. Er melbete, baß fieben ber Rädelsführer jenes Auf= ruhrs ehrlich unb nach ben Artikeln verurteilt worben wären, burch bie Spießgaffe zu laufen unb baß bie Malefikanten bereits vor bie Gaffe geftellt, ben Tob erwarteten, wenn Seine Kurfürft= lichen Gnaben nicht Gegenbefehl gäben.

„Was macht man ba, Schwarzenberg?" fragte ber Kurfürft ben Kanzler. „Ich kann bie Executionen nicht leiben, unb nun gar heute einem Menfchen bas Leben abfprechen, wo mein Friedrich wiebergekommen ift — ich könnte es nicht übers Herz bringen. Aber ein Beifpiel muß auch ftatuiert werben, bas fehe ich wohl ein. Was meint Ihr?"

„Ich meine, baß fie executiert werben müffen unb zwar in größter Öffentlichkeit unb solemniter. Es ift enblich einmal Zeit, Zucht unb Orbnung unter biefe verwilberte Solbateska zu bringen, bie keinen Zaum unb Zügel mehr kennt. Unnachficht= liche Strenge ift hier Pflicht."

„Leiber ift es nur zu oft bie Pflicht ber Fürften, ftrenge zu fein, wenn es auch ihrem reblichen Willen wiberftrebt. Giebt es benn gar keinen Ausweg, ben armen Teufeln bas Leben zu laffen unb boch ben Anbern ein Beifpiel aufzuftellen? Leuchtmar, was meint Ihr?"

„Wer bürfte es wagen, in bem höchften unb göttlichften Vorrechte ber Fürften, Gnabe zu üben, einen Rat geben zu

wollen; dem eigenen Herzen zu folgen, wenn das Wohl des
Ganzen es erlaubt, ist das schönste Handeln der Mächtigen."

„Siehst Du wohl, Friedrich, Dein Gubernator hat viel
mildere Ansichten als Du! Ich dachte Du würdest vorhin schon
um die Gnade für die armen Leute bitten, aber nein. Deine
Mutter wird sich recht betrüben, wenn ich ihr erzähle, daß Du
öffentlich sie zu Tode verurteilt."

„Ich würde mich nicht unterstanden haben, mein gnädigster
Herr und Vater, auch hier in Eurem Rate mitzusprechen, wenn
Ihr nicht auch meine Meinung erfragt. Fern ist Härte und
Grausamkeit von meinem Herzen, aber ich bin Euer Sohn, bin,
nächst Euch, meinem Vaterlande verpflichtet und darf der Regung
des guten Willens nicht nachgeben. Die Empörer sind verurteilt
und müssen eine Strafe erleiden. Wie aber, wenn diese Strafe
ihre Ehre, nicht ihr Leben tötete? Dem Soldaten soll die Ehre
das Heiligste sein. Die Pflicht der Kriegs-Obersten ist es, den
Krieger dahin zu bringen, daß er die Ehre über das Leben
stellt. Ich schlage vor, daß Eure Kurfürstliche Gnaden die
Strafe s ch ä r f t, ihnen das Leben schenkt und sie in Schimpf
und Schande über die Wälle hinweg zu den Schweden peitschen
lasset. — Öffentlich — vor allen Kompagnien — mit fliegenden
Fähnlein und gerührtem Spiel. — Entehrung wird dann in den
Augen der übrigen eine fürchterlichere Strafe sein, als selbst der Tod."

„Gut gesprochen, Friedrich, bei meiner Seele! Was meint
Ihr dazu Schwarzenberg?"

„Ich bewundere den Scharfsinn und das echt fürstliche
Gemüt meines gnädigsten Kurprinzen. Wahrlich, nie ist ein
besserer Ausspruch über die Lippen eines erfahrenen Rates
gekommen, als dieser edle, ritterliche Vorschlag. Ich glaube und
bin der Überzeugung, daß ein solches Verfahren, dasjenige zu
erreichen imstande ist, was unserer beginnenden Kriegsverfassung
erst das rechte innere Leben einhaucht."

„So denke ich auch! Bringt das in Ordnung, Burgsdorf. Thut den Regimentern meinen Willen zu wissen und haltet mir eine recht einbringliche Rede dabei. Die Execution kann morgen bei guter Zeit stattfinden, und alles, was nur eine Pickelhaube trägt, soll gegenwärtig sein, um sich ein Exempel daran zu nehmen. Abe! Burgsdorf! — Noch eins. Heut Abend bei dem Bankett dürft Ihr mir nicht fehlen; Ihr könnt auch alle Hauptleute Eures Regiments mitbringen, damit das Frauen= zimmer am Hofe etwas zu tanzen hat, aber die Hauptleute vom Land=Regimente laßt mir weg. Die sollen mir eine gute Weile warten, ehe ich sie wieder freundlich ansehe. Abe!"

„Heute Abend also beim Bankett, Ihr Herren," fügte der Kurfürst hinzu, als der Oberst sich entfernt hatte. — „Komm, Friedrich, wir wollen zur Mutter hinübergehen. — Wir sprechen uns wohl heute Abend noch nach dem Bankett, Schwarzenberg. — Bringt mir aber alle gute Laune mit, Ihr Herren, bis dahin also Abe!"

Schwarzenberg.

Das war der Graf von Schwarzenberg,
Ein Name finstern Klanges,
Der hier geübt viel schwarzes Werk —
Doch nimmer ihm gelang es!

Ein schwacher Fürst, ein morscher Stamm,
Dran wuchert und gedeihet
In üpp'gem Wuchs der gift'ge Schwamm,
Und was das Tagslicht scheuet.

Der Diener thut viel arge That
Vor seines Herren Throne,
Am Fürsten übet er Verrat,
Verrat am Fürstensohne.

Er sinnt nur, an das Kaiserhaus
Die Länder zu erraffen,
Bald stirbt der Zollern Stamm wohl aus —
Er will es bälder schaffen.

Es kriecht und krümmet sich der Molch,
Dem Prinzen tief ergeben,
Und steht, man sagt, mit Gift und Dolch
Wohl nach des Prinzen Leben!

Doch Gott hat und sein wacher Blick,
Was auch die Hölle brütet,
Zu unserm Glück, zu aller Glück,
Den hohen Herrn behütet.

Dem Schwachen folgt der starke Sohn,
Der blickt so kühn, so helle,
Die Treuen ruft er an den Thron,
Der Schächer bebt zur Stelle.

Warb blaß und bleich und starb vor Schreck —
Sein Sohn, den hier nicht dürstet
Nach Ehren, macht sich still hinweg —
Und warb zu Wien gefürstet.

O. F. Gruppe.

Die Brandenburg!

ober:

Aus der Jugendzeit des großen Kurfürsten

von

Hermann v. Festenberg-Packisch.

Akt 2. Bild 5.

In den Marken.

Gegend zwischen Berlin und Neustadt-Eberswalde. Im Hintergrunde
ein Dorf. Im Vordergrunde ein halbverfallenes Wirtshaus, das
deutliche Brandspuren zeigt.

Erster Auftritt.

(Ein Bauer. Sein Weib ein Kind auf dem Arme).

Bauer.

Vernichtet die Stätte meiner Heimat! Mein Kind siech,
mein Weib im Sterben! Wo find' ich Hülfe!

Weib (erschöpft niedersinkend).

Wasser! Wasser!

Bauer.

Geduld! Ich eile nach Wasser! (Bauer ab.)

Zweiter Auftritt.

Das Weib allein (wiegt das Kind ein, wobei es selbst schwächer
und schwächer wird).

Der Schweb' ist kommen,
Hat alles mitgenommen,
Hat Fenster eingestoßen,
Hat Kugeln daraus gossen.
Bet', Kindlein, bet'!
Morgen kommt der Schweb'!
Morgen kommt der Orenstiern,
Der wird Euch Kinder beten lehr'n!

Dritter Auftritt.

Vorige. Friedrich Wilhelm, Blumenthal, Daniel Gerhardt, Dragoner.

Friedrich Wilhelm.

Vergeblich, daß wir nach einem wohnlichen Unterkommen ausschauen! Lasset uns daher hier ein wenig rasten! Daniel!

Daniel.

Zu Befehl, Kurprinzliche Gnaden!

Friedrich Wilhelm.

Hast Du Wasser zur Tränkung der Pferde gefunden?

Daniel.

Hab' in einem halbverfallenen Brunnen noch so viel ent= deckt, daß es grad ausreichen wird!

Friedrich Wilhelm.

Gut! so richten wir uns häuslich ein! (Erblickt das Weib mit dem Kinde.) Was ist das? (Tritt näher.) Ein sterbendes Weib! O welcher Jammer! Das Kind will den kraftlosen Armen entsinken! (Nimmt das Kind in den Arm.)

Daniel.

Was thun Ew. Gnaden! — Das Kind leidet am Ausschlage! (Sucht das Kind zu nehmen.)

Friedrich Wilhelm (auf das im Vordergrunde befindliche Haus deutend).

Ob nicht dort ein menschliches Wesen weilt?
(Blumenthal und die Dragoner klopfen heftig an die Thür.)

Vierter Auftritt.

Vorige. Wirt, später der mit Wasser im Hute zurückkommende Bauer.

Wirt.

Was wollt Ihr Kriegsleute? Alles ist mir geraubt! Ich habe nichts als das nackte Leben!

Friedrich Wilhelm (der Daniel das Kind übergeben hat).

Da! nehmt dieses Weib in Eure Behausung! Ihr sehet in mir den Kurprinzen! Hier habt Ihr Geld für die Pflege!

(Giebt dem Wirt Geld.)

Wirt (niedersinkend).

Gnädiger Gott! Der Herr Kurprinz!

Bauer (gleichfalls auf das Knie sinkend).

Der gnädige Herr Kurprinz! Herr Gott im Himmel, Du lebst noch!

(Das kranke Weib und das Kind werden in das Haus getragen. Bauer und Wirt ab.)

Fünfter Auftritt.

Friedrich Wilhelm (zu Blumenthal).

Euch scheint dies Elend nicht allzu nahe gegangen zu sein!

Blumenthal.

Bin nicht gerade eine von den gefühlvollen Seelen, Kur= prinzliche Gnaden!

Friedrich Wilhelm.

Blumenthal! Ihr macht Euch schlechter, als Ihr wirklich seid! Möge aber Euer Sinn sein, wie er wolle, so acht ich doch an Euch Eure große Begabung! Ihr vermöchtet Brandenburg viel zu nützen, wenn Ihr wolltet!

Blumenthal.

Mein gnädiger Herr Prinz! Für Eure gute Meinung meinen besten Dank! Doch wie wolltet Ihr mir bei den zer= rütteten Zuständen des Landes ein Fortkommen verschaffen? Es wird Ew. Liebden nicht unbekannt geblieben sein, daß ich dem= nächst am Wiener Hofe Dienste zu nehmen gedenke!

Friedrich Wilhelm.

Ihr rechnet mit dem Erfolge und möget vielleicht Recht haben! Wenn aber mal der Erfolg für mich sprechen sollte, Blumenthal! Darf ich dann auf Euch rechnen?

Blumenthal (bei Seite).

Welch hoher Geist! (zu Friedrich) Ew. Kurprinzliche Gnaden wollen schon von heute an auf mich rechnen!

Friedrich Wilhelm.

Ein Mann, ein Wort!

(Friedrich Wilhelm reicht Blumenthal die Hand.)

Sechster Auftritt.

Vorige. Ein Haufe eines märkischen Aufgebotes.

(Letzterer schreitet über die Bühne und macht auf derselben Rast. Der Haufe ist gerüstet. Es finden sich aber komische Zusammen- stellungen der Schutz- und Angriffswaffen: Morgensterne, Armbrüste, Dreschflegel, Hellebarden, Arkebusen, Blechhauben, Topfhelme und Turnierhelme. Manche haben das Visier heruntergelassen. Schuppen- panzer, Turnierrüstungen, Panzerhemden. Große Stiefeln, Bundschuhe, Holzschuhe.)

Friedrich Wilhelm (zu Blumenthal).

Was sind dies für Leute?

Blumenthal.

Das ist ein Teil der Naturallieferung der märkischen Stände in Menschenfleisch!

Daniel (der sich die Leute näher angesehen).

Da ist ja auch nicht ein gerader Rücken, ein gesundes Bein drunter! Das paßt ja zum Soldaten, wie der Igel zum Nastuche! — (Redet sie an.) Ihr Knollfinken! Wo wollt Ihr hin?

Die Gestellungspflichtigen.

Nach Neustadt=Eberswalde!

Ein Gestellungspflichtiger

(mit heruntergelassenem Visier, in sächsischer Mundart).

Sehn Sie, mein gutes Herrchen! Ich bin Sie eigentlich Schneider aus Bernow! Ich mach' den Weg nu schon 's dritte Mal! Ich krieg's zwar bezahlt, muß mir aber das schwere Zeug hier (auf seine Rüstung deutend) anhängen! Aber was das Schlimmste ist, man kann sich nicht einmal kratzen, wenn's juckt!

Friedrich Wilhelm.

Was meint der Mann?

Blumenthal.

Mein Prinz! Ich will's Euch erklären! Der Mann wird in den Listen fortgeführt und sein Sold fließt in des Herrn Obristen Tasche!

Friedrich Wilhelm (zum Gestellungspflichtigen erregt).

Wer ist Dein Obrist?

Gestellungspflichtiger.

Der Herr Oberst v. Burgsdorf! Wenn Sie's nicht übel nehmen!

Friedrich Wilhelm (sehr erregt).

Schmach und Schande! Armes Brandenburg!

Blumenthal.

Cosi fan tutte! So treiben es Alle!

(Das Aufgebot zieht weiter.)

Friedrich Wilhelm (halb für sich).

Vor ein Kriegsgericht gestellt und schimpflich kassiert müßte der Mann werden!

Blumenthal (zum Kurprinzen).

Mein Prinz! darf ich mir eine Frage aus der heiligen Schrift gestatten? (Friedrich nicht zustimmend.) Wie vermag man die Teufel auszutreiben?

Friedrich Wilhelm.

Verstehe, wo ihr hinauswollt! Durch Beelzebub, den Obersten der Teufel!

(Die Dragoner und Daniel blicken in die Ferne.)

Daniel und die Dragoner.

Das Dorf brennt!

(Es stürzen Männer, Weiber und Kinder auf die Bühne. Einzelne fallen nieder und beten. So bildet sich um den Kurprinzen eine Gruppe.)

Friedrich Wilhelm.

Was ist geschehen?

Daniel und die Dragoner (die inzwischen Umschau gehalten haben.)

Golbacker'sche Reiter haben das Dorf angezündet und sind am Plündern!

Siebenter Auftritt.

(Vorige Reiter vom Regiment v. Golbacker.)

Ein Reiter (zu einem fliehenden Bauern).

Steh' Hund! Oder ich spieße Dich auf!

Zweiter Reiter.

Wo ist Deine Barschaft? Gesteh!

Dritter Reiter.

Gebt ihm den schwedischen Trunk!

Bauer.

Erbarmen! Erbarmen!

Friedrich Wilhelm (zu den Reitern).

Fort, Gesindel!

Erster Reiter.

Das sollst Du uns nicht zum zweiten Male sagen! (Dringt auf Friedrich ein, der den Reiter kampfunfähig macht.)

Fünfter Reiter.

Man mordet unsere Brüder!

Rittmeister vom Regiment v. Golbacker.

Wer hat sich erfrecht, einen Soldaten des Kaisers zu beschädigen?

Friedrich Wilhelm.

Ihr seht in mir den Kurprinzen von Brandenburg!

Rittmeister.

Brandenburg! Wer spricht noch von Brandenburg! Gebt Lösegeld oder —

(Droht mit dem Degen. — Die Lage wird für Friedrich schwierig, da mehr und mehr Reiter herandrängen. — Man hört in der Ferne einen Marsch blasen.)

Blumenthal (blickt nach der Gegend, von woher die Töne kommen).

Gott sei Dank! Es naht Hülfe! — Es ist Konrad v. Burgsdorf, der mit seinen Regimentern vorbeizieht.

(Befestigt an die Spitze des Degens ein weißes Tuch.)

Achter Auftritt.

(Eine Kompagnie des Regiments Konrad v. Burgsdorf, gleichmäßig und gut in blaue Uniformen gekleidet, rückt geschlossen vor und säubert unter Trommelschlag den Platz von den v. Golbackerschen Reitern. Hierauf stellt sich die Kompagnie in Ordnung im Hintergrunde der Bühne auf.)

Neunter Auftritt.

Vorige. Konrad v. Burgsdorf.

Konrad v. Burgsdorf.

Welch ein Glück für mich, meinen teuren Kurprinzen der Gefahr entrissen zu haben!

Friedrich Wilhelm.

Dank Euch gleichfalls für Euer rasches, wirksames Eingreifen! Wären es nur nicht gar so traurige Umstände, die den Kampf herbeigeführt, ich wollt Euch wohl besser danken! —

(Reicht Burgsdorf die Hand.)

Burgsdorf, erinnert Ihr Euch noch der Zeit, da Ihr mich in Küstrin reiten lehrtet! Ich ritt das mausfarbene Pferdchen das mir der General Schaafgotsch geschenkt!

Konrad v. Burgsdorf.

Ich erinnere mich wohl!

Friedrich Wilhelm.

Schon damals hattet Ihr dem Hause Brandenburg treu zu sein gelobt.

Konrad v. Burgsdorf.

Eine Treue, die zu halten ich mich Zeit meines Lebens verpflichtet fühle.

Friedrich Wilhelm.

Burgsdorf! Ihr seid ein märkischer Edelmann! Eure Vor=
fahren kamen mit Albrecht, dem großen Askanier zusammen
nach den Marken! Wäret ihr imstande, dazu mitzuwirken, daß
Polen, Moskowiter und Tartaren ihre Rosse im Oberstrome
tränken?

Konrad v. Burgsdorf.

Lieber durchbohrt' ich mich mit diesem Degen! (Auf seinen
Degen weisend.)

Friedrich Wilhelm.

Dann, Burgsdorf! entsagt dem erbärmlichen Vorteil, der
Euch daraus erwächst, daß Ihr unbrauchbare Leute in den
Listen fortführt! (Auf die aufgestellte Kompagnie blickend.) Wie
diese Kompagnie hier, so sollten Eure gesamten Regimenter aus=
gerüstet und einexerziert sein! Haltet zum Hause Brandenburg,
Burgsdorf! Und Ihr werdet es nicht zu bereuen haben!

Konrad v. Burgsdorf (ein Knie beugend).

Mein gnädiger Fürst! Mein ferneres Leben sei nur dem
Dienste Eures Hauses geweiht!

Friedrich Wilhelm.

Hie Brandenburg!

(Alle Anwesenden stimmen in den Ruf ein.)

(Der Vorhang fällt.)

Akt 3. Bild 9.
Durch Kampf zum Sieg.

Großer Empfangssaal im Schlosse zu Berlin. Im Hintergrunde
Gesellschaftsräume, zu welchen Stufen emporführen. An beiden
Seiten der Bühne größere und kleinere Ein= und Ausgänge.

Erster Auftritt.

(Im Hintergrunde werden die Vorbereitungen zu einem Bankett
getroffen. Es gehen deshalb Pagen und Diener ab und zu.)

Markgraf Ernst.

Die Ereignisse drängen sich. Graf Adam v. Schwarzen=
berg, der mächtige Mann ist dahin! — Die Einladungen sind
ergangen. — Ob auch sonst Alles genügend vorbereitet? — Es
wird noch einen harten Kampf kosten! Aber ich werd' ihn
durchfechten und ginge dies arme Leben hier (auf sich deutend)
darüber zu Grunde! Friedrich Wilhelm! Ein Teilchen Deines
großen Geistes lebt auch in mir! Du sollst mit mir zu=
frieden sein!

Page (meldet).

Es sind ein paar Bauern draußen, die Ew. Gnaden
bringend zu sprechen wünschen.

(Markgraf Ernst winkt, sie hereinzulassen. Page ab.)

Zweiter Auftritt.

Vorige, Konrad und Kurt v. Burgsdorf (in Bauerntracht, mit
falschen Bärten).

Markgraf Ernst.

Was ist Euer Begehr? (Die beiden Burgsdorf nehmen die
Hüte und Bärte ab.) Ah! Ihr, Konrad und Kurt v. Burgsdorf!

Konrad v. Burgsdorf.

Meine Regimenter liegen im Walde verborgen bei Weißen=
see. — Trotha bei Teltow. Das Rochow'sche Regiment wird
von Ribbeck in Spandau eingeschlossen, ebenso das Goldacker'sche
durch Volkmann in Brandenburg. Zu bewältigen bleibt sonach
nur Obrist Kracht mit seinem hier in Berlin stehenden
Regimente.

Markgraf Ernst.

So laßt die Regimenter in der sechsten Abendstunde ein=
rücken!

Konrad v. Burgsdorf.

Und die Losung, unter der wir uns zusammenfinden?

Markgraf Ernst.

Hie Brandenburg! — Kommt! Ich geleite Euch auf einem

geheimen Pfade aus dem Schlosse! (Alle ab. Es gehen
Pagen ab und zu und man bemerkt, daß sich die Stunde, zu welcher
das Bankett stattfinden soll, nähert. Auch werden Kerzen angezündet,
zum Zeichen, daß der Abend herannaht.)

Dritter Auftritt.
Martinitz. Marchese.

Martinitz.

Endlich, lieber Marchese, scheint das Ziel unserer Mühe=
waltungen herbeigekommen!

Marchese.

Nur wünscht' ich, es geschehe alles ohne Lärmen und Auf=
sehen! Das Volk hier in den Marken ist kein solches, das einem
schroffen Wechsel der Regierung geneigt wäre. Es wurzelt in
ihm eine tiefe Liebe für sein angestammtes Fürstenhaus! Die
Dragoner des Fürsten Liechtenstein werden schwere Arbeit haben!

Martinitz.

Lassen wir die Zukunft vorläufig außer Betracht! Meinet
Ihr, daß uns etwas fehl gehen könnte? Bereits haben die
märkischen Regimenter dem Kaiser geschworen! Gallas und
Piccolomini haben Marschbefehl erhalten! Morgen ist die Haupt=
stadt des Landes in unseren Händen! Unsere Losung haben wir
ausgegeben. Sie lautet: Hie Schwarzenberg!

Marchese.

Versucht's immerhin nochmals ohne Kampf! Wenn dem
Markgrafen das Erbe seiner Väter versprochen, ihm die kaiser=
liche Gunst zugesichert würde, ob derselbige dann nicht Neigung
verspüren möchte, das lecke Schiff zu verlassen?

Martinitz.

Dieser Aufgabe mag sich Graf Johann Adolf unterziehen,
der, soviel ich weiß, bis jetzt in freundlichen Beziehungen zum
Markgrafen gestanden hat. (Unruhig.) Wo nur Blumenthal weilt?
Ich hatte doch so notwendig noch einiges mit ihm zu besprechen!

Vierter Auftritt.

(Es kommen von der einen Seite der Bühne her die geladenen
Gäste: Graf Johann Adolf v. Schwarzenberg, Sebastian v. Walbow,
Obrist v. Rochow, Vertreter der märkischen Stände; von der ent-
gegengesetzten Seite Markgraf Ernst nebst einigen Kavalieren.)
Vorige. Die Gäste.

Markgraf Ernst.

Meine Herren! Ich begrüße Sie und thue Ihnen kund
zu wissen, daß ich durch die Gnade des Herrn Kurfürsten zum
Statthalter in den Marken bestellt worden bin. Dies für mich
so freudige Ereignis festlich zu begehen, habe ich Sie, Liebe
und Getreuen, geladen. So hoffe ich denn, daß Sie auf das Wohl
unseres gnädigen Herrn Kurfürsten einen tiefen Trunk thun und
mir kräftigst Bescheid geben werden.

(Pagen melden, daß das Bankett bereit; worauf sich die Gäste
paarweise in den Hintergrund der Bühne begeben.)

Fünfter Auftritt.

Markgraf Ernst. Graf Johann Adolf.

(Letzterer hatte während des vorigen Auftritts längere Zeit mit
Martinitz und dem Marchese zusammen verhandelt.)

Johann Adolf.

Markgraf Ernst! Auf ein Wort!

Markgraf Ernst.

Was ist Euer Begehr, Herr Graf!

Johann Adolf.

Markgraf Ernst! Darf ich Euch etwas im Vertrauen mitteilen?

Markgraf Ernst.

Dann bitte schnell! — Ich darf meine Gäste nicht warten
lassen.

Johann Adolf.

Markgraf Ernst! Ihr steht vor der Entscheidung, abermals
schmählich unterzugehen, oder Euch das Erbe Eures Vaters, die
Gunst des Kaisers zurückzugewinnen!

Markgraf Ernst.

Und der dafür zu zahlende Preis?

Johann Adolf.

Die Übergabe Eurer neuen Würde an den Kaiserlichen
Gesandten!

Markgraf Ernst (ironisch).

Ist das alles?

Johann Adolf.

Der Ernst der Lage scheint Euch immer noch nicht klar
geworden!

(Man hört von braußen Trommelschlag, der nach und nach an
Stärke zunimmt; dann einzelne Schüsse und das Krachen des
eingeschlagenen Schloßthores.)

Hört Ihr die Trommeln! Diese Trommeln spielen dem
Hause Hohenzollern den Totenmarsch!

Sechster Auftritt.
Vorige. Blumenthal.

Blumenthal (rasch auf Markgraf Ernst zugehend).

Verbergt Euch, Herr Markgraf! die Soldaten stürmen das
Schloß!

Markgraf Ernst (in ruhiger Haltung).

Laßt sie kommen!

Johann Adolf (bei Seite).

Verlorene Liebesmühe!

Siebenter Auftritt.
Vorige. Die Gäste (durch den Straßenlärm herbeigeführt), Obrist
v. Kracht nebst Offizieren, Fahnenträgern und Mannschaften seines
Regiments. (Die Fahnentücher sind schwarzgelb.)

Obrist v. Kracht nebst Offizieren.

Hie Schwarzenberg!

Ein großer Teil der Gäste.

Hie Schwarzenberg!

Obrift v. Kracht (geht auf ben Markgrafen zu).
Euren Degen, Herr Markgraf! Ihr seib mein Gefangener!

Markgraf Ernst.
Auf wessen Befehl?
(Man hört aufs neue Trommelschlag, dann ein kräftiges Gewehr-
feuer, ab und zu auch das Lösen einer Kanone.)

Obrift v. Kracht.
Was bedeutet das?

Johann Abolf. Martinitz. Der Marchese.
Sebastian v. Walbow.
Wer könnt' es sein?

Markgraf Ernst (zu Johann Abolf).
Diese Trommeln spielen bem Hause Hohenzollern ben
Siegesmarsch!

Achter Auftritt.

Vorige. (Von ber ber vorigen entgegengesetzten Seite ber Bühne.)
Konrab unb Kurt v. Burgsborf nebst Offizieren, Fahnenträgern
unb Mannschaften ihrer Regimenter. (Die Fahnentücher sind
schwarzweiß.)

Beibe Burgsborf.
Hie Branbenburg!

Die Offiziere, Fahnenträger unb Mannschaften ber
Burgsborf'schen Regimenter, Markgraf Ernst, Blumen-
thal unb ein Teil ber Gäste (wieberholen).
Hie Branbenburg!

Konrab v. Burgsborf (auf Kracht unb bessen Offiziere
zugehenb).
Jeber Wiberstand ist nutzlos! Ihre Degen, Messieurs!
(Kracht unb seine Offiziere geben bie Degen ab.)
Unb nunmehr nieber mit biesen Fahnen!
(Die schwarzgelben Fahnen senken sich, bie Mannschaften legen bie
Gewehre vor sich nieber.)

Markgraf Ernst.

Besetzt alle Thore. Kein einziger darf entkommen!

(Man hört von braußen einen lustigen Reitermarsch blasen.)

Blumenthal (der ans Fenster geeilt).

Seine Gnaden, der Herr Kurfürst!

Alle Getreuen.

Friedrich Wilhelm, unser gnädiger Kurfürst!

Neunter Auftritt.

Vorige. Kurfürst Friedrich Wilhelm mit Gefolge. Daniel Gerhardt.

Markgraf Ernst (überläßt die Stelle, wo er bis jetzt gestanden,
dem Kurfürsten Friedrich Wilhelm).

Der Stern des Hauses glänzt aufs neue!

Friedrich Wilhelm.

Was heute hier geschehen, Wir haben es längst voraus=
geplant. Hochmut kommt vor dem Falle! Und sind Wir nicht
gewillt gewesen, bösen Anschlägen zum Opfer zu fallen. Ginge
es nach Recht und Billigkeit, so wäret Ihr sämtlich (überblickt
die Verschwörer) dem Arme des Henkers verfallen! Aber das
Schwert der Gerechtigkeit, das ich zu schwingen begonnen, soll
nicht von Anfang an mit Blut befleckt werden! Drum geben
wir Euch (zu den Verschwörern) achtundvierzig Stunden Zeit,
mit Hab' und Gut unsere Lande zu verlassen! Wer dann noch
betroffen wird, ist vogelfrei! (Zu den Getreuen) Ihr aber, liebe
Getreue, empfanget Unsern kurfürstlichen Dank, daß Ihr die
Marken so treu behütet und unser Kurfürstliches Haus vor
Schaden und Nachteil bewahret habt!

(Die Getreuen drängen sich an den Kurfürsten heran, der denselben
die Hand reicht.)

Daniel Gerhardt (der den Marchese erkannt hat, sucht sich demselben zu nähern. Der Marchese merkt es und sucht Daniel auszuweichen).

Zitronenvogel! Diesmal entkommst Du mir nicht!

6*

Friedrich Wilhelm.

Unb. so Gott will, werden wir unter dem heutigen Rufe noch manchen Sieg erfechten! Hie Brandenburg!

Alle Getreuen.

Hie Brandenburg!

(Der Vorhang fällt.)

Die Huldigung zu Warschau.

Was läuten die Glocken von Warschaus Dom?
Was wogt durch die Straßen der Menschenstrom?
Was schmettern die frohen Fanfaren?
Der Kurfürst von Brandenburg ziehet heut' ein,
Als Herzog von Preußen bestätigt zu sein,
Geleitet von glänzenden Scharen.

Es reitet entgegen ihm Wladislaw
Unb hinter ihm manch' Fürst unb Graf,
Die Würbenträger von Polen,
In stattlicher Rüstung unb hoch zu Roß,
Gefolgt von einem prächtigen Troß,
Den Kurfürsten einzuholen.

Unb als sie sich nahten zu höflichem Gruß,
Da wechseln die fürstlichen Herren den Kuß
Unb reichen sich freunblich die Hände;
Sie führten den Gast in das Schloß hinein;
Es strahlten brinnen von gülbenem Schein
Die festlich geschmückten Wände.

Am andern Tag eine Salve erdröhnt,
Vom Dom das helle Geläute ertönt,
Es eilt das Volk ihn zu sehen.
Der König besteigt auf dem Markte den Thron
Und auf des Schlosses hohem Balkon
Die Damen erwartungsvoll stehen.

Des Königs Schwester zur Königin spricht —
Es strahlen dabei ihr die Augen so licht —
„Da kommt der Kurfürst geritten!
Sieh, wie ihn jubelnd das Volk umdrängt
Und wie man die Tücher und Mützen schwenkt,
Hoch ragt er aus Volkes Mitten!

Wie leuchtet das rote samtne Kleid
Mit Golde gestickt und mit edlem Geschmeid,
Und der feine Spitzenkragen!
Wie glitzert drüber das Bandelier
Und des Degens feine, kostbare Zier!
Der Held könnt' mir wohl behagen!

Wie keck auf dem Haupte die Feder wallt!
Welch' herrliche edle Rittergestalt!
Jetzt grüßt er nach unsrem Sitze.
Welch' schönes Haupt mit lockigem Haar!
Welch' edle Züge! Welch Augenpaar!
Sie leuchten so hell wie die Blitze!"

Der Kurfürst von dem Rosse sich schwingt,
Vor dem König auf ein Kissen er sinkt
Und ergreift die Fahne, die rote,
Die Worte der Huld'gung die Lippe nur spricht,
Aus seinem Herzen kommen sie nicht;
Er beugt sich der Not der Gebote.

„Den höchsten Preis hab' ich Euch gezollt,
Überschüttet Euch alle mit vielem Gold;
Der zu straffe Bogen muß brechen.
Der letzte Zoller heut' vor euch kniet.
Der Zorn mir tief innen im Herzen glüht —
Den Schimpf und die Schmach will ich rächen!"

Und Feste folgten von fürstlichem Glanz
Mit köstlichem Mahl und mit heiterem Tanz
Und gülbne Gewande wehen;
Des Königs Schwester singt ihm ein Lied,
Ihr bunkles Auge voll Liebe sprüht —
Doch der Kurfürst will's nicht verstehen.

Ihm naht sich Graf Döhnhof, mit höfischem Lob,
Den Fürsten er bis zum Himmel erhob,
Konnt' Worte genug nicht finden —
Und that ihm des Königes Bitte kund,
Durch einen heiligen Herzensbund,
Sich noch inniger ihm zu verbinden.

Da ruft der kluge Kurfürst aus:
„Dem König und seinem erlauchten Haus,
Dem wünsch' ich Heil und Segen.
Doch so lang' der Feind ist in meinem Land
Und brinnen noch wütet Schwert und Brand,
Bleibt meine Braut — der Degen!"

W. Martin.

Sonett.

Du Säule Brandenburgs, Du Preußens Sicherheit,
O Friedrich Wilhelm, Trost und Hoffnung vieler Lande,
Sei willkomm Deinem Volk hie an des Pregels Rande!
Des Höchsten Ehrendienst ist wegen Dein erfreut,

Verspricht uns unter Dir die alte güldne Zeit;
Gerechtigkeit und Fried' in jedem Ort und Stande
Verknüpfen Dir sich fest mit einem güldnem Bande,
Du machst, daß alles will genesen weit und breit.

Indem Dein Einzug uns die Hoffnung aber giebet,
So wirst Du billig nie von uns auch g'nug geliebet;
O leb' uns, wertes Haupt, sei uns ein Sonnenschein,

Der nimmer untergeht! Schon jetzt mit Deiner Jugend
Dringt Fama durch die Welt, Du wirst bei solcher Tugend
Nicht hie nur, sondern auch im Himmel Herzog sein.

Simon Dach.

Herzliches Betlied

um ferneren Aufwachs des hochkurfürstlichen Hauses zu Brandenburg.

Gott, Du Erzhirt Deiner Herden,
Vater aller guten Zeit,
Du bestellst den Kreis der Erben
Mit gewünschter Obrigkeit,

Unter Brandenburg haſt Du
Preußenland durch gülbne Ruh'
Nun in mehr denn hundert Jahren
Wollen gnädiglich bewahren.

Haſt durch frommer Herrſchaft Güte
Uns umſchanzt mit Lieb' und Treu,
Daß ihr holdſelig Gemüte
Nichts gewußt von Thrannei,
Haſt uns freundlich angeblickt,
Und zu aller Zeit erquickt
Unſern Leib durch Moſt und Öle,
Durch Dein reines Wort die Seele.

Aber jetzt, Herr, wolleſt Du eilen
Uns zu retten; dieſes Haus
Ruht nur noch auf einer Säulen,
Hilf, ſonſt iſt es mit uns aus.
Laß uns dieſes Lichtes Schein,
Ja nicht ausgeloſchen ſein,
Uns möcht' eine Nacht anbrechen,
Die nicht ſtehet auszuſprechen.

Herr, um Deines Sohnes willen,
Welcher durch ſein teures Blut
Allen Deinen Zorn kann ſtillen,
Nicht führ' ſo ergrimmten Mut!
Nimm dies unſer Haupt in Schutz
Wider aller Feinde Trutz,
Schau, wir fallen Dir zu Fuße,
Ach, mit ungefärbter Buße.

Schaff', damit er sei umgeben
Stets von Deinen Engelein,
Die ihn tragen, die ihn heben,
Mit ihm gehen aus und ein.
Laß des Glückes Ungestüm
Stets gefernet sein von ihm,
Keiner Krankheit Stoß, kein Wüten
Nahe sich zu seiner Hütten.

Laß auch bald zu Deinen Ehren
Diesen Kur= und Fürstenzweig
Sich durch edle Sprossen mehren!
Herr, erhör uns und erzeig'
Ja auch die Barmherzigkeit!
Gieb, daß er in kurzer Zeit
Sich mit frischen fruchtbar'n Ästen
Breit' in Nord, Süd, Ost und Westen.

Derer Schatten uns vergönne
Zuflucht, Sicherheit und Rat,
Da man sich erquicken könne,
Wenn das Leid die Herrschaft hat,
Unter derer Schirm Dein Wort
Lauf' und grüne fort und fort,
Und Dein Reich auf aller Erden
Ausgebreitet möge werden.

Laß, die allen Wohlstand suchen
Unsres Haupts, gesegnet sein,
Und fluch denen, die ihm fluchen;
Gieb ihm Rat und Weisheit ein,

Balb zu merken beſſen Liſt,
Der nicht treulich um ihn iſt,
Daß ſich Bosheit, Trug und Neiden
Fern von ſeinem Hofe ſcheiden.

Dann, Herr, wollen wir Dich ſingen,
Unſer Fürſt wird vornan ſtehn,
Wir ſind eifrig nachzubringen,
Und auf Deinen Ruhm zu gehn,
Daß die Erd' erſchallen ſoll,
Wann wir ſingen ſämtlich, voll
Andacht feuriger Geberden:
Gott, Du Erzhirt Deiner Herden!

Simon Dach.

Aeternae memoriae
seculi primi a Borussorum academia feliciter exacti.

Aurea totius pax mundi finibus exul,
　　Hactenus in sola Prusside tuta manens,·
Frondibus Actiacis laetos redimita capillos,
　　Bregelidum juvit jubila laeta sono:
Et voti damnata, tibi sua munera, Princeps,
　　Pro meritis sacrat, quo tibi grata foret.
Non capiti diadema tuo laurumque minatur,
　　Nec dedit illa tuis aurea serta comis.
Ante pedes oleae ramum viridesque coronas
　　Deposuit, sic et voce Thilonis*) ait:

---

*) Dies bezieht ſich auf eine Stelle in der Widmung des Prof.
Valentin Thilo, die vor einer Sammlung von Reden und Gedichten
ſteht, welche er zur erſten Säkularfeier der Königsberger Univerſität

Europae fidus, mundi diadema decusque,
Nulla Tuo capiti digna corona datur.
Orbis delicium, coelumque deusque coronent
Te, Princeps, capiti sint decus astra tuo.
Ver mundi es: non sunt nobis vana omina: sub te
Omnia florebunt, pacis et orbis amor.

Joh. Sandius.

_____

(Ueberſetzung von „Aeternae memoriae.")

Zum ewigen Gedächtnis
an das erſte glücklich vollbrachte Jahrhundert der Preußiſchen Univerſität.

Längſt aus den Grenzen der Welt entfloh der goldene Friede,
Hier in Preußen allein blieb ihm ein ſicheres Heim.
Drum, mit des Lorbeers Kranz die feſtlichen Locken umwunden,
Stimmt in des Pregelvolks brauſenden Jubel er ein.
Was er ſich wünſcht, hier ward's ihm zu teil; drum, Dir zu
gefallen,
Bringt er, o Herrſcher, des Danks ſchuldige Gabe Dir dar.
Nicht mit dem Lorbeer bedroht er Dein Haupt noch laſtender
Krone,
Nicht mit goldenem Kranz hat er die Stirn Dir geſchmückt.
Aber den Ölzweig leget er Dir und Blumen zu Füßen
Hin und durch Thilos Mund ruft er, Gebieter, Dir zu:
Du, der Europa bient, Diadem und Zierde der Menſchheit,
Keine Krone, die Dein würbig, empfingſt Du zum Lohn.
Kröne dafür Dich, Wonne der Welt, die Gnabe des Himmels!

_____

1644 herausgegeben und dem Kurfürſten bediciert hatte. Die Stelle lautet: Conatus id praesentibus his pro mea tenuitate pagellis, eas ad Celsissimos pedes Tuos depono etc.

Mögen des fürstlichen Haupts Zierde die Sterne Dir sein!
Frühling der Welt! — Nicht täuscht mich der Geist — wo
immer Du wandelst,
Grünt es und blüht es um Dich, Liebling des Friedens, der
Welt!

Aus dem Danklied

wegen

glücklich und höchst erfreulich vollzogener Heirat unseres
gnädigsten Kurfürsten und Herrn mit der Durchlauchtigsten
Fürstin und Frau Loysa.

13. Januar 1647.

Herr aller Himmelsscharen,
Dein Nam' ist hoch und hehr.
Wir haben ihn erfahren
Auf Erden und im Meer,
Kein Abgrund, keine Tiefe,
Die Bahn der schnellen Schiffe
Ist Deiner Herrschaft leer.

Du wohnst in einem Glanze,
Dem sich kein Mensch getraut,
Führst um Dich eine Schanze
Von Wahrheit aufgebaut,
Dich muß stets Recht begleiten
Und Treu' wird aller Zeiten
Um dein Gezelt geschaut.

Geliebt Dir was zu schaffen,
So steht Dir nach der Reih'
Natura in den Waffen,
Und horchet, was es sei;
Dir treten Hagel, Flammen,
Sturm, Schnee und Frost zusammen
Und ungefärbte Treu'.

Du giebst den Kreis der Erden
Den Menschenkindern ein,
Ein Fürst samt seiner Herden,
Gott, huldigt Dir allein,
Dich scheut die Macht der Kaiser'
Du lässest große Häuser
Oft ganz ohn' Erben sein.

Nimmst Du ein Land, o Richter'
In Deines Eifers Sinn,
So raffst Du ihm die Lichter
Der frommen Herrschaft hin,
Und lässest nicht ohn' Leiden
Es andre Herren weiden,
Die Schuld bringt den Gewinn.

Uns aber willst Du mehren
Das Brandenburger Reis,
Von dem wir jetzund hören
Der teuren Heirat Preis,
Der Held folgt Deinem Willen,
Als den er zu erfüllen
Für allen Dingen weiß.

Du hast, Herr, unser Flehen,
So wir für ihn gethan,
Nun gnädig angesehen,
Suchst unsrer Hoffnung Bahn
Und sichern Stand zu machen,
Und zeigst, worauf in Sachen
Sich Preußen gründen kann.

Die Furcht ist nun verschwunden,
Das Schrecken liegt verheert,
Der Trost ist wiederfunden,
Der reiche Trost, und kehrt
Ganz zu uns Dein Gemüte;
Sind wir der reichen Güte,
Getreuer Gott, wohl wert?

Nun wird man Segen schauen,
Der Friede wird bestehn,
Der Gottesdienst sich bauen,
Das Recht im Schwange gehn,
Das Feld wird trächtig blühen,
Der Hausstand Kinder ziehen,
Von G'nüg und Vorrat schön.

Ist Dir so viel gelegen
An diesem Lande? Nein!
Von Deines Namens wegen
Liebst Du uns, Herr, allein,
Denn solltest Du aufbürden
Uns unsere Schuld, was würden
Wir arme Leute sein?

O, hilf es uns erkennen,
Und laß uns gegen Dir
In Wiederliebe brennen,
Und nimmer mit Begier
Des Herzens von Dir wanken;
Für allem laß uns danken
Dir solcher Heirat Zier.

Man müsse, Gott, Dir halten
Ohn Heuchelei und List
Bei Jungen und bei Alten,
Was Dir gelobet ist,
Das Land soll vor Dir springen
Und ganz einhellig singen,
Daß Du barmherzig bist.

Erhalt die Eh' im Segen,
Die sich von Dir entspinnt,
Laß sie sich, Vater, regen
Durch Kindes-Kindes-Kind,
Daß ihr so viel auf Erden
Berühmter Häupter werden,
Als Stern' am Himmel sind!

Simon Dach.

Ode gratulatoria

auspicatissimo natali serenissimi et potentissimi principis ac
domini, domini Friderici Wilhelmi, Marchionis Brandenburgici,
S. R. J. archicamerarii et principis electoris Borussiae, Juliae,
Cliviae, Stetini Pomeranorum ducis & & & consecrata: numeris
musicis madrigalis Petri Philippi „Dispiegate, Guancie amate
Questa porpora accerbetta“ & & accomodata ac sub solemnem
academiae panegyrin ipso natali MDCXLVII decantata.

Ergo rursum
Laeta sursum
Gens Borussa suscitare!
Cantitando
Ac ovando
(Euge felix!) occupare!

Sit parata
Musa grata,
Vox fidesque misceatur:
Voce plena
Ac amoena
Festa lux haes exigatur.

Quod canorum
Quod sonorum
Scis, Apollo, proferatur;
Ut canore
Ut sonore
Omnis aër compleatur.

Lux honora
Lux decora
Principem, quod huncce natum

Protulisti,·
Ac dedisti
Subditis tot auspicatum.

Gratulando
Et precando
Omnibus te praeferemus:
Dum rotundi
Sphaera mundi
Ambitum tenet, canemus:

Lux serena
Lux amoena
Emica desiderata;
Saepiusque
Laetiusque
Patriae redi vocata!

Sole claro
Non amaro
Fulgeas, omnes precamur;
Ut frequentes
Te colentes
Gaudio nostro fruamur.

Ast amico
Friderico
Cuncta coelum largiatur:
Sintque grata,
Sint probata,
Musa nostra quae precatur:

Vive, flore
Ac amore
Cresce, princeps auspicate!
Vive laetus
Ac repletus
Optima felicitate!

Humillimae devotionis ergo F.

a

Valentino Thilone.

(Überſetzung der „Ode gratulatoria.")

Glückwunſch - Ode.

Nun aufs neue
Heut Dich freue,
Preußenvolk, und aufwärts ſtrebe!
Zum Geſange,
Jubelklange,
Glückliches! Dein Herz erhebe!

Rüſt' dich, Muſe,
Froh zum Gruße,
Lied und Saiten mögen tönen!
Festesklänge
Und Gesänge
Mögen dieſen Tag verſchönen!

Dir zum Feſte
Mag das Beſte
Seiner Kunſt Apollo bringen,
Daß von ſchönen,
Hellen Tönen
Alle Lüfte freudig klingen.

Tag beglücke
Und entzücke
Unsern Herrn, der heut geboren,
Und zum Segen
Allerwegen
Seinen Völkern ward erkoren.

Dir vor allen
Soll erschallen
Bitt' und Wunsch auf mächt'gen Schwingen!
Und so lange
Sich im Gange
Hält das Weltall, wird man singen:

Licht erscheine!
Sende deine
Strahlen unserm Flehn hernieder!
Und Dein Schimmer
Kehre immer
Heitrer noch dem Laube wieder!

Deiner Sonne
Reine Wonne
Leuchte hell in unser Leben,
Daß noch lange
Wir im Sange
Freud'gen Dankes dich erheben.

Reicher Segen
Allerwegen
Unserm Friedrich mag geschehen!
Ihm zum Frommen
Und willkommen
Sei, was wir begeistert flehen:

Blühe! lebe!
Wachse! Strebe!
Stets durch Liebe, Gottgeweihter!
Lebe fröhlich!
Lebe selig!
Und das Glück sei Dein Begleiter!

Danklied für Verkündigung des Friedens.
(1648.)

Gottlob, nun ist erschollen
Das edle Fried= und Freudenwort,
Daß nunmehr ruhen sollen
Die Spieß und Schwerter und ihr Mord.
    Wohlauf und nimm nun wieder
    Dein Saitenspiel hervor,
    O Deutschland! und sing' Lieder
    Im hohen, vollen Chor.
Erhebe Dein Gemüte
Und danke Gott und sprich:
Herr, deine Gnad' und Güte
Bleibt dennoch ewiglich!

Wir haben nichts verdienet,
Als schwere Straf' und großen Zorn,
Weil stets noch bei uns grünet
Der freche, schnöde Sündenborn.
    Wir sind fürwahr geschlagen
    Mit harter, scharfer Rut',

Und dennoch muß man fragen,
Wer ist's, der Buße thut?
Wir sind und bleiben böse,
Gott ist und bleibet treu,
Hilft, daß sich bei uns löse
Der Krieg und sein Geschrei.

Sei tausendmal willkommen,
Du teure, werte Friedensgab'!
Jetzt sehn wir, was für Frommen
Dein Beiunswohnen in sich hab'.
    In dich hat Gott versenket
    All' unser Glück und Heil,
    Wer dich betrübt und kränket,
    Der drückt ihm selbst den Pfeil
    Des Herzleibs in das Herze
    Und löscht aus Unverstand
    Die gülb'ne Freudenskerze
    Mit seiner eig'nen Hand.

Das drückt uns niemand besser
In uns're Seel' und Herz hinein,
Als ihr zerstörten Schlösser
Und Städte voller Schutt und Stein;
    Ihr vormals schönen Felder
    Mit frischer Saat bestreut,
    Jetzt aber lauter Wälder
    Und dürre, wüste Haid';
    Ihr Gräber voller Leichen
    Und tapf'rem Heldenschweiß
    Der Helden, derer gleichen
    Auf Erden man nicht weiß.

Hier trübe deine Sinnen
O Mensch, und laß den Thränenbach
Aus beiden Augen rinnen!
Geh' in Dein Herz und denke nach!
　　Was Gott bisher gesendet,
　　Das hast Du ausgelacht,
　　Nun hat er sich gewendet
　　Und väterlich bedacht,
　　Vom Grimm und scharfen Dingen
　　Zu Deinem Heil zu ruhn:
　　Ob er dich möchte zwingen
　　Mit Lieb' und Gutesthun.

Ach! laß Dich doch erwecken!
Wach' auf! Wach' auf! Du harte Welt,
Eh' als das letzte Schrecken
Dich schnell und plötzlich überfällt.
　　Wer aber Christum liebet,
　　Sei unerschrock'nen Mut's:
　　Der Friede, den er giebet,
　　Bedeutet alles Gut's.
　　Er will die Lehre geben:
　　Das Ende naht herzu,
　　Da sollt ihr bei Gott leben
　　In ew'gem Fried' und Ruh.

　　　　　　　　Paul Gerhardt.

Gedicht,

mit welchem Frau Adersbachin in ihrem Garten den Kurfürsten anredet.

Was kann ich noch erwarten,
Was fehlet mir wohl mehr,
Nun Du, Held, meinem Garten
Erzeigst die Gnad' und Ehr'?
Und trägst Du kein Bedenken,
Dich, o Du Licht der Zeit,
So tief herabzusenken
Zu dieser Niedrigkeit?

Komm gnädigst eingefahren,
Mein teurer Fürst und Herr!
Wie soll ich mich gebaren?
Vor hielte Jupiter
Es ihm für keine Schande
Zu gehn zur Baucis hin,
Du kommst, o Trost der Lande,
Zu Deiner Dienerin.

Lach', o du Glanz der Sonnen,
Lach' schöner als zuvor!
Komm, Pregel, sanft geronnen,
Heb' jetzt Dein Haupt empor!
Ein großes Haupt der Erben
Der Helden Glanz und Zier,
Als war, ist und mag werden,
Zeuch gnädigst ein bei mir.

Ihre Bäume samt den Zweigen,
Ihr Blumen, Gras und Kraut,
Ihr müßt für ihm euch neigen,
Der sich jetzt euch vertraut.
Die wilden Linden müssen
Ihm hohe Cedern sein,
Der Pregel sich ergießen
Mit Honig, Milch und Wein.

Was soll ich nun erweisen,
Das Deiner Pracht gefällt?
Mit was Getränk' und Speisen
Bewirt' ich Dich, o Held?
Was find' ich, Dich zu stillen,
Ohn' Demut, Pflicht und Schuld?
Nimm auf den reinen Willen
Und habe nur Geduld.

Dich, Kurfürst, will ich singen,
Will vor dem Höchsten stehn
Und Thränen vor ihn bringen
Nur um Dein Wohlergehn.
Dein wertes Haus wird grünen,
Dir werden Flüss' und Stadt
Und Länder ewig dienen,
Herr, auch durch mein Gebet.

Nur laß auch ferner scheinen,
Ach, einer Witwen nur,
Und allen lieben Meinen
Die Sonne für und für;

Leib', Herr, nach Gnaben-Sinnen
Und Deiner Väter Brauch
Um Deine Dienerinnen
Die Abersbachin auch!

Simon Dach.

Unterthänigste Pflicht,

welche der gnädigsten Kurfürstin bei ihrer Kurfl. Durchl.
höchsterfreulichen Ankunft in dero Herzogtum Preußen und
Residenz Königsberg in einer feierlichen Musik schuldigst
erwiesen von sämtlichen Studiosis Preußischer Nation auf
der hiesigen Kurfl. Universität Königsberg 1655.
15. Christm.

Nächst der Sonne pranget nicht
In der Welt ein schöner Licht,
Als der Monde; nächst dem Helden
Friedrich Wilhelm wissen wir
Nichts als seines Herzens Zier,
Unsre Kurfürstin zu melden.

Ihrer Tugend Blitz und Schein
Schläget unsern Sinnen ein,
Reizt uns Hände, reizt uns Saiten;
Ihre Gnad' ist unser Wind,
Ihre teure Gaben sind
Die Gestirne, so uns leiten.

Wende Dich, Latonen-Sohn,
Mit dem ganzen Helikon,
Laßt die Saiten heller klingen,
Gebt den Stimmen keine Ruh'!
Selbst Loysa hört uns zu
Und vernimmt, wie wir Sie singen.

Göttin, lobst Du unser Chor,
Reck' Dein helles Haupt hervor
Hoch aus Deinem Fürsten-Himmel:
Dein bestirntes Angesicht
Wehrt den Wolken, und zerbricht
Das bethrönte Luft-Getümmel.

Seit daß Du bei uns aufgehst,
Günstig über Preußen stehst,
Wird kein Wetter uns erschrecken;
Bringet uns der Bart-Stern Streit,
Dein Gestirn ist Sicherheit
Und wird uns mit Liebe decken.

Führt auch unser Mars gleich Glut
In dem tapfern Heldenblut,
So begütest Du sein Feuer,
Schafft, daß seine strenge Hand
Bloß auf Schutz werd' angewandt,
Nicht auf Not und Ungeheuer.

Leb', o Göttin! Gott, Dein Heil,
Hab' an Deinen Strahlen Teil,
Müss' in Deinem Glanze stehen,
Nehme Deiner fleißig wahr;
Denn es Tod bringt und Gefahr,
Solltest Du uns untergehen.

Jetzt laß Deiner Gnade Schein
Unsers Spieles Leitstern sein
Und Dich unsern Vorsatz stillen
Und höhn' unsre Demut nicht.
Götter, wenn die That gebricht,
Lieben mehr den reinen Willen.

Simon Dach.

Die Schlacht bei Warschau.

Ward in der Tannenberger Schlacht
Des deutschen Stammes Kraft gebrochen,
Bei Warschau wahrlich hat die Macht
Des Brandenburgers es gerochen;
Denn was an jenem Unglückstag
Der Ritter deutsches Kreuz verloren,
Gewonnen ward's, der Pol' erlag,
Und ward ein stolzes Reich geboren!

Kann Preußen länger sein ein Leh'n?
Laß, Johann Kasimir, Dir raten!
Er läßt es nicht — so mag's geschehn,
Im Bund mit Schweden komm's zu Thaten!
Und schon steht ein vereintes Heer,
Der Kurfürst steht an Polens Marken.
Noch einmal sei's gefragt; doch er,
Der Stolze dünket sich den Starken.

Voll Hochmut spricht er solches Wort:
Fiele der Kurfürst auf die Kniee,
Verzeihn erbittend hier sofort,
Es steht dahin, ob ich verziehe!
Den Schweden hab' ich zugedacht
Zum Imbiß meinen Leibtartaren,
Den Preußen denk' ich einem Schacht,
Da Mond noch Sonne scheint, zu sparen!

Und während er solch' Wort noch sprach,
Rückt schon heran die Macht der Streiter,
Und aus der roten Dämmrung brach
Gen Warschau vor das Heer der Retter.
Allein verachtend ihre Zahl,
Stellt König Kasimir entgegen
Fürwahr die Mehrzahl zehenmal,
Und prahlt: Sie schlägt ein Sommerregen!

Drei Tage schwankt die wolk'ge Schlacht,
Am dritten war's zur rechten Stunde
Des Fürsten Blick, der Preußen Macht,
Und Polen fühlt die tiefe Wunde.
Der Brandenburger Faust und Blitz
Wirft sie hinab von ihren Höhen,
Sie fliehn, sie lassen Wall, Geschütz,
Und reißen mit sich, die noch stehen!

Nun, stolzer Johann Kasimir,
Hast Du des Wortes auch vergessen,
Und scheint es noch ein Spielwerk Dir,
Dich mit dem Brandenburger messen?

Er droht, gebietet, streuet Gold
Hinaus in die gebrochnen Scharen;
Umsonst! Nach Warschau's Brücke rollt
Die Flucht! die Polen, die Tartaren!

Und Polens Königin vor dem Schloß
Beschwört die Streiter sie zu hören;
Umsonst! Es flieht der wilde Troß,
Und keiner wagt den Blick zu kehren,
Und keiner leiht dem Flehen Ohr,
Die Schlacht und alles ist verloren!
Sie ringt die weißen Arm' empor,
Sie weinet: Polen ist verloren!

Der Schwede sprach: Nun hilf Du mir
Die Krone Polens zu gewinnen!
Der Kurfürst sprach: Genug sei's hier!
Nach meinem Lande steht mein Sinnen,
Mich locket nicht Gewinn noch Ruhm,
Ich stritt für mich und nicht für Schweden,
Mich ruft mein freies Herzogtum,
Das werd' ich schützen gegen jeden!

O. F. Gruppe.

Der Kurfürst in Preußen.

Vor zweihundert Jahren von jetzt zurück,
Wer lenkte damals der Preußen Geschick?
Der große Kurfürst! Hoch! laßt Euch sagen:
Noch war nicht Fehrbellin geschlagen.
„Den Großen" mußt' er sich erst erjagen.

Da hättet ihr Euer eignes Land
Auf der Karte schwerlich wiedererkannt.
Ein Stückchen Mark und von Pommern ein Fleckchen,
Ein Fürst= und Bistum in jedem Eckchen,
   Und hier ein Streckchen und da ein Streckchen.

Und Preußen gar, das Herzogtum,
Wo war sein altbewährter Ruhm?
Die Polen saßen ihm auf dem Nacken,
Die Schweden wollten es gerne packen. —
   Der Kurfürst ließ sie Nüsse knacken.

Der Kurfürst sprach zu seinem Gemüt:
Ich bin ein Sproß vom Hohenzollern=Geblüt,
Und wär' ein Knecht in Meinen Ländern,
Ein Verwalter nur von fremden Pfändern?
   Beim großen Gott, das will ich ändern.

Als ich in Warschau, gezwungen genug,
Die rote Leh'nsfahn' vor Kasimir trug,
Als das Herz mir im Busen vor Ingrimm wallte,
Die Faust um die Fahn' sich drohend ballte;
   Der letzte bin ich, der ich sie halte! —

Im Krieg stand dazumal der Schwed'
Mit Polen um die Majestät.
Das Herzogtum lag in der Mitten,
Die Schweden mochten nicht lange bitten:
   Wir kommen durch Dein Land geritten.

Hoho, denkt Friedrich, nun ist's Zeit,
Die Schweden sind nah und die Polen weit,
Und sind uns die Polen erst vom Herzen,
Die Schweden werden uns nicht schmerzen;
   Die Schmach gilt's auszumerzen!

Zu Zacroczin im Polenland
Der Kurfürst mit den Schweden stand.
Die Brandenburger zum fröhlichen Zeichen
Schmückten sich mit den blühenden Zweigen
Von Bielolencas stämmigen Eichen.

„In Gottes Namen" das Feldgeschrei;
Wie fliegen die Brandenburger vorbei,
Mit Blut gezeichnet die klirrenden Pfade;
Umsonst winkt die Königin von hoher Estrade
Die Flücht'gen zurück zum blutigen Bade. —

Des Sieg's war der Schwede herzlich froh,
Den Dank vergaß er ebenso;
Wollt' selbst nun Herr im Lande bleiben,
Der Kurfürst sollt' es unterschreiben, —
Der Kurfürst ließ es unterbleiben.

Er sprach: Ich bin ein Mann grabaus
Und kämpfe für mein eigen Haus.
Wenn Brandenburger Not ertragen,
Für Preußens Ehr' sind sie erschlagen;
Das soll man von mir sagen.

Zu Wehlau kam es zum Traktat,
Der Kurfürst schloß ihn nach seinem Rat.
Zu Oliva im Kloster ward Friede geläutet;
Die Herrschaft, die sich der Kurfürst erbeutet,
Nicht Pole noch Schweb' ihm bestrittet.

Ernst Wichert.

Der große Kurfürst in Preußen.

Historischer Roman von Ernst Wichert.

Zweiter Teil: Der Schöppenmeister.

Einundzwanzigstes Kapitel.

Die Gnadenbitte.

Die Geheimen Räte wurden versammelt. Der Kurfürst, heute auffallend finster und wortkarg, forderte ein Gutachten, wie weiter zu procedieren sei.

Jena zögerte keinen Augenblick, mit seiner Meinung vor=zutreten. Kurfürstliche Durchlaucht habe sich entschlossen, den offenbaren Hochverräter vor einen Staatsgerichtshof zu stellen. Wie ein solcher zusammenzusetzen sei, darüber besage die Landes=ordnung nichts. Der Fall habe gar nicht vorgesehen werden können. Wolle man also nicht bezweifeln, daß der Souverän die in seiner Würde liegende oberrichterliche Gewalt delegieren dürfe, so sei auch nicht zu bezweifeln, daß er die Richter zu delegieren befugt sei. Man solle deshalb den Protest Rohde's gar nicht beachten. Auch die Berufung auf die alte Landesordnung sei als gänzlich unzulässig zu verwerfen, da ihm wohl bewußt gewesen, daß ein neues Staatsrecht respektiert werden müsse. Es sei zu befinden, ob er sich dagegen verfehlt habe. Stelle man sich konsequent auf diesen Standpunkt, so könne der Spruch dem Gerichtshof nicht schwer fallen Kurfürstliche Durchlaucht habe ihn zu erwarten und demnächst nach eigenem höchsten Ermessen zu bestätigen oder in Gnaden zu mildern. Nichts sei gefährlicher, als bei dieser Lage der Sache Unsicherheit zu verraten. „Meine devoteste Meinung ist also," schloß er, „daß Kurfürstliche Durchlaucht der eingesetzten Kommission die Akten zurückgeben mit dem gemessenen Befehl, ihre richterliche Schuldigkeit zu thun."

Die Kommission habe ihre richterliche Schuldigkeit gethan, entgegnete der Oberburggraf, dem diese Anschauung der Dinge wenig gefiel, der er doch auch wieder nicht direkt widersprechen mochte. Sie habe jedes Bedenken gegen ihre Legalität mit gutem Bedacht hintangesetzt. Da aber die Form neu und eine ausreichende Instruktion für den modus procedendi nicht gegeben sei, so habe sie·beim beharrlichen Leugnen des Ange= klagten nicht gewagt, gegen denselben zur Folter zu schreiten, ohne Sr. Kurfürstlichen Durchlaucht Genehmigung einzuholen. „Sintemalen wir bedenken müssen, daß es sich um einen extra= ordinären Prozeß handelt, über den nicht nur im Lande selbst, sondern auch außerhalb seiner Grenzen und an fremden Höfen viel beliberiert werden wird, und wir keineswegs wissen können, ob Kurfürstliche Durchlaucht ein solches Odium auf sich nehmen wollen. Wozu ich auch meinem hohen Landesherrn als dessen Geheimer Rat nicht zureden könnte, zumal nicht vorauszusehen, daß der hartnäckige Gegner auf der Folter etwas bekennen würde, das ihn vor aller Welt als Hochverräter bloßstellte. Eine so gehässig erscheinende Maßregel aber ohne Erfolg anzu= wenden, wäre noch bedenklicher, als den Angeklagten wegen Mangels des Beweises laufen lassen."

Herr von Kalnein empfand das Bedürfnis, sich hier im Rat mit einem gewissen Maß von Freimut auszusprechen, nach= dem er bei der Berufung in die Kommission manch stilles Bedenken zurückgehalten und sich in derselben als einen scharfen Inquirenten gezeigt hatte. Rohde's Person brachte er nicht das geringste Wohlwollen entgegen — eher war dessen breiste Rücksichtslosigkeit seinen aristokratischen Gewohnheiten lästig und unangenehm — aber er konnte doch nicht vergessen, daß der gesamte Adel bis vor kurzem die politischen Ansichten dieses Mannes geteilt hatte, und es beschlich ihn heimlich etwas wie Achtung vor seiner Standhaftigkeit. Konnte er ihm die Folter ersparen, so ersparte er sich selbst eine Demütigung.

Der Kanzler trat ihm bei mit einer Begründung, die dem

Kurfürsten zu mißfallen schien. Rohde sei von seinem Rechte überzeugt, äußerte er sich; die Folter könne seine Gesinnung nicht ändern. Ihre Anwendung werde als ein Akt der Rache erscheinen, wenn man ihn doch zu verurteilen entschlossen sei. „Der Spruch der Richter steht noch aus," bemerkte der Kurfürst. „Man sollte nicht daran zweifeln dürfen, daß er nur den Schuldigen treffen wird."

„Kurfürstliche Durchlaucht," nahm Schwerin das Wort, „ich will nicht prüfen, was die Herren zur Milde stimmt. In der Sache selbst bin ich mit ihnen einverstanden, daß die Folter nicht anzuwenden ist. Jedoch aus keinem anderen Grunde, als weil sie durchaus entbehrlich scheint. Rohde's Schuld ist bereits durch sein Geständnis klar erwiesen. Der Meinung des Geheimen Rats von Jena freilich kann ich nicht accedieren; vielmehr halt ich dafür, daß wir am sichersten gehen, wenn wir den Streit um die Souveränität ganz ausscheiden und den Fall lediglich so traktieren, als sei in des Landes Verfassung nichts geändert worden. Da muß nun wohl die Böswilligkeit selbst erkennen, daß es ein hochverräterisches Beginnen ist, wenn Bürger sich in einen Bund schwören, gegen den Willen des Fürsten und der geordneten Vertreter des Landes zu bestimmen, was Rechtens sei und danach zu handeln. Ein solcher Bund ist's gewesen, der vor zweihundert Jahren hochverräterisch den besten Teil Preußens an Polen gebracht hat. In diesem jetzigen Herzogtum aber ist nie von der Herrschaft anerkannt worden, daß die Unterthanen dazu mächtig gewesen, sondern sind allezeit Verräter und Schelme genannt worden, die sich dessen unterfingen. Zu solchem Bunde aber hat Rohde geraten, auch den Bundesbrief eigenhändig geschrieben; hätte den Bürgern wohl auch den Eid abgenommen, wenn's nicht zur rechten Zeit hintertrieben wäre. Und zum zweiten hat der Schöppenmeister gleichfalls geständlich an den König von Polen geschrieben und ihm die Entscheidung angetragen in einem Streit zwischen dem Fürsten und den Ständen, der nach der Landesordnung gänzlich innerhalb des Landes ausgetragen werden soll. Hat also des Königs Macht verstärken und seines Fürsten Recht minbern wollen und sich überdies größere Befugnis angemaßt, als den gesamten Ständen selbst zustand. Darum, sag' ich, ist er des Hochverrats schon jetzt doppelt schuldig, und bedarf es der Folter nicht mehr, ihm ein weiteres Geständnis zu erpressen. Er ist der Strafe des Schwertes verfallen und mag sie erleiden nach Ew. Kurfürstlichen Durchlaucht Befehl. Das ist mein unterthänigstes Votum in dieser Sache."

Der Geheime Rat von Somnitz stellte sich auf seine Seite. Ohne des Herrn Kurfürsten Gnade sei Rohde's Leben wohl verwirkt.

„Darin sind wird einig," sagte Jena. Die andern schwiegen.

Der Kurfürst hatte aufmerksam zugehört, ohne sich weiter in die Debatte zu mischen. Ein strenger Zug markierte sich auf seinem ausdrucksvollen Gesicht. Die Lippen waren fest geschlossen, die Augen von den Rednern ab und unbeweglich auf einen gleichgültigen Gegenstand gewendet. Nun stand er auf. „Ich kenne jetzt Eure Meinung," sagte er, „will sie in Erwägung ziehen und demnächst meinen Entschluß kundgeben. Bis dahin soll in der Sache nicht weiter verfahren werden."

Die Herren hatten sich in Reihe gestellt und verneigten sich tief, sowie er an ihnen vorüberging. Der Kurfürst grüßte jeden mit einem leichten Kopfnicken — nur Schwerin reichte er die Hand.

Die Oberräte wechselten, als er sich entfernt hatte, einen Blick des Verständnisses. Kalnein zog ein wenig die Schultern auf, als wollte er sagen: es war nichts weiter für ihn zu thun.

Bald darauf fing sich an das Gerücht zu verbreiten, die Kommission habe das Urteil gesprochen. Der Schöppenmeister

8*

sei des Hochverrats schuldig befunden und solle durch das Schwert vom Leben zum Tode gebracht werden. Man wollte auch wissen, es sei ein Schreiben des Königs von Polen an den Kurfürsten mit einer dringlichen Fürsprache für Rohde gelangt, das den hohen Herrn noch mehr erzürnt habe. Nun müsse er gewißlich sterben, sei sein Ausspruch gewesen.

Auch unter den Offizieren wurde viel davon gesprochen. Die meisten hielten es für selbstverständlich, daß der Hochverräter bluten müsse. Das verdiene er schon vollauf wegen seiner Feindschaft gegen das kurfürstliche Militär. Wär's nach ihm gegangen, so hätten die Regimenter Knall und Fall entlassen werden müssen. Die Opposition, deren giftiges Haupt er gewesen, habe es ohnedies schon dahin gebracht, daß große Reduktionen in Aussicht genommen seien. Der Tod dieses frechen Menschen werde den Bürgern ein heilsamer Schreck sein.

Der Kapitän de Born — so wurde er jetzt allgemein genannt — konnte an der Richtigkeit der verbreiteten Thatsachen kaum zweifeln. Seine Stimmung war deshalb wieder die trübste. Rohde's Schicksal bekümmerte ihn tief, noch mehr aber das seiner Tochter. Fiel des Schöppenmeisters Haupt, so erlosch für sie jede Hoffnung auf Lebensglück. Immer waren seine Gedanken bei Barbara. Sie hatte außer ihm keinen Freund und Berater. Denn Heinrich war längst, so heimlich er gekommen war, wieder abgereist. Seinen Bemühungen in Warschau war vielleicht des Königs Fürsprache zu danken, die nun die Katastrophe nur noch beschleunigen sollte. Er überlegte hin und her, was für ihn zu thun sei. Endlich schien es ihm unter allen Umständen geboten, Barbara nicht in Unwissenheit zu lassen. Es war ihm ein sehr schmerzliches Gefühl, sie auf den Tod des Vaters vorzubereiten zu sollen — ihr selbst und sich meinte er damit ein Todesurteil zu sprechen — aber mannhaft überwand er sich, und that, was die Pflicht gebot.

Barbara stürzten die Thränen aus den Augen. „O, mein Gott," rief sie, „so soll all' mein heißes Gebet Tag und Nacht doch nicht geholfen haben. Kann der Kurfürst so grausam vergelten? Er, der mächtige Herrscher, dem sich alles unterwirft, und mein Vater ein Gefangener, zu Grunde gerichtet, verlassen von allen Freunden, verleugnet von den Gesinnungsgenossen! Kann er schuldig sein? Seine Richter sind seine Widersacher. Und wenn er's ist, kann er des Todes schuldig sein? Nein, noch darf ich sein Leben nicht verloren geben. Der Herr Kurfürst hat ein menschliches Herz — er wird meinen Bitten nicht widerstehen. Ich will einen Fußfall thun, ihn um Gnade anflehen. Mein Vater ist stolz, er wird um sein Leben nicht betteln wollen. Aber ich — ich, sein Kind . . . mich schändet's nicht, und er darf ohne Demütigung annehmen, was er durch mich gewinnt. Ihr gebt keine Hoffnung? Und doch billigt Ihr mein Vorhaben gewiß. O, sagt mir das, damit ich Mut gewinne zum Schwersten."

„Ich erwartete von Eurem gütigen Herzen nichts anderes, Barbara," antwortete der Kapitän. „Aber der Entschluß ist leichter gefaßt als ausgeführt. Wie wollt Ihr an den Herrn Kurfürsten gelangen? Alle Thüren im Schloß sind bewacht. Und wenn Ihr Euch melden laßt, wird er Euch abweisen. Denn wenn es sein entschiedener Wille ist, den Hochverräter mit dem Tode zu bestrafen, so darf er, wenn er menschlich fühlt, der Tochter Bitte um sein Leben nicht an sich herankommen lassen."

„Und Ihr könnt nichts für mich thun? Der Herr Kurfürst will Euch wohl. Wenn Ihr ihn meinetwegen angeht —"

„Nein, Barbara, meine Einmischung würde ihn nur aufs Schwerste erzürnen. Ihn anzusprechen, ist für mich eine Unmöglichkeit, nur auf Befehl darf ich mich ihm nähern. Ihr kennt die unverbrüchlichen Formen des Hofes und des militärischen

Dienstes nicht. Jede Verletzung derselben müßte Eure Sache verschlimmern. Ich weiß kein anderes Mittel, als daß Ihr dem Kurfürsten schreibt. Dabei will ich Euch gern behilflich sein, wie ich kann."

Barbara starrte vor sich hin. „Ihr habt recht — Ihr habt recht . . ." sagte sie, aber ihre Gedanken suchten schon einen andern Weg. Und plötzlich war er gefunden wie durch eine innere Erleuchtung. Sie trocknete die Thränen ab und erhob den Kopf. „Ich weiß ein anderes," rief sie, „und das trügt gewiß nicht."

„Was habt Ihr vor?" fragte er verwundert.

„Laßt mich handeln," bat sie, „wie mir's ein guter Geist eingiebt. Gelingt's, so sollt Ihr Euch mit mir freuen, Konrad."

Er drang nicht weiter in sie, ihrer Klugheit vertrauend.

Barbara machte sich sofort auf und eilte nach dem Trag=heim hinaus zu Livia Sandius. Sie fand sie zu Hause damit beschäftigt, ihres Vaters Bibliothek zu ordnen. Livia ließ das Buch zur Erde fallen, das sie gerade von Staub reinigte. „Du kommst . . .?" rief sie. Gleich aber faßte sie sich wieder und bot ihr wehmütig lächelnd die hagere Hand. „Du findest mich bei einer sonderbaren Beschäftigung," bemerkte sie, „aber ich muß mir immer etwas zu thun geben, das die Mutter übrig läßt, und die Bücher werden mir täglich lieber. Sie sind doch die zuverlässigsten Tröster und Freunde."

„Wann siehst Du die Frau Kurfürstin?" fragte Barbara in Hast.

„Morgen wahrscheinlich — ich bin wenigstens aufs Schloß befohlen."

„Um welche Stunde?"

„Neun Uhr vormittags. Die Fürstin hat dann gewöhnlich die ruhigste Zeit am Tage und füllt sie gern damit aus, daß sie sich von mir vorlesen läßt. Ich darf die Bücher meist aus=

wählen. Sie ist überhaupt sehr gnädig gegen mich und hat mir kürzlich angetragen, ganz in ihren Hofstaat als ihre Vorleserin einzutreten und sie nach Oranienburg zu begleiten, wohin sie sich sehnt. Ich gehe gern von hier fort; Vater und Mutter widerstreben nur noch wenig. — es wird also wohl so geschehen."

Barbara hatte nur mit halbem Ohr zugehört. „Verschaffe mir eine Audienz bei der Frau Kurfürstin," bat sie.

Livia blickte sie überrascht an. „Eine Audienz — bei der Frau Kurfürstin? Wie kann ich das?"

„Du sprichst sie allein oder im Beisein ihrer vertrautesten Damen. Warum soll Dir's nicht möglich sein, meine Bitte vorzutragen? Für eine Freundin, Livia . . . für eine Unglückliche, deren Vater . . .". Ihre Stimme wurde schluchzend. „Die Frau Kurfürstin soll so gütig sein!"

„Das ist sie," bestätigte Livia, den Arm um sie legend, „aber um so weniger darf sie erzürnt werden. Sie vertraut mir. Wenn ich die Gunst mißbrauche . . . Was willst Du bei der hohen Frau?"

„Um meines Vaters Leben bitten."

„Ich dachte es wohl. Aber noch ist er nicht zum Tode verurteilt. Der Herr Kurfürst hat sich die letzte Entscheidung vorbehalten —"

„Es ist also wahr, daß sein Machtwort allein noch aussteht. Um so größere Eile ist Not, seinen Sinn zur Milde zu wenden. Eine Fürsprache der geliebten Fürstin . . ."

„Sie weiß, daß ihr Gemahl eine solche Einmischung nicht gern sieht. Wie sie ihn liebt, fürchtet sie ihn auch. Sie weiß, daß der Kurfürst erbittert ist über die Hindernisse, die man der Huldigung entgegensetzt, den Widersachern einen schreckhaften Beweis seiner strengen Gerechtigkeit geben will . . . Ich fürchte, sie wird Dich abweisen."

„Versuch's gleichwohl, Liebste," bat Barbara dringender.

„Bedenke, es ist der Vater . . .“ Livia gab endlich nach.
„Wohl denn,“ sagte sie, „begleite mich morgen auf's Schloß.
Ich will für Dich sprechen, so warm mir um's Herz ist, und
den Verdruß nicht scheuen.“

So geschah es denn auch.

Barbara, ganz schwarz gekleidet, wartete im Vorzimmer.
Es dauerte lange, bis die Thür sich öffnete und Livia wieder
in derselben erschien. Voll Erwartung hingen ihre Blicke an
deren Mienen. „Gott sei gelobt!“ sie winkte ihr näher zu
treten.

Die Kurfürstin Luise saß in der Nähe des Fensters auf einem
Lehnstuhl, hinter dem eine Kammerfrau stand und ihr die Leder=
kissen zurechtzog, wenn sie sich vorbeugte. Auf einem solchen
Kissen ruhten auch ihre Füße. Eine Pelzdecke war über die
Knie geschlagen und bis zur Brust aufgenommen. Eine kleine
Haube von blauem Sammet, mit Perlen bordiert, ließ dem
blonden Gelock volle Freiheit. Sie sah kränklich und übermüdet
aus; die schmalen Lippen hatten wenig Blut.

Eine große Unruhe schien sich ihrer zu bemächtigen, als
Livia die Freundin an der Hand zu ihr führte. Barbara warf
sich ihr zu Füßen. „Gnade, durchlauchtigste Frau Fürstin,“
schluchzte sie, aufs tiefste bewegt, „Gnade für meinen Vater . . .“
Die Kurfürstin streckte abwehrend die bleiche Hand aus. „Steht
auf,“ sagte sie offenbar beängstigt, „steht auf! Sehr thöricht
ist's vielleicht, daß ich Euch vor mich lasse, liebes Kind. Denn
helfen kann ich Euch nicht. Euer Vater hat den Herrn Kurfürsten
schwer erzürnt und beharrt, wie ich vernehme, auch jetzt noch in
seiner Halsstarrigkeit und Widersetzlichkeit. Er hat das Land
wieder an Polen bringen wollen, vergessend des vielen Blutes,
das zu seiner Befreiung vergossen ist. Der Herr Kurfürst achtet
wenig die Beleidigung, die seiner Person gilt, aber daß endlich
Friede hier im Lande sei und der Unterthan zum Gehorsam

zurückkehre, liegt ihm sehr am Herzen. Käm' Euer Vater frei, so würd' er sicherlich das alte Spiel fortsetzen und viele allzu vertrauſame Bürger in's Unglück reißen. Deshalb iſt's dem Ganzen zum Heil, wenn gegen ihn nach der Gerechtigkeit ver= fahren wird."

„O, allergnädigſte Fürſtin," antwortete Barbara, den Zipfel der Pelzdecke aufhebend und küſſend, „verſagt nicht ſo grauſam allen Troſt einem Kinde, das für des Vaters Leben bittet. Ich muß wohl glauben, daß mein Vater ſich ſchwer vergangen hat, da ſeine Richter ihn ſchuldig finden; aber aus Bosheit des Gemüts und Feindſchaft gegen ſeinen allergnädigſten Landes= herrn iſt's wahrlich nicht geſchehen, wie ich ihn von Kindesbeinen an kenne. Iſt er doch immer rechtlichen Sinnes geweſen und wenig auf ſich bedacht, für der Bürger vermeinte Wohlfahrt aber allezeit auf und zu jedem Opfer bereit. Darum mein' ich, daß er auch dies gethan hat, nicht um irgend jemand wiſſentlich zu kränken, ſondern weil er ſeine Pflicht verkannt und ſeinen Weg verfehlt hat. Solch' menſchlich Irren wolle ihm aber ſein hoher Richter nicht zumeſſen, vielmehr, wie er an Gottes ſtatt Gerechtigkeit übt, auch Gottes Barmherzigkeit nacheifern."

Die Kurfürſtin ſchickte einen Blick aufwärts. „Amen," ſagte ſie, „das wünſch' auch ich von Herzen und zweifle nicht, daß er lieber verzeiht als ſtraft, auch in dieſem gar traurigen Fall auf's ſtrengſte mit ſich zu Rate gehen wird, was ſeine Verantwortlichkeit fordert. Es kann Euch nicht verdacht werden, liebes Kind, daß Ihr Euren Vater trotz ſeines Vergehens in Ehren haltet und entſchuldigt. Wir Frauen verſtehen aber wenig von den Pflichten des Regiments und entſcheiden nicht nach dem Rechten, ſondern nach des Herzens Gefallen. Darum ſollen wir uns billig beſcheiden und unſern Troſt bei Gott ſuchen, daß der ſtark ſein werde in den Gewiſſen der Mächtigen, nicht aber ihm abſagen mit Trotz und Unmut, wenn er uns viel

Schmerz und Kummer zu tragen giebt. Das beachtet wohl!"

„Ich will mir's ernstlich vornehmen," versicherte Barbara, „wenn ich des Leidens Kelch sollt' austrinken müssen bis zur Neige. Aber ich klage auch jetzt nicht, daß meinem Vater Unrecht geschieht. Nur die Gnade ruf' ich an. Und an wen sonst könnt' ich mich wenden in der Not, als an meine aller= gnädigste Fürstin, daß sie eine gütige Fürsprache für mich thue und mit liebreichem Wort den Zorn des durchlauchtigsten Herrn —"

Die Seitenthür hatte sich geöffnet. Der Kurfürst trat im langen, pelzgefütterten Morgenrock ein, trat einige Schritte vor und blieb dann stehen, die Gruppe musternd. Barbara bemerkte ihn früher als die Fürstin selbst, stockte in ihrer Rede, kreuzte die Hände über der Brust und senkte den Kopf. Nun blickte die Fürstin auf, schien erschreckt, faßte sich aber sogleich und streckte ihm mit holdestem Lächeln die Hand entgegen. „Wollte mich nach Deinem Wohlsein erkundigen, Luise," sagte er, sich bedachtsam und immer die knieende Gestalt im Auge nähernd. „Du standest gestern früh von der Abendtafel auf. Konnt' Dir aber nicht folgen."

„Ich wußte wohl, daß ich nicht vergessen sein würde," antwortete sie mild. „Es war nichts Besorgliches. Mein heftiges Herzschlagen, wenn ich Dich unfroh sehe —"

„Wer ist das?" fragte er, auf Barbara deutend.

Die Kurfürstin zögerte einen Augenblick. „Rohde's Tochter," sagte sie dann leise.

„Rohde's Tochter —!" rief der Kurfürst, ließ ihre Hand los und trat zurück. Seine Stirn furchte sich tief. „Wie, wagt man's . . ."

Barbara wendete ihm das thränenfeuchte Gesicht zu. „Des Schöppenmeisters Hieronymus Rohde unglückliche Tochter,

Kurfürstliche Durchlaucht," sprach sie. „Es ist eine merkliche Huld des Himmels, daß er meinen allergnädigsten Herrn gerade jetzt hierher führt, da ich der gnädigsten Fürstin Fürsprache erflehte. Gnade — Gnade, Kurfürstliche Durchlaucht, schont meines Vaters Leben!"

Der Kurfürst schien unwillig. „Das hätte mir billig von Ew. Liebben erspart werden sollen," sagte er.

„Verzeih'," bat Luise, „ich folgte zu leichtfertig der Stimme des Mitleids. Aber ich wollte nicht Hoffnung geben, nur trösten und beruhigen. Das war Frauenpflicht."

„Euer Vater hat's arg getrieben," wendete er sich zu Barbara, „unser fürstliches Ansehen böswillig herabgesetzt, mit den Landesfeinden konspiriert, offenbaren Hochverrat verübt, die Gewissen der Unterthanen verwirrt und sich so vergangen, daß zehn Tode kaum seine Schuld sühnen könnten. Meint bei alledem in seinem Recht gewesen zu sein, trotzt noch jetzt unsrer Autorität, protestiert gegen Gewalt, inquiriert seine Richter, hält mit dem Geständnis seiner Schuld zurück. Er ist ein verstockter und keiner Reue zugänglicher Mensch. Wie wagt Ihr's, um Gnade für ihn zu bitten, da er selbst doch nichts als sein Recht will? Steht auf!"

„O, gnädigster Herr, laßt mich auf den Knieen —"

„Steht auf, sag' ich!"

Barbara erhob sich von der Erde und blieb in demütiger Haltung stehen.

„Durchlauchtigster Herr Kurfürst," flüsterte sie, balb die Stimme lauter erhebend, „wollet in Gnaden bedenken, daß in dieser letzten Zeit viele Dinge eine Wandlung erfahren haben, so bis dahin für die Ewigkeit hingestellt scheinen konnten. Da sind nun einige, die sich schnell mit ihnen zu drehen und zu winden vermochten, andere, die mit Müh' und Not nachkamen, und die letzten von großer Standhaftigkeit, daß sie eher meinen, das

Geschick aufhalten, als sich dem neuen Gesetz beugen zu können. Dieser letzten einer, Kurfürstliche Durchlaucht, ist mein Vater. Und mag man ihn deshalb unvernünftig und unklug schelten, aber nicht unehrenhaft. Wohl tausendmal hab' ich ihn sagen hören, daß er seines gnädigsten Landesherrn Recht und Macht= vollkommenheit nicht antasten wolle, wie es denn auch gewißlich wahr, daß er nicht zum Verderb des Vaterlandes, sondern aus Liebe zu diesem, seinen eigenen Vorteil oder Nachteil gering achtend, beim Althergebrachten standhaft verbleiben zu müssen gemeint hat. Ist er im Irrtum gewesen, den mag Gott richten nach seiner Gerechtigkeit und Barmherzigkeit. Daß er aber dafür an Leib und Leben gestraft werde, das kann des Höchsten Wille nicht sein, vor dessen Richterstuhl auch mächtige Könige und Fürsten stehen müssen, sich zu verantworten."

Des Kurfürsten flammender Blick hatte sie nicht ein= geschüchtert. Die Fürstin aber, einen Ausbruch seines Zornes fürchtend, folgte ihren Worten mit ängstlichen Gebärden und hob nun bittend die Hände auf. „Seht, seht, —" sagte er, „Rhode's Tochter! Ladet uns vor Gottes Richterstuhl. Meinen aber in diesem Fall unser Thun wohl verantworten zu können. Denn solcher Irrtum ist gefährlich und darf nicht frei umgehen. Ist uns die Sicherheit von Hunderttausenden anvertraut, so ist's unsere Regentenpflicht, den unschädlich zu machen, der sie stört. Mag das in solchen Weibskopf hineingehen oder nicht."

„O, zürnt mir nicht, gnädigster Herr," flehte das Mädchen, „wenn ich ungeschickt für meinen Vater spreche. Versteh' ich's doch nicht besser. Ach, laßt's ihn in Eurer Großmut nicht ent= gelten, durchlauchtigster Herr Kurfürst!" Sie sank wieder zur Erde nieder und umfaßte seine Kniee. „Gnade — Gnade!"

„Friedrich —!" bat die Fürstin bewegt.

Er stand einen Augenblick wie in tiefe Gedanken versunken. Dann legte er die Hand auf des Mädchens Haupt, als wollte er einen Segen erteilen. „Wohl denn!" sagte er. „Da die Fürstin Euch bitten hilft — Eures Vaters Leben sei Euch geschenkt. Mag er's Euch danken."

Nur mit Mühe unterdrückte Barbara einen Aufschrei der Freude. Die Hand des Kurfürsten bedeckte sie mit Küssen „Dank, allergnädigster Herr, Dank in Ewigkeit," stammelte sie.

Er gab einen Wink. Livia trat hinzu, umfaßte die Halbohnmächtige und hob sie auf. Vor der Kurfürstin sank Barbara nochmals nieder, auch ihre Hand küssend. Dann ließ sie sich hinausführen. Dort lag sie lange an der Freundin Brust, still weinend. Livia suchte sie zu beruhigen. „Du hörst — Dein Vater wird leben."

Der Kurfürst war zu seiner Gemahlin getreten und hatte sie auf die Stirn geküßt.

„Magst Du auch diesmal mein guter Engel gewesen sein," Luise, sagte er. Dann verließ er das Zimmer.

Der Kurfürst wußte seinen geheimen Rat versammelt. Es sollte über das jüngste vereinigte Bedenken des Landtages Beschluß gefaßt werden, der nun sichere Stellung genommen hatte, zwar unbedingt die Souveränität des Kurfürsten anerkannte, aber mit größter Zähigkeit die Bestätigung der Landesrechte in der alten Form verlangte. Die Geheimen Räte erwarteten den Fürsten stehend. Er trat an den Oberburggrafen heran und sagte zu ihm: „Rohde's Haupt wird nicht fallen. Die Tochter hat um Gnade gebeten, und sie ist ihr in soweit gewährt worden. Bringt's in aller Form zu den Akten und laßt's den Inkulpaten wissen. Aber er bleibt ein Gefangener, bis sein Sinn sich ändert. Das sind wir unserem Volke schuldig."

Er schien heiterer als sonst in letzter Zeit. Vermutete Kalnein recht, daß ihm mit der Begnadigung des Schöppenmeisters eine schwere Last vom Herzen gefallen? Den Vortrag

kürzte er ab: „Wir wissen, wir wissen. Gebt uns Euer Gut=
achten." Die alten Gegensätze traten sogleich wieder vor. Jena
wollte von Nachgiebigkeit nichts wissen; nur noch kurze Gebuld,
und der Widerstand der Stände sei für alle Zeit gebrochen.
Somnitz trat ihm bei. Die Oberräte verteidigten mit vielen
deboten Redewendungen den Standpunkt des Landtages. Schwerin
suchte zu vermitteln: Die Macht der Thatsachen werde so oder
so entscheidend sein. Der Diskurs war noch nicht lange fort=
gesetzt, als der Kurfürst selbst das Wort nahm. Sofort herrschte
tiefes Schweigen.

„Gott hat uns den Sieg über unsere Feinde gegeben,"
sprach er mit feierlichem Ernst. „Seine Gnade erhalte des
Sieges teuer erkauften Lohn uns und unserem Hause zu unseres
Volkes Wohlfahrt bis in die späteste Zeit. Amen. — Liebe
Getreue! Es ist niemals unsere Absicht gewesen, einen Zuwachs
unserer Herrschergewalt zu gewinnen, um des Landes Rechte zu
schmälern oder des geringsten Unterthans wohlhergebrachte
Privilegien zu verringern. Haben deshalb auch beim Friedens=
schluß zugesagt, als ein souveräner Herr des Landes Freiheiten
unangetastet lassen zu wollen, und gedenken solches Versprechen,
ob es schon nicht den Ständen abgegeben worden, doch so gut
zu ihnen zu halten, als den fremden Potentaten, mit denen der
Vertrag geschlossen ist. Nun war es freilich unser eifriges
Bemühen, mit den Ständen zu einem festen Abkommen zu
gelangen, in welcher Art durch die Souveränität die Verfassung
des Herzogtums necessarie geändert sei und Streitigkeiten über
Auslegung der Privilegien in alle Zukunft vorzubeugen. Hoffen
uns auch in unserer Proposition als ein gerechter und wohl=
wollender Herr bewiesen und für unser landesväterliches Ent=
gegenkommen eher Dank als Mißgunst verdient zu haben. Da
wir jedoch erfahren mußten, daß viele vom Adel und den Städten
sich in ihrem Gewissen beschwert halten, wenn sie diese neuen

Artikel acceptieren, vielmehr bei ihren alten Rechten und Frei=
heiten, sofern sie nicht durch die Souveränität modifiziert werden,
zu verbleiben wünschen, also ist es unfer Wille nicht, Gewissens=
zwang zu üben oder gewaltsam eine Änderung und Besserung
durchzusetzen, erklären uns vielmehr zur erbetenen Assekuration
aller Rechte und Freiheiten mit jenem Vorbehalt und unter
Wahrung der Gleichberechtigung unserer Religionsverwandten
bereit, erwarten darauf auch der getreuen Stände Huldigung.
Befehlen also hiemit die Verhandlung über die Assekuration, in
Hoffnung, · daß solches zu einem rechten und immerwährenden
Frieden zwischen Fürst und Volk geschehe. Das wolle Gott.“

„Das wolle Gott,“ wiederholten die Geheimen Räte
einmütig.

Der große Kurfürst und der Schöppenmeister.
Historisches Schauspiel in fünf Akten von E. Wichert.

Fünfter Aufzug, sechster Auftritt.
Die Seitenthür öffnet sich; der Kurfürst tritt ohne Begleitung ein
und geht, ernst vor sich hinsehend, einige Schritte langsam vor nach
der großen Mittelthür. Die Vorigen.

Heinrich.
Kurfürstliche Durchlaucht —

Kurfürst (bleibt stehen und wirft einen Blick seitwärts auf die
Gruppe).

Was wollt Ihr?

Heinrich.

Tretet
Nicht in die Kirche vor den Altar Gottes,

Bevor Ihr mit den Menschen Euch versöhnt.
Mein Vater —

Kurfürst (sieht Rhode fragend an und setzt seinen Weg fort, da
derselbe schweigt).

Rhode (in heftigem inneren Kampfe).
Gönnt mir ein Wort, Durchlaucht —
Doch ohne Zeugen! —

Kurfürst (steht wieder still, besinnt sich einen Augenblick und giebt
dann den Anwesenden ein Zeichen).
Tretet ab!
(Der Kanzler und Heinrich Rhode entfernen sich nach dem Hintergrunde.)

Rhode (nach einer Pause, in der er sich sammelt).
Durchlaucht,
Wir stehn vor Gott, sei Wahrheit zwischen uns!
Es ist nicht Zufall, daß Ihr mir begegnet,
Und tief erschüttert meinen Bürgerstolz
Des Fürsten gütiges Entgegenkommen.
Doch, Herr, das Wort, das Ihr von mir erwartet —
Mag Offenheit Euch nicht beleidigen —
Das Wort darf über meine Lippen nicht;
Ihr könnt verzeihn, ich nicht um Gnade bitten.

Kurfürst.
Und wenn ich sagte: Ihr seid frei! Was hätt' ich
In Zukunft zu gewärtigen?

Rhode (nach schwerem Kampfe).
Gnäd'ger Herr — aus Achtung
Vor Euch — ich kann und will Euch nicht betrügen:
Wofür ich kämpfte, würd' ich weiter kämpfen!
Ihr oder ich! Ein Mittel giebt es nicht,
Denn was uns trennt, heißt Pflicht, und was uns scheidet,
Die Grenze zwischen zwei Gedankenwelten.

Kurfürst.

Ich richte die Gedanken nicht; nur muß ich
Die Zunge binden, die beredt sie macht,
Den Arm, der ihnen Thatkraft leiht, damit ich
Den Frieden Hunderttausenden erhalte;
Und das ist meine Pflicht. Wir beide sind
Nicht schuldfrei und nicht schuldig —; nicht zwei Menschen,
Zwei Zeiten rangen feindlich mit einander,
Und beiden fehlt die Gegenwart. Ihr wolltet
Zurück die Welt, ich will sie vorwärts zwingen;
Und vorwärts muß sie, das ist ihr Gesetz.
Ich schaffe Macht — doch nicht in meinem Dienst —!
Ich schaffe Macht dem freien Glauben, Macht
Der freien Arbeit, Macht dem deutschen Geiste,
Ich schaffe Macht dem Recht! — Verschließt Euch nicht
Dem Ruf, bei diesem Werke mitzuschaffen,
Das unsre Enkel segnend preisen werden.

Rhode (mild).

Ich schaffe mit — durch Euer Schuldvermächtnis.
Kann sein, daß einem künftigen Geschlecht
Die Freiheit etwas andres ist, als uns;
Denn jede Zeit giebt sich ihr eignes Maß.
Doch Friede wird nicht zwischen Fürst und Bürger,
Bis keine Macht besteht, die nicht im Recht
Begründet ist, kein Recht, das machtlos wäre.
Und dieser Friede muß dem Lande werden.

Kurfürst.

Er muß ihm werden, und er wird ihm werden,
Doch nicht durch Euch, auch nicht durch irgend einen,
Der sich dem Strom der Zeit entgegenstemmt,
Und auf Ruinen seine Hoffnung baut.
Erst wenn bis auf die letzte Spur getilgt,

Wofür Ihr kämpft, das letzte Privileg
Zerrissen liegt, das eignen Vorteil höher
Als das Gemeinwohl stellt; wenn jedermann,
Weß' Standes er auch sei, sich Bürger fühlt
Des Staates, der ihn schützt; und jeder Bürger
Dem andern gleich sich weiß in Recht und Pflicht;
Dann — nach Jahrhunderten vielleicht, in Formen,
Die mir und Euch unfaßbar sind, erfüllt sich
Die Sehnsucht eines reineren Geschlechts.
Den Grundstein leg' ich zu dem Fundament
Der Burg, von der Befreiung ausgehn soll,
Ihr wälzt ihn nicht mehr fort, Ihr rüttelt nur
Vergeblich dran, und stellt Ihr Euch nicht d r a u f,
Bleibt nur, daß Ihr d a r u n t e r Euch begrabt!

       Rhode (sich kaum noch aufrecht haltend).
So ist's ein Grab, wie es kein zweites giebt —
Gönnt mir den Platz! — Ich bin ein f r e i e r Mann.
Und daß ich's bin, beweisen — meine Ketten.
Was gält' ich Euch, kauft' ich sie ab mit einem
Verzicht auf dies Besitztum, das mich reich
Vor Millionen macht, und schliche fort
An Ehr' und Manneswert ein Bettler, ärmer
Als all' die Armen, die nie Freiheit ahnten,
Die nie verloren, was sie nie gehabt.
Macht mich so elend nicht, mein gnäd'ger Fürst!
Thut's nicht! Wie Ihr in allem ungewöhnlich
Und groß seid über Fürstenart hinaus,
Seid's auch in diesem letzten, gnäd'ger Herr!
Laßt mir den Stolz, getreu der Überzeugung,
Für die ich wirkte, aus der Welt zu gehn —
       (mit innigster Bitte und doch mit Hoheit.)
Laßt mich zurück in mein Gefängnis führen!

Kurfürst (steht einen Augenblick tief erschüttert, betrachtet Rhode wohlwollend und reicht ihm die Hand, über die derselbe sich beugt, ohne sie jedoch zu küssen. In der Kirche Choral: Nun danket alle Gott! Der Kurfürst richtet sich auf, wirft einen Blick zum Himmel und wendet sich zur Hauptthüre).

Ihr wollt's! —

(Die große Mittelthüre wird geöffnet; man sieht in die festlich geschmückte, von Menschen gefüllte Kirche. Die Fürstin, gefolgt vom Hofstaat, empfängt ihn auf der Schwelle. Der Kurfürst und hinter ihm der Kanzler treten in die Kirche ein.)

Heinrich (eilt auf seinen Vater zu und stützt ihn).

Er geht im Zorn?

Rhode (zusammenbrechend).

Wir sind — versöhnt.

(Heinrich läßt ihn sanft zu Boden gleiten und kniet neben ihm nieder. In der Kirche setzt die Orgel voll ein, während der Kurfürst und die Fürstin am Altar niederknieen.)

(Der Vorhang fällt.)

Der große Kurfürst in Preußen.

Historischer Roman von Ernst Wichert.

Teil III., Kap. IX. Treuer Dienste Lohn.

Am nächsten Vormittage stand der Kapitän de Born schon eine Weile vor der angesetzten Zeit im Vorzimmer des Kurfürsten. Fast mit dem Glockenschlage erschien ein Adjutant, ihn in das Kabinett zu führen.

Friedrich Wilhelm saß an seinem mit Papieren überhäuften Arbeitstische, hielt das Memorial in der Hand und blätterte darin. Sobald der Kapitän, der an der Thür stehen geblieben, ihm gemeldet war, blickte er auf und sagte: „Tretet näher."

9*

Es geschah. Born verneigte sich tief und stand dann kerzengrade, die Arme angezogen und die Augen fest auf den Fürsten gerichtet, als Soldat seine Befehle zu erwarten.

Der Kurfürst schien die hohe, kräftige Gestalt mit Wohl= gefallen zu betrachten. „Ihr habt vor einigen Jahren den Abschied genommen," — fuhr er fort, „— der Frau wegen, erinnere mich wohl. Sie ist, wie ich höre, vor kurzem gestorben. Weiß aus eigener Erfahrung, wie tief das geht. Müssen doch Gottes Fügung ohne Murren hinnehmen. Er giebt und nimmt und giebt wieder." Er legte das Heft auf den Tisch und rückte den Sessel herum. „Seid indessen nicht müßig gewesen. Höre gern, daß Ihr ein tüchtiger Landwirt geworden seid, nichts Fertiges übernommen, sondern Euch die Wirtschaft selbst aus dem Gröbsten geschaffen habt. Vertrauen um so mehr Eurem Urteil. Was mir da von Euch schriftlich eingereicht ist, hat Hand und Fuß. Ihr operiert nicht mit kleinen Mittelchen, sondern stellt einen förmlichen Schlachtplan auf, wie die Wildnis der Kultur zu erobern. Sehr brav! Steht aber vorläufig nur auf dem Papier. Seid Ihr denn überzeugt, daß sich auch praktisch ausführen läßt, was Ihr da proponiert?"

„Davon bin ich fest überzeugt, Kurfürstliche Durchlaucht," antwortete Born, „denn hier in der Wildnis entscheidet allein des Fürsten mächtiger Wille. So stark er ist, so viel Hoffnung hat das Werk."

„Wie das?"

„Kurfürstliche Durchlaucht! Als der Deutsche Orden Preußen in Besitz nahm, hat er das Land an die Einzöglinge verteilt und sich nur deren Dienste vorbehalten, den breiten Strich an der Grenze hin hat er aber als Wildnis liegen lassen zum Schutze gegen feindlichen Einfall. In den folgenden, traurigen Zeiten, als Preußen ein Lehn von Polen geworden, ist dann dieser Landstrich wenig beachtet, aber fürstliches Kammergut geblieben und von den Ämtern aus durch die herzoglichen Beamten verwaltet. So ist meine unterthänigste Meinung, daß auch jetzt der Landesherr freie Hand hat, darüber nach seiner besten Einsicht zu verfügen, dem Lande zum Gedeihen und zur Mehrung seiner Einkünfte. Und hat mir's ein Großes erscheinen wollen, wenn unser durchlauchtigster Herr, nachdem er Preußen von der polnischen Lehnshoheit losgemacht und wieder auf freien Fuß gestellt, auch des Deutschen Ordens Arbeit wieder aufzunehmen und auch diesen noch immer meist wüsten Strich Landes in Kultur zu setzen sich entschließen könnte. So hab' ich's gewagt, Ew. Kurfürstlichen Durchlaucht diese Vorschläge in Unterthänigkeit zu unterbreiten, ob es Ew. Kurfürlichen Durchlaucht gefallen wolle, sie zu prüfen und gelten zu lassen."

„Und wenn ich Euch meine Zufriedenheit zu erkennen gäbe — woher die Leute nehmen, mit denen dieses Kulturwerk zu beginnen?"

„Kurfürstliche Durchlaucht, die Littauer sind ein gar kräftiger Menschenschlag und als Bauernwirte sehr brauchbar. Sie leben jetzt meist in Familien zusammen: Großeltern, Eltern, Kinder und Kindeskinder; die Geschwister des Wirts dienen ihm als Knechte und Mägde. So sind die Höfe überfüllt, und reicht die Nahrung nur kümmerlich für so viele aus. Weil sich fast niemand um sie kümmert und auch der Kirchen zu wenige sind, stecken sie noch in tiefem Aberglauben und halten an alten schädlichen Gebräuchen fest. Könnt' es geschehen, daß ihnen Land angewiesen würde und Holz zum Aufbau von Häusern, auch besseres Ackergerät, so möchte sich wohl in kurzem die Zahl der Nahrungsstellen verdoppeln und verdreifachen. Das aber reichte doch noch nicht zu. Sondern es müßte auch gesorgt werden, daß sich deutsche Bauern unter ihnen ansiedelten und sie eine bessere Wirtschaft lehrten. Die aber müßten von fernher berufen werden, wo ihrer im Lande zu viele oder wo sie der Religion wegen bedrückt sind, oder aus anderen Ursachen ungern bleiben. Würden ihnen gute Bedingungen gesetzt, daß sie nach einigen Jahren zu einigem Wohlstand gelangen könnten bei Fleiß und Redlichkeit, so möchten sie wohl Ew. Kurfürstlichen Durchlaucht Ruf folgen und bald andere aus ihrer Heimat nachziehen. Und so könnte dann die Wildnis überall vom Rande her angegriffen und besser nutzbar gemacht werden. Ist auch nur ein Anfang, was jetzt geschieht, so giebt hoffentlich doch Gott guten Fortgang."

Der Kurfürst ließ sich nun über vieles einzelne noch genauere Auskunft geben und sagte dann: „Ich sehe, daß Ihr gut unterrichtet seid und die Dinge wohl erwogen habt, auch daß Ihr nicht übereilt, sondern langsam und stetig zu bessern proponieret. Wenn ich Euch nun beriefe, selbst solchem löblichen Beginnen die rechten Wege zu zeigen, wolltet Ihr mir zu Dienst sein?"

Diese Frage überraschte Born. „Kurfürstliche Durchlaucht haben über mich zu befehlen," antwortete er, sich verbeugend. „Doch wag' ich unterthänigst zu bemerken, daß es nicht meine Absicht war, mit meiner Person —"

„Schon gut, schon gut," fiel der Kurfürst ein, „rechne gleichwohl auf Euren willigen Gehorsam."

„Was ein Landwirt vermag, der die Ehre gehabt hat, Euer Kurfürstlichen Durchlaucht als Soldat zu dienen —"

„Ihr müßt in ein Amt gesetzt werden, das Euch Vollmacht giebt, an der richtigen Stelle nachdrücklich zu wirken. Der eine von meinen beiden Oberförstern ist kürzlich mit Tode abgegangen. Ihr sollt sein Nachfolger sein und den samländischen Kreis erhalten, zu dem auch Littauen gehört. So werdet Ihr in allem, was die Wildnis angeht, von den Ämtern unabhängig und nur dem Oberforstmeister unterstellt sein, den ich instruieren will, daß er Euch kein Hindernis in den Weg lege."

Born glaubte seinen Ohren nicht trauen zu dürfen. Ober=
förster — er, den man nicht als Wildnisbereiter hatte anstellen
wollen! Und sollte nun ein halbes Hundert Wildnisbereiter
kommandieren? Wie hatte er einst zu dem von Oppen auf=
gesehen, als zu einem höheren Wesen, und war nun selbst in
sein Amt berufen! In diesem Augenblick kam aller häusliche
Kummer in Vergessenheit. Sein Herz war voll von stolzer
Freude und seine Augen leuchteten in verklärtem Glanz. „Ober=
förster —" stammelte er, „ich Oberförster, Kurfürstliche Durch=
laucht? O, wie verdien' ich solche Gnade? Wie kann ich je . . ."

„Ihr seid freilich noch sehr jung," sagte der Kurfürst,
„aber man giebt Euch das beste Lob, daß Ihr die Forstwirt=
schaft aus dem Grunde versteht. Das ist vorläufig die Haupt=
sache. Zu einem neuen Werk gehört eine junge Kraft. Habt
Ihr noch ein langes Leben in Aussicht, so mag ihm das zu
statten kommen. Seid Ihr also einverstanden, wieder in unsern
Dienst zu treten, so stellt Euch dem Oberforstmeister vor und
nehmt von ihm die Bestallung in Empfang. Hoffe, daß Ihr
dem kurfürstlichen Offizier Ehre machen werdet."

Der Kapitän küßte seine Hand. „Der letzte Blutstropfen
gehört Ew. Kurfürstlichen Durchlaucht," rief er. „Jetzt weiß ich,
daß ich nicht umsonst lebe."

Der Kurfürst entließ ihn, augenscheinlich befriedigt. Er
sollte sein Amt antreten, sobald er seine Verhältnisse daheim
geordnet, spätestens zu Ostern. Dann würde auch die Familie
des verstorbenen Oberförsters den Jägerhof auf der Schloß=
freiheit geräumt haben.

Der große Kurfürst und sein Volk.

Historischer Roman von Luise Mühlbach.

Vierter Band.

Kapitel V. Der Morgen der Audienzen.

Er schlug gegen die Glocke und befahl dem Kammerjunker von Maltzan, die beiden Prediger auf morgen wieder herzu= bescheiden, auch die anderen Leute, welche in der Antichambre noch anwesend seien und um eine Audienz nachgesucht hatten, auf den folgenden Tag wieder herzubestellen.

Der Kammerjunker verneigte sich schweigend und war schon im Begriff, sich zu entfernen, als der Kurfürst ihn zurückrief.

„Den armen Wandrer hatte ich beinahe vergessen, und das würde mir nachhero recht leid gethan haben. Er ist acht Tage gewandert, um zu mir zu kommen, und ich will also auch den armen Mann nicht länger warten lassen. Führe ihn herein, Maltzan."

„Ich danke Eurer kurfürstlichen Gnaden für diesen gütigen Befehl," sagte der Kammerjunker sich verneigend. „Es würde mich wahrlich gedauert haben, wenn der arme kleine Mann hätte unverrichteter Sache abziehen müssen. Er hatte weder Speise noch Trank zu sich nehmen wollen, weil er saget, er habe es sich gelobet, nichts eher in Berlin zu essen und zu trinken, als bis er Euer Durchlaucht gesprochen. Dazu habe er nun gleich bei seiner Ankunft sich gestärket durch Gebet, und weiterer Stärkung bedürfe er nun nicht, und wenn er auch noch vierundzwanzig Stunden warten solle, bis daß Eure Durch= laucht ihm die Gnade einer Audienz gewähren wollten."

„Maltzan, laß ihn sogleich herein, und es freuet mich von Dir, daß Du ein so gutes und teilnehmendes Herz hast," sagte Friedrich Wilhelm, seinem Kammerjunker freundlich zunickend.

Wenige Minuten später, nachdem Herr von Maltzan sich
entfernt hatte, ward die Thüre des Kabinetts leise geöffnet, und
ein kleiner, hagerer Mann trat ein und blieb schüchtern neben
der Thüre stehen. Es war eine seltsame Erscheinung, und ein
unwillkürliches Lächeln flog über das Antlitz des Kurfürsten
hin, da er sie anschaute. Um die etwas schiefen, säbelförmigen
Beine schlotterten weite Pantalons von grauer Leinwand, die
Füße waren mit großen Schnallenschuhen bedeckt, aus denen ein
blauer Zwickelstrumpf kokett hervorschaute. Eine lange, mit
allerlei Schnüren und Quasten verzierte Weste bedeckte den
Oberteil des Körpers, und darüber hing schlotterig und lose ein
fadenscheiniger Überrock von schwarzem Tuche, verziert mit
thalergroßen Messingknöpfen. Der lange, dürre Hals ward
aufrecht gehalten von einem breiten weißen Halstuch, das vorn
in einer riesengroßen Schleife zusammengefaßt war, deren beide
Flügel majestätisch bis zu dem schlecht rasierten borstigen Kinn
emporragten. Das graue Haar umgab wie ein Kranz die kahle
Stirn und den Oberkopf, und flatterte in leichten durchsichtigen
Locken auf die hohen, etwas ungleichen Schultern nieder. Am
auffälligsten aber erschien das Antlitz dieses Mannes; es war
häßlich und zerfallen, und doch lag etwas Anziehendes in
demselben; die Züge waren durchfurcht und die Stirn von
Runzeln durchzogen, und doch sprühte ein so lebendiges
Jugendfeuer aus diesen dunkelbraunen Augen, und die fein=
gebogene scharfe Adlernase gab dem Gesichte einen verwogenen,
fecken Ausdruck, der wieder seltsam kontrastierte zu dem gut=
mütigen und sanften Lächeln, welches die schmalen Lippen
umspielte.

„Wer bist Du?“ fragte der Kurfürst gütevoll. „Woher
kommst Du, und was willst Du von mir?“

„Ach, Durchlaucht,“ erwiderte der Mann seufzend, „Eure
Gnaden haben da mit kurzen Worten drei Fragen gethan.

Aber ich muß Kurfürstliche Durchlaucht in Unterthänigkeit
gestehen, daß meine drei Antworten leider etwas länger aus=
fallen werden, und daß sie eine in drei Abschnitte geteilte Rede
sein werden, vorausgesetzt, daß Ihr mir dazu die Erlaubnis
und das offene Ohr schenken wollet.

„Du bist ein sonderbarer Kauz," lächelte der Kurfürst.

„Kurfürstliche Gnaden, Ihr habet ja anjetzo schon die
Güte, den ersten Satz oder die erste Frage selber zu intonieren
und die Antwort einzuleiten. Eure erste Frage lautete: Wer
bist Du? Und nun geruhen Eure Durchlaucht zu antworten:
Ein sonderbarer Kauz! Und es ist wahr, ich bin ein sonderbarer
Kauz, denn ich bin zugleich Schneider und Pfarrer, zugleich Beichtkind
und Beichtvater, zugleich Laie und Priester. Ich nähe den Bauern
die Kittel als Schneider, und flicke ihnen nachhero als Pfarrer etwas
am Zeuge, indem ich ihnen ihre Sünden und Irrtümer vorhalte.
Ich spinne des Sonntags auf der Kanzel einen ziemlich langen
Faden, und fädele am Montag meine Nähnadel ein, um die
Kirchgangsröcke meiner Bauern auszubessern, damit sie am
nächsten Sonntag wieder anständig und manierlich meiner
Predigt zuhören können. Ja wohl, ich bin ein sonderbarer
Kauz, wie Eure Durchlaucht zu sagen belieben."

„Und wie Du es mir wahrlich durch Deine Rede illustrierest,"
lachte der Kurfürst, indem er sich auf den Lehnstuhl mit der
kunstvoll geschnitzten hohen Rücklehne niederließ und mit seinen
leuchtenden Augen die seltsame bewegliche Figur des Schneiders
und Pfarrers mit Behagen betrachtete. „Articolo Eins ist also
nun absolvieret und wir gehen zum zweiten Teil der Ant=
wort über."

„Dieser zweite Teil ist leicht und schwer zu beantworten,
Durchlaucht," erwiderte der Mann achselzuckend. „Es kommt
darauf an, ob Eure Durchlaucht eine metaphysische oder eine
polizeiliche Antwort begehren. Wenn das letztere der Fall ist,

so habe ich auf Dero Frage: Woher kommst Du? zu antworten: Ich komme aus dem Dorfe Dobelheim bei Halberstadt. Aber wenn Eure Durchlaucht eine metaphysische Antwort gestatten, so wäre zu erörtern, ob ich sagen darf, daß ich von Gott komme, oder ob ich eingestehen muß, daß ich auch vom Teufel herkommen kann, und es müßte dann erst die große Frage erörtert werden, ob der Mensch von Natur gut ist, und ob er sodann erst auf der Welt verderbt werde durch den Einfluß des Teufels, welcher, wie die gelehrten Herren Pfarrer sagen, in leibhaftiger Person auf der Welt umherläuft, ohne daß der Herrgott ein Einsehen thuet. Ich bin kein gelehrter, sondern ein ganz unwissender Pfarrer, der sich unterstehet an dem leib= haftigen Teufel zu zweifeln, und dahero auch den Exorzismus und das Austreiben des Teufels bei den Taufen der Kinder für eine überflüssige, ja sogar gotteslästerliche Sache hält, bie= weilen man sich unterfangen würde zu behaupten, daß Gott nicht so mächtig sei wie der Teufel, denn wo bliebe die Allge= walt und Allgegenwart Gottes, wenn die kleinen Kinder schon den Teufel im Leibe hätten?"

„Du bist ein ganz verwegner, toller Schwätzer," rief der Kurfürst heiter, „und wie mir scheinet, Deine Zunge ist durch= aus von Deinem langen Wege nicht angegriffen, und wandert gar ausbündig keck und munter noch immer in Deinem Munde herum. Wir wollen nun den metaphysischen Teil der Antwort nicht weiter ausdehnen, und ich will mich vorläufig mit der polizeilichen Antwort zufrieden erklären. Du bist aus dem Dorfe Dobelheim bei Halberstadt und Du heißest?"

„Ich heiße Jakob, Samuel, Fürchtegott, Leberecht, Konrad, Martin, Eberhard, Traugott, Gottlieb, Karl, Johannes, Friedrich Richter."

„Was? Du unterstehst Dich zu behaupten, daß Du zwölf Vornamen führest?"

„Nein, Durchlaucht, ich besitze zwölf Vornamen, aber ich führe davon immer zur Zeit nur einen. Im Januar nennt mich meine Frau Jakob, im Februar Samuel, im März Fürchtegott und so fort. In jedem Monat nennt sie mich nach einem andern Namen, wie es meine Ältern und Geschwister auch früher gethan. Dieses kommt aber von einem Gelübde her, welches mein Vater selig bei meiner Kindtaufe gethan. Es war nämlich mein Vater ein armer Schneider hier in Berlin, und da es ihm in den Kriegszeiten dazumal sehr kummervoll und erbärmlich erging, so gab mein Vater in seiner Not ein großes Kindtaufen und lud dazu zwölf reiche und vor= nehme Paten ein, deren jedem er sagte, er verehre und liebe gerade ihn so sehr, daß er nichts sehnlicher wünsche, als seinem Erstgeborenen justement den Vornamen seines hochverehrten Gönners zu geben. Nun wissen ja Eure Durchlaucht, daß die guten dummen Menschen für nichts so sehr empfänglich sind, als für Schmeicheleien, und daß man ihrer Schwachheit damit gar vieles abgewinnen kann. Die Paten, welche mein armer Vater so sehr liebte, fanden sich denn auch alle richtig zur bestimmten Stunde in der Kirche ein, und sie waren sämtlich sehr erstaunet, daselbst elf andere Taufzeugen zu finden, die alle sagten, daß mein Vater seinen Erstgeborenen aus besonderem Respekt nach ihm benennen wolle, und alle nun fortgehen wollten. Mein Vater gestand ihnen nun mit thränenden Augen, daß es ihm gar so erbärmlich ginge, und daß er sich zwölf Taufzeugen geladen, weil er gehoffet habe, es würde jeder von den reichen und freigebigen Herren doch dem Kinde wohl einen Thaler in das Wickelkissen schieben, und dann habe er doch für die nächsten Wochen etwas Geldvorrat, damit sein Weib und sein Kind nicht zu hungern hätten, bis er wieder etwas Geld verdienet hätte. Und gerade diese zwölf Taufzeugen habe er sich erwählet, weil es die edelsten, großmütigsten und freigebigsten Bewohner von ganz

Berlin wären, und weil deshalb ihre Namen seinem kleinen Sohne Segen bringen würden. Es gelang denn auch wirklich meinem Vater, mit solchen herzbrechenden Schmeichelreden seine zwölf Paten zu versöhnen, und sie gaben ihm jeder zwei Thaler, unter der Bedingung, daß das Kind nach jedem Paten einmal im Jahr benamset werde. Solches gelobte mein Vater denn auch mit einem kräftigen Eide für sich selber und seinen Sohn, und wir beide haben ihn ehrlich gehalten, denn obwohl mein guter Vater längst tot ist, führe ich doch bis auf den heutigen Tag nach der Reihenfolge meiner Paten in jedem Monat einen anderen Vornamen."

„Und wie heißest Du in diesem Monat?"

„Ich heiße in diesem Monat Gottlieb, Kurfürstliche Durch= laucht."

„Schreiten wir jetzt zur Beantwortung meiner dritten Frage. Sie lautete, wenn ich nicht irre: Was willst Du von mir?"

„Ja, so lautete sie, ich antworte darauf: Gerechtigkeit und einen gnädigen Richterspruch!"

„Ei, ei, Gottlieb Richter, da sagest Du in einem Atem einen Widerspruch; denn wenn Du Gerechtigkeit forderst, so bedarfst Du ja keines gnädigen Richterspruches, bieweilen die Gerechtigkeit ja keiner Gnade bedarf, sondern an sich selber genug hat."

„Das ist wohl wahr, gnädiger Herr! Aber in unseren gottsjämmerlichen Zeiten ist es schon die allergrößte Gnade, wenn man Gerechtigkeit erlangen kann, und wenn es keiner mächtigen und starken Hand verstattet sein soll, die Binde, welche die Dame Gerechtigkeit vor beiden Augen tragen soll, auf dem rechten Auge ein wenig zu lüften."

„Fürchtest Du eine solche mächtige und starke Hand, und weißt Du, wem sie angehört?"

„Ja, Durchlaucht, ich fürchte eine solche Hand, und sie gehöret dem Herrn Konsistorialrat und Hofprediger Stoschius."

· „Was?!" rief der Kurfürst erstaunt. „Du wagest es, meinen Hofprediger Stoschius anzuklagen und zu behaupten, daß er imstande wäre, der Gerechtigkeit die Binde zu ver= schieben?"

„Ja, Durchlaucht, wenn ihm die Dame ihr Haupt so nahe hält, oder es ihm wohl gar zärtlich auf die Schulter leget, so kann es wohl geschehen, daß der Hofprediger Stoschius sich ver= sucht fühlen möchte, sie an sein Herz zu drücken. Dabei könnte, selbst ohne sein Verschulden, sich ihre Binde ein wenig ver= schieben, und sie könnte dann inne werden, daß Herr Stoschius ein angesehener, fürnehmer Hofprediger ist, und ich nur ein armer, unbekannter Dorfprediger, der nichts auf Erden besitzet, als ein gutes Gewissen, zehn Kinder, und die Liebe seiner armen Bauern, was freilich ein reicher Segen Gottes ist."

„Ein Segen·, um welchen Dich gar mancher reiche und vornehme Mann beneiden könnte, Gottlieb Richter. Aber sage mir jetzt, was hast denn Du mit meinem Hofprediger und Konsistorialrat, dem Stoschius, zu schaffen?"

„Ach, gnädigste Durchlaucht, der Herr Konsistorialrat hat ja auf Kurfürstlichen Befehl eine Inspektionsreise durch die Land= striche gemacht, welche beim Westfälischen Friedensschluß Eurer Durchlaucht zugesprochen sind, und so ist er denn auch nach dem Halberstadt'schen und unserm kleinen Dorfe gekommen. Es ist ein armseliges kleines Dorf, das weit abseits liegt von den Ver= kehrsstraßen, und niemand bekümmert sich sonst viel um uns, am allerwenigsten that das der Herr Bischof von Halberstadt, da wir dem noch unterthänig waren. Unser kleines Dorf bestand aus protestantischen Bauern und Kolonisten, und die waren bazumal gar schlecht angesehen, bis der gnädige, fromme und gottgesegnete Kurfürst Friedrich Wilhelm sich der Lutherischen

und Reformierten erbarmte, und ihnen gleiche Rechte und gleiche
Achtung ihres Bekenntnisses auswirkte. Wir hatten eine eigene,
kleine Pfarrkirche, und die Bauern durften ihren Pfarrer selber
wählen, aber sie mußten ihm auch ganz allein seinen Gehalt
zahlen und ihm seinen Acker bestellen. Ja, der Gehalt war
spärlich genug, und nicht viel mehr hatte der Herr Pfarrer zu
verzehren, als irgend ein Bauer seiner Gemeinde. Er war aber
zufrieden, denn er hatte lange in der Gemeinde gelebt, und ver=
langte nichts besseres, als bei ihr zu bleiben. Es ist eben so
ein stilles, ruhiges und schattiges Plätzchen, das Dorf Dobelheim,
und mich hatte es auch so angeheimelt, als ich auf meiner
Wanderschaft dahin kam, daß ich auch gleich beschloß, dorten zu
bleiben und mich daselbst häuslich niederzulassen."

„Gottlieb Richter," sagte der Kurfürst, ihn lächelnd mit
dem Finger drohend, „Du spinnst wahrlich einen so langen
Faden, als wolltest Du eben einem Bauern ein recht großes
Loch in seinem Kittel vernähen, und nicht unserm Konsistorialrat
und Hofprediger etwas am Zeuge flicken, wie Du es doch
eigentlich beabsichtigtest. So sage mir nur vor allen Dingen,
was Dich hergeführet hat, und weshalb Du von mir gegen
den Hofprediger Stoschius Gerechtigkeit und auch Gnade
begehrest?"

„Ach, Kurfürstliche Durchlaucht, weil er mit seinen großen
stolzen Augen in mir nur den Schneider, und nicht den Pfarrer
sehen will! Ihr habet ihn in das Land ausgeschicket, um nach
den Kirchen und Gemeinden zu sehen, aber er ist nicht heim=
gekehret wie die Taube mit dem Ölblättlein im Schnabel,
sondern wie der Geier, welcher nach den Tauben stößt, und
ihnen ihr Nest zerstört. Ich war nun seit zehn Jahren, seit
unser alter Pfarrer gestorben war, in seine Stelle eingetreten,
und hatte zur Zufriedenheit meiner lieben kleinen Gemeinde alle
Amtsgeschäfte des Pfarrers besorgt, und da kommt nun der

Herr Konsistorialrat daher, und gerät in eine grimmige Wut, wie er erfährt, daß ich bloß Sonntags, und wenn es die Geschäfte so mit sich bringen, ein Pfarrer, in der Woche aber bloß ein armes Schneiderlein bin, und —"

„Halte einmal," unterbrach ihn der Kurfürst. „Ich will nicht bloß Deine Anklage, sondern auch meines Herrn Hof= predigers Verteidigung zu gleicher Zeit vernehmen, und was Du gegen ihn zu sagen hast, das sollst Du meinem Hofprediger in's Angesicht sagen!"

Seine großen blauen Augen hefteten sich dabei mit einem scharfen, prüfenden Ausdruck auf das Angesicht Gottlieb Richter's. Aber das hagere, kluge Gesicht des Mannes blieb vollkommen ruhig, und er schien es sogar beifällig aufzunehmen, als der Kurfürst jetzt den Kammerbiener Kunkel herbeirief, ihm befahl, sofort zu dem Hofprediger Stoschius zu gehen, und ihn sogleich hierher zum Kurfürsten zu bringen.

„Ich danke Eurer Durchlaucht," sagte Gottlieb Richter, lebhaft mit dem Kopf nickend. „Ihr seid wahrhaftig ein kluger und gerechter Richter, welcher beide Parteien höret, und Keinen verdammt, bevor er ihn schuldig befunden. Gott gebe nun nur, daß der Hofprediger willig ist, Eurer Einladung zu folgen, und daß er sogleich hierher komme!"

„Er wird schon willig sein," lächelte der Kurfürst; „und wenn ich ihn einlade, wird er sicherlich kommen. Du bist es also ganz zufrieden, daß er mit anhören soll, was Du gegen ihn vorbringen willst?"

„Ich bin derohalben froh, Kurfürstliche Durchlaucht, denn der gestrenge Herr wird nun wenigstens aus Respekt vor Kurfürstlichen Gnaden mich wirklich anhören, während er in Dobelheim, da ich reden wollte, mir das Maul verbot, und bloß wie ein Meilenzeiger nach der Thüre hinwies."

„Es mußte ihn freilich auch ein weniges überraschen, bei

einer chriftlichen Gemeinde als Pfarrer einen Schneider zu finden."

„Durchlaucht, es wird' ja doch niemand als Pfarrer geboren, und der Apoftel Petrus war doch auch nur ein armer Fifcher gewefen."

„Du weißt zu antworten," fagte Friedrich Wilhelm lächelnd.

„Ich hoffe auch, Durchlaucht, daß ich bereinft unferm Herrgott nicht brauche die Antwort fchuldig zu bleiben, wenn er am Tage der Auferftehung mich fraget, ob ich ein braves und nützliches Leben geführet habe, und ob ich die Seelen in gute Obhut und Pflege genommen, welche er mir. anvertrauet habe."

„Du glaubft alfo, daß unfer Herrgott Dich höchftfelbft zum Pfarrer Deiner Gemeinde eingefetzt habe?"

„Ja, Kurfürftliche Durchlaucht," rief Gottlieb Richter freudig, indem er wie beteuernd feine rechte Hand auf feine Bruft legte, „ja, ich habe daran den freudigen und unerfchütter= lichen Glauben. Gott hat es gemacht, daß ich auf meiner Wander= fchaft als armer Schneidergefell nach dem Dorfe Dobelheim kam und mich dorten niederließ. Gott hat es fo gemacht, daß der gute alte Pfarrer, da ich eines Tages ihm feinen alten Talar, an welchem ich acht Tage zu flicken gehabt hatte, wiederbrachte, mit mir einen Diskurs anfing, und mir fein gutes und mildes Herz zuwandte, fo daß ich nachhero täglich, wenn ich Feierabend gemacht hatte, zu ihm kommen durfte, um mit ihm aus frommen und erbaulichen Büchern zu lefen, und mit ihm darüber zu disputieren. Gott hat es gewollt, daß der gute alte Pfarrer mich unterrichtete, meinen Glauben ftärkte, und mir in der heiligen Schrift erläuterte und erklärte, was. ich nicht verftand. So ward ich nach und nach ganz bewandert in der Gottes= gelahrtheit, und als der Herr Pfarrer endlich fchwach und hinfällig ward, da konnte er mir mit gutem Gewiffen es erlauben, ihn auf

der Kanzel und in der Amtsverwaltung zu vertreten, denn er
wußte ja, daß ich nur in seinem Geist und Sinn sprechen und
handeln würde, und er ging außerdem an jedem Sonnabend
den Text des Evangeliums mit mir durch, und ich schrieb mir
die Hauptsachen auf, worüber ich zu predigen hatte. So war
ich also zehn Jahre lang meines lieben Pfarrers Adjunktus,
und er nannte mich immer selber so, und die Leute im Dorfe
machten's ebenso. Als nun der Herr Pfarrer, — Gott habe
ihn selig! — endlich gestorben war vor Altersschwäche, und ich
ihn noch beweinete, wie es einem dankbaren Sohne wohl an=
stehet, denn er war für mich wirklich ein Freund und ein
Vater gewesen, da kamen die Vorsteher der Gemeinde in meine
Kammer, und rüttelten mich auf aus meiner Trübsal, und
sagten zu mir: Traugott Richter — ich hieß in jenem Monat
gerade Traugott — also Traugott Richter, sagten sie zu mir,
Ihr dürfet jetzt nicht mehr sitzen und wehklagen um den alten
Mann, denn Ihr habet keine Zeit dazu, dieweilen Ihr wohl
wißt, daß morgen Sonntag ist, und daß Ihr Euer Amt zu
verrichten habt. — Was für ein Amt? fragte ich erstaunt.
Nun, Euer Amt als Prediger unserer Gemeinde, sagten sie zu
mir, und da ich mich sträubte und sagte, das ginge unmöglich
an, da erwiderten sie mir: Weswegen sollte denn morgen nicht
angehen, was doch seit zehn Jahren angegangen ist? Du hast
seit zehn Jahren für den guten Pfarrer das Amt verwaltet,
und wir haben uns ganz gut dabei befunden. Warum sollten
wir uns von nun an schlechter dabei befinden, bloß weil der
alte Pfarrer jetzt nicht mehr in dem Pfarrhause, sondern auf
dem Kirchhof schläft?"

„Wahrlich, das war klug und fein gesprochen von den
Leuten," rief der Kurfürst ganz unwillkürlich, „und mich
bedünket, als ob sie recht hätten."

„Ich danke Eurer Durchlaucht für die gnädige Zustimmung!"

sagte Gottlieb Richter freudig. „Mir kam es in meinem Herzen auch so vor, als ob die guten Leute recht hätten, und da sie mir nun sagten, die Gemeinde sei heute zusammengetreten und habe mich einstimmig zu ihrem Pfarrer gewählt, und deshalb kämen sie, die Ältesten der Gemeinde, um es mir anzukündigen, daß ich von Stund' an ihr gewählter Herr Pfarrer sei, da ward mein Herz recht bang und recht freudig zu gleicher Zeit, und ich dankte Gott für das Zutrauen und die Liebe, welche die Gemeinde mir bezeigte, und war doch ganz zerknirscht über die große Ehre, welche sie mir, dem armen Schneider, bezeigen wollte. Ich erwiderte den Ältesten der Gemeinde, ich könne nicht sogleich Antwort geben, denn ich müsse erst mit Gott, meinem Gewissen und meinem guten alten Pfarrer zu Rate gehen, und am nächsten Morgen in der Kirche wollte ich ihnen Antwort geben, sie sollten sich nur in der Kirche alle versammeln, und wenn ich nicht auf der Kanzel erschiene, so wäre das meine Antwort, und sie wüßten dann, daß ich ihren Antrag nicht annehmen und nicht vor meinem Gewissen ihr Pfarrer sein könne. Sie waren damit auch zufrieden, und verließen mich mit dem Bescheid, und ich war nun allein mit Gott, meinem Gewissen und dem abgeschiedenen Geiste meines lieben alten Pfarrers.“

Gottlieb Richter schwieg einen Moment und schauete mit frommen, andächtigen Blicken zum Himmel auf, als erblicke er dorten den abgeschiedenen Geist seines lieben Pfarrers und grüße ihn mit frommer Andacht.

Der Kurfürst ließ ihn gewähren, er mochte ihn nicht stören in seinem stillen Gebet, und da jetzt die Thür der Antichambre, welcher Gottlieb Richter den Rücken zukehrte, sich leise öffnete und der Herr Hofprediger Stoschius in seinem vollen Ornat, mit seiner strengen Amtsmiene hereintrat, winkte der Kurfürst ihm zu und bedeutete ihn durch Zeichen, sich dorten, wo er

10*

stand, ruhig zu verhalten und zuzuhören. Dann wandte er sich
wieder an Gottlieb und fragte mit sanfter, gütiger Stimme:
„Und was geschah nun weiter, Gottlieb Richter? Berietest Du
Dich mit Deinen drei Freunden, ob Du die Pfarrstelle in
Dobelheim annehmen dürftest?"

Und indem er das fragte, warf er einen raschen Blick
hinüber nach dem Hofprediger Stoschius, dessen Miene jetzt
noch strenger geworden war und dessen Stirn sich ver=
finstert hatte.

„Ja," erwiderte Gottlieb, wie aus einem Traum seiner
Erinnerungen erwachend, „ja, ich beriet mich mit meinen drei
Freunden. Ich ging hinaus auf das Grab meines lieben
Pfarrers und da kniete ich nieder und prüfte mein Gewissen,
ob es auch rein und lauter sei, und ob nicht sündiger Hochmut
und weltliche Eitelkeit mich dazu treiben möchte, daß Erbieten
der Gemeinde anzunehmen. Dann betete ich recht inbrünstig zu
meinem lieben Herrgott, daß er mein Herz erleuchten und mir
sagen möchte, was ich thun sollte, daß er mir ein Zeichen geben
möge seines Willens. Und nachdem ich so gebetet hatte, öffnete
ich die alte Bibel meines lieben Pfarrers, die ich mir mit auf
sein Grab genommen hatte, legte, ohne hinzusehen, den Finger
auf eine Stelle der aufgeschlagenen Seite, und neigte mich dann
nieder, um sie zu lesen."

„Nun," fragte der Kurfürst gespannt, „was lasest Du,
was stand auf der Stelle, welche Dein Finger bezeichnete?"

„Durchlaucht, es stand da geschrieben: Du sollst lobsingen
und preisen den Namen des Herrn, und sollst ihn verkünden
vor allem Volk. Und als ich das gelesen, da war es mir, als
hörte ich die Stimme meines lieben alten Predigers, der zu mir
sprach: So gehe denn hin und lobsinge dem Herrn und thue,
wie ich Dich gelehret habe! Ganz frohmutig und andächtig
kehrte ich nun heim, wachte und betete die ganze Nacht und

bereitete mich in rechter Herzensandacht vor auf den morgenden
Sonntag. Wie es zur Kirche läutete, da klopfte mein Herz
ganz laut und es wollte mir schier den Atem versetzen, als ich
nun mit der Bibel in der Hand ganz allein durch die schattige
Allee des Pfarrgartens den Weg nach der Kirche einschlug. Es
konnte mich niemand sehen auf diesem Wege, und auch die
Sakristei war abgelegen und dunkel. Ich war allein drin und
hörte die Gemeinde den Choral singen. Mit recht andächtigem
Herzen kniete ich nieder und flehte zu Gott, er möge sich meiner
Schwachheit erbarmen, und, obwohl ich nur ein Schneiderlein
sei, es doch verhüten, daß die Gemeinde einst von mir sagen
müßte: Wir haben den Ziegenbock zum Gärtner bestellt, er hat
unser Land verwüstet; wehe über uns! Nun schwieg die Ge=
meinde, und ich stieg langsam die Treppe zur Kanzel hinauf.
Seit zehn Jahren hatte ich das alle Sonntage gethan, und
niemals war es mir eingefallen, daß ich kein Recht dazu hätte.
Aber heute war mir ganz ängstlich und bange ums Herz, und
ich fühlte wohl, daß ich bleich war wie der Tod, als ich nun
die Kanzel betrat und vorwärts schritt an das Pult. Die ganze
Gemeinde war natürlich anwesend, und da mich nun die guten Leute
gewahrten, erhoben sie sich alle von ihren Sitzen und richteten
ihre freundlichen Gesichter zu mir empor und riefen einstimmig
und laut: Gott segne unseren lieben Pfarrer! Gott erhalte uns
recht lange unseren lieben Prediger Traugott Richter! — Und
Friede und Freude sei mit uns Allen! rief ich, und dann
weinten wir insgesamt ein bißchen, schneuzten uns alle, und ich
begann meine Predigt und führte sie glücklich zu Ende. Auf
diese Weise, gnädigster Herr Kurfürst, bin ich nun Pfarrer in
Dobelheim geworden, und verwalte seit neun Jahren dies Amt
zur Zufriedenheit meiner Gemeinde. Wir lieben uns unter ein=
ander herzlich, und sind wie eine große Familie, auf daß das
Wort des Apostels Johannes sich an uns erfülle, welcher gesagt

hat: Meine Kinder, liebet Euch unter einander. Und nun, Kurfürstliche Durchlaucht, nun will der Herr Hofprediger Stoschius es mir zum Verbrechen anrechnen, daß ich die Pfarrstelle im Dorfe Dobelheim verwalte. Hat mich einen Kirchenschänder und Gotteslästerer genannt, und im Namen des Herrn Kurfürsten es mir ein= für allemal untersagt und verboten, wieder die Kanzel zu betreten, sonsten ich als ein Missethäter von den Landreutern sollte heruntergeführt und in's Gefängnis geschmissen werden."

„Ist das wahr, Stoschius?" fragte der Kurfürst, sich an den Hofprediger wendend, welcher mit zorngerötetem Gesichte der Erzählung Gottlieb Richters zugehört hatte und jetzt mit feier= lichen Schritten näher herantrat.

„Ja, Herr Kurfürst!" rief er pathetisch, „ja, es ist wahr. Ich habe diesem Schneider verboten, die heilige Kanzel zu betreten. Ich habe es nicht dulden wollen, daß das Haus Gottes entwürdigt werde und ein Flickschneider den Pfarrer spiele."

„Gnädigster Herr," rief Gottlieb, „ein richtiger Pfarrer muß auch auch ein richtiger Flickschneider sein. Seine Zunge muß die Nadel sein, mit welcher er die Löcher zuflickt, die sich seine Beichtkinder in ihre Tugend und Ehrbarkeit gerissen haben."

„Laß jetzt Deine stichlichen Redensarten," sagte der Kurfürst mit einem leisen Lächeln. „Ich habe noch ein weiteres mit Stoschius zu reden. Ihr saget, Ehrwürden, es habe der Gottlieb Richter die Kanzel entweihet; wodurch hat er denn dieses gethan?"

„Dadurch, daß er unbefugter Weise sie betreten hat!" rief der strenge Konsistorialrat heftig. „Dadurch, daß er sich unterfangen und vermessen hat, den geweihten Priester des Herrn zu spielen und Amtshandlungen vorzunehmen, welche nur einem Priester geziemen. Er ist aber kein Priester, kein geweihter Diener des Herrn, sondern er ist ein Schneider und dienet als solcher der Gemeinde, deren Pfarrer er zu sein sich anmaßt. Man hatte

mir in der Nachbarschaft von diesem Skandalo erzählt, und da
ich mich mit eigenen Augen überzeugen wollte, ob man mir die
Wahrheit gesaget, so richtete ich es so ein, daß ich an einem
Samstag Nachmittag nach dem Dorfe Dobelheim kam. Ich
verließ meinen Wagen und fragte mich zu Fuß nach der
Pfarrerswohnung hin, trat unangemeldet ein, und sehe da in
in der ärmlichen Stube diesen Menschen hier sitzen, welcher drei
große Bauernkittel vor sich liegen hat und emsig damit
beschäftigt ist, einen zerrissenen Aermel zuzunähen. Was machet
Ihr denn da, frage ich ihn, und weshalb nähet Ihr denn so
eifrig? Er schaute aber gar nicht auf, und statt, wie es doch
der Respekt und die Höflichkeit gebietet, den Hofprediger Kurfürstlicher Gnaden zu begrüßen und vor ihm aufzustehen,
nähet der Mensch ruhig weiter und saget gelassen: „Ich flicke
die zerrissenen Sonntagskittel der Bauern, und ich nähe deshalb
so fleißig, weil morgen Sonntag ist und der Pfarrer ein großes
Ärgernis daran nimmt, wenn seine Bauern nicht sauber und
reinlich in der Kirche erscheinen.“

„So frage ich ihn nun, wie heißt denn Euer Pfarrer, wo
ist er? und da antwortet mir dieser Kerl mit ganz unverschämt
ruhiger Miene: Er heißt in diesem Monat Fürchtegott Richter
und sitzet hier auf dem Stuhl und flicket Kittel.“ Der Kurfürst
fuhr sich rasch mit der Hand übers Gesicht, um vor dem Hofprediger das Lächeln zu unterdrücken, welches unwillkürlich über
dasselbe hinfuhr.

Herr Stoschius aber in seinem Eifer gewahrte dies nicht
und fuhr zornig fort: „Ja, gnädiger Herr, dies waren seine
Worte, und da ich fragte, was sie bedeuten sollten, fügte er
hinzu: Sie sollen bedeuten, daß ich in der Woche Schneider,
des Sonntags aber Pfarrer bin. Mich überrieselte ein Grausen.
Und wie ich den Menschen so ansah, da dünkte es mich, er
wäre wohl der Teufel in eigener Person, der mich verhöhnen

wollte, denn man weiß ja, daß er umherwandelt in der Welt, die Guten zu versuchen und die Gerechten zu beschädigen an ihrer Seele. Ich konnte es und mochte es nicht glauben, daß ein solcher Frevel wirklich von einem Menschen verübt werde, und nahm mir vor, ruhig und geduldig zu warten bis auf den Sonntag Morgen. Fuhr zu einem Gutsherrn in der Nachbar= schaft, nächtete dort und fuhr am andern Morgen wieder nach dem Dorfe Dobelheim. Der Gottesdienst hatte schon angefangen, und wie ich in die Kirche eintrete, Herrgott, was sehe ich: Da steht dieser Schneider von gestern in einem schwarzen Talar vor dem Altar, und vor demselben stehen zwei Weiber mit kleinen Kindern im Arm und um sie her die Taufzeugen. Er hatte soeben das heilige Buch geöffnet und wollte die Zeremonie beginnen. Ich aber stürze zu ihm hin, reiße ihm das Buch aus der Hand, stoße ihn zurück und rufe: Wie könnt Ihr es wagen, solchen Frevel zu begehen? Ein Betrüger seid Ihr vor Gott dem Herrn, und statt den Teufel auszutreiben aus den Leibern dieser Kinder, so werdet Ihr den Teufel erst recht in sie hineintreiben mit Eurem gotteslästerlichen Thun."

„Ja, so sprachet Ihr," rief Gottlieb Richter, „und es war ein recht erbauliches Beispiel von christlicher Duldsamkeit und erbarmender Liebe, welches Ihr da meiner erschrockenen Gemeinde gabt. Sie wollte es aber gar nicht anerkennen, sondern —"

„Was untersteht Er sich, mir in die Rede zu fallen?" fragte der Hofprediger stolz. „Hat Er nicht gehört, daß Durch= lauchtigste Gnaden Ihm das freche Maul verboten haben?"

„Es ist wahr, Gottlieb," sagte der Kurfürst sanft, „ich hatte Dir gesagt, Du solltest schweigen. Wenn ich auch nicht so böse Worte gebraucht hatte, wie der Herr Hofprediger sie gesagt. Sprechet nun, Eure Hochwürden. Wie benahm sich die Gemeinde?"

„Durchlaucht, man sah es wohl, daß der Kerl sie ganz behext und zum Teufel bekehrt hatte. Denn sie fluchten und schimpften, sie drangen mit Fäusten auf mich ein, und würden mich sicherlich geschlagen haben, wenn dieser Mensch sich nicht vor mich hingestellt und sie zur Ruhe verwiesen hätte."

„Das that er also doch?" fragte der Kurfürst. „Er beschützte den Herrn Hofprediger Stoschius, der ihn so furcht=barer Verbrechen beschuldigt hatte. Das lobe ich von ihm, und es scheinet mir, als könnte er denn doch nicht ganz des Teufels sein. Und was geschah nun weiter, Hochwürden?"

„Ich bestieg nun die Kanzel und nachdem das wütende und schreiende Bauernpack sich beruhigt hatte, verkündete ich der Gemeinde, daß der Schneider Richter, welcher sich anmaßte den Pfarrer zu spielen, den priesterlichen Ornat anzulegen und kirchliche Handlungen zu verrichten, sich dadurch eines schweren Verbrechens schuldig gemacht habe, denn er habe das Haus Gottes entweiht und den Namen des Herrn unrichtig geführt, also daß er ein Kirchenschänder und ein Gotteslästerer genannt werden müßte. Ich kündigte der Gemeinde an, daß ich ihr in kürzester Frist einen ordinierten und studierten Pfarrer zuführen und in die Pfarrstelle einsetzen würde. Ich verbot mit feier=lichen Worten, kraft meines Amtes, dem Schneider, jemals wieder die Kanzel zu betreten, noch kirchliche Handlungen vor=zunehmen, und bedrohte ihn, daß er, sobald er meine Befehle nicht respektiere, von den Landreutern solle arretieret und ins Prison geschmissen werden. Solches that ich kraft meines Amtes und der heiligen Befugnis, welches dasselbe mir auferlegt."

„Nun, Gottlieb Richter," sagte der Kurfürst nach kurzem Schweigen, „hast Du noch etwas zu Deiner Verteidigung zu sagen, so thue es."

„Kurfürstliche Durchlaucht, ich habe nur dies zu sagen. Die Gemeinde hat mich aus freiem und gutem Willen zu ihrem Prediger erwählet, und ich habe aus freiem und gutem Willen zur gegenseitigen Zufriedenheit das Amt verwaltet."

„Es kann aber niemand ein Amt verwalten, zu dem er nicht befähigt ist," rief der Hofprediger stolz, „und zu dem er nicht seine gründlichen Vorstudien gemacht hat."

„Es ist wahr," sagte Gottlieb gelassen, „wenn Ihr zum Beispiel in meinem Dorfe Dobelheim das Amt eines Schneider= meisters der Dorfgemeinde übernehmen wolltet, so wäre das allerdings ein großes Unrecht, denn Ihr würdet dem Amte nicht würdig vorstehen können, da Ihr allerdings dazu nicht die nötigen Vorstudien gemacht. Aber um der Pfarrer einer Dorfgemeinde zu sein, dazu bedarf es nicht weiterer Studien, als welche ich bei meinem lieben alten Pfarrherrn zehn Jahre lang gemacht habe. Er hat mich freilich nicht unterrichtet in der Gottesgelahrtheit, aber wohl in der Gottesfurcht, er hat mir keine lateinischen, spitzfindigen Redensarten eingetrichtert, aber er hat mich gelehrt, in einfachen und schlichten Worten, welche aus dem Herzen kommen und darum auch zu Herzen gehen, zu meiner Gemeinde zu reden. Überdem habe ich an die drei= hundert vollständig ausgeschriebener und schöner Predigten von meinem Vorgänger, dem guten Pfarrherrn, geerbt, und er hat in seinem Testament ausdrücklich festgesetzet, daß ich selbige seiner Gemeinde zuweilen vortragen sollte."

„Ihr wisset aber so gut, wie jedermann," rief der Hof= prediger, „daß nur ein studierter Mann ein Predigeramt über= nehmen darf und imstande ist, eine richtige und wohlgesetzte Predigt zu halten."

„Ich habe auch meine Studien gemacht, Herr Konsistorialrat und Hofprediger, nur bin ich. statt auf der Universität Witten= berg, auf der Universität Dobelheim gewesen, und mein Pfarr= herr hat mir zehn Jahre lang sehr lehrreiche Vorlesungen gehalten. Ich bin also auch ein studierter Mann, und was nun die Predigten anbelangt, so gefallen sie meiner Gemeinde, und wenn die Leute vielleicht auch nicht so fest und ungestört dabei schlafen, als wenn ihnen ein gelehrter Herr Pfarrer eine Predigt vorträgt, von welcher sie nichts verstehen, so bleibet doch ihr Herz dabei wach und ihre Seele munter."

„Stoschius," sagte der Kürfürst lächelnd, „ich glaube wirklich, daß dieser Mann zu reden verstehet, und seiner Gemeinde wohl gefallen kann."

„Das mag wohl sein, Durchlaucht," erwiderte Stoschius hochmütig, „aber dann ist es um so schlimmer und beweiset nur, daß seine Gemeinde schon ganz verdummt ist, und einen gemeinen Schneider nicht mehr von einem studierten Pfarrer und Seelsorger zu unterscheiden vermag. Ich will zugeben, daß er die hinterlassenen Papiere des letztverstorbenen Pfarrers zu seinen Zwecken benutzen und daraus eine regelrechte Predigt ablesen kann. Aber es ist unmöglich, daß der Schneider mit Anstand und Würde die Administrationen der heiligen Sakra= mente zu führen vermag, und dieselbe in richtige Obacht zu nehmen verstehet. Wie will Er zum Beispiel den heiligen Taufaktus vornehmen, Er, Schneider Richter? Wie praktiziert Er selbigen."

„Ich nehme ihn so vor und praktiziere ihn so, wie es in der Kirche bei uns gebräuchlich und wie er eingesetzt ist," erwiderte Gottlieb ruhig.

„So zeigt es denn, wie wollt Ihr ein Kind taufen? Erlauben es Eure Durchlaucht, daß ich diesen Menschen auf die Probe stelle, ihn vor Eurer Durchlaucht ad absurdum führe, und ihm und Euch beweise, daß er von den heiligen Dingen gar nichts verstehet?"

„Stellet ihn auf die Probe, Hochwürden," erwiderte Friedrich Wilhelm. Ihr sehet ja, ich lasse Euch ganz und gar gewähren und höre Eurem Kolloquium mit Andacht zu, ohne mich darein zu mischen."

„Ich danke Eurer Durchlaucht, und es wird nun sogleich

die ganze Unfähigkeit des Schneiders, den Pfarrer zu spielen, klar und offenbar werden. Saget mir nun also, wie wollet Ihr ein Kind taufen? Machet die Probe!"

„Dazu, Hochwürden, müßte ich vor allen Dingen doch ein Kind haben."

Herr Hofprediger Stoschius holte in seinem theologischen Eifer das Kindlein von seinem Kopfe nieder, wie Jupiter die Minerva. Das heißt, Herr Stoschius nahm sein schwarzes Sammetkäpplein von seinem hochehrwürdigen Haupte und legte es vor dem Schneider auf den Tisch.

„Wir wollen uns einbilden, dieses sei ein Kind," sagte er, „nun taufet es also."

„Wenn ich die Taufe mit ihren Zeremonien beobachten soll, so muß ich dazu auch Wasser haben."

„Ihr habt Recht," sagte der Kurfürst lächelnd, „das Wasser gehört zur Taufe, wie der Wein zum Abendmahl. Dort stehet ein großes Kelchglas mit frischem Wasser, so nehmet denn das!"

Gottlieb holte das Kelchglas herbei, stellte es auf den Tisch neben dem Käpplein des Herrn Stoschius hin, neigte sich dann tief und ehrerbietig vor dem Kurfürsten, und etwas weniger tief vor dem Hofprediger.

„Wenn die erhabenen und hochehrwürdigen Zeugen dieses feier=lichen Taufaktus bereit sind," sagte er mit lauter Stimme, „so kann die von Herrn Hofprediger Stoschius, als dem ehrwürdigen Vater dieses Käppleins, begehrte heilige Handlung vor sich gehen."

„Wir sind bereit, ehrwürdiger Herr," sagte der Kurfürst mit freundlichem Nicken.

Gottlieb nahm nun mit langsamer, feierlicher Bewegung das Sammetkäpplein vom Tische auf, und indem er es mit der Linken über das improvisierte Taufbecken hielt, träufelte er mit der Rechten, so lange er sprach, Wasser über dasselbe.

„Auf Befehl meines gnädigen Kurfürsten und Herrn,"

sagte er, „und sodann bieweilen es der Herr Stoschius so haben
will, taufe ich Dich Käpplein. Du sollst von nun an Käpplein
heißen und bleiben, so lange noch ein Faden an Dir ist. Wenn
solches Euer Wille ist, anwesender zärtlicher Vater dieses Käpp=
leins, so antwortet mit einem lauten und feierlichen Ja!"

Der Kurfürst konnte seine ernsthafte Miene nicht länger
bewahren, sondern brach in ein lautes, fröhliches Lachen aus.
Dann stand er auf, trat in eine Fensternische zurück, und winkte
den Hofprediger zu sich.

„Höret, Hochwürden," sagte Friedrich Wilhelm, sich zu dem
gestrengen Mann der Gottesgelahrtheit hinneigend, damit Gott=
lieb, welcher immer noch sein Käpplein mit Wasser taufte, ihn
nicht verstehen sollte, „höret, Hochwürden, lasset den Menschen
unvexieret gehen und sein Amt verwalten, denn er ist klüger
als Ihr."

Der hocherhabene Konsistorialrat und Hofprediger schaute
dem Kurfürsten mit staunendem Entsetzen in das lächelnde
Angesicht, aber Friedrich Wilhelm ließ sich durchaus nicht davon
beirren, sondern fuhr fort: „Er ist zu dem Prediger einer
schlichten und einfachen Dorfgemeinde vielleicht besser geeignet,
als es ein hochgelahrter Herr sein könnte, und Ihr hättet
sicherlich besser getan, wenn Ihr in Eurem theologischen Eifer
nicht zu weit gegangen wäret, sondern Euch ein wenig von der
christlichen Liebe und Dulbsamkeit hättet leiten lassen. Es ist
ohnedies schon des Unfriedens, des Streitens und Zankes genug
in unseren Kirchen. Ihr Herren Prediger findet immer eine
rechte Herzstärkung und Erhebung darin, Euch einander zu
befehden und anzugreifen, obwohl Ihr wisset, daß Mir dieses
Gezänke ein Greuel ist, und Ihr es Euch selber auch in Eurem
Gewissen bekennen müsset, daß die Geistlichen aller Konfessionen
nicht da sind, um Wind zu säen, damit Sturmwind aufwachse,
sondern um Frieden zu säen, damit die allgemeine Menschen=

liebe daraus aufwachse. Laſſet mir jetzt den guten Menſchen dort in Ruhe, und ſtöret ihn nicht weiter in ſeinem Thun, denn ich ſage Euch, er iſt einer von den Gerechten, und ein würdiger Diener und Knecht ſeines Herrn und Gottes. Damit Ihr aber nicht beſchämt und gedemütigt vor ihm daſteht, will ich es Euch überlaſſen, ihm zu ſagen, daß Ihr Euch überzeugt hättet, er wiſſe ſeines Amtes wohl zu wahren, Ihr bätet mich dero= halben, daß ich meinen Konſens gäbe zu ſeiner Pfarramtsverweſung.“

„Kurfürſtliche Gnaden,“ murmelte der Konſiſtorialrat ganz entſetzt, „ich ſollte widerufen, ich ſollte mein Haupt beugen vor —“

„Vor mir und vor der Vernunft, ja, das ſollt Ihr,“ unterbrach ihn der Kurfürſt. „Ihr habet in blindem Eifer Unrecht gethan, ſo machet nun Euer Unrecht wieder gut, und das ſogleich!“

Er trat aus der Fenſterniſche zurück und ſtellte ſich unfern von dem armen Dorfſchneider und Pfarrer auf. Der Konſiſtorial= rat näherte ſich dieſem nun und bemühte ſich, ein Lächeln auf ſeinen zuckenden Lippen feſtzuhalten.

„Ihr habt mich allerdings eines Beſſeren belehrt,“ ſagte er, mühſam nach Atem ringend, „Ihr habt mir bewieſen, daß Ihr die Adminiſtration der heiligen Sakramente ſehr wohl ver= ſtehet und mit den Formalitäten genau bekannt ſeid. Da Ihr nun außerdem noch zu Eurem Gebrauch die geſchriebenen Predigten Eures Vorgängers habt und ein chriſtlicher, guter Sinn Euch inne= zuwohnen und Eure Dorfgemeinde Euch zu lieben und zu ehren ſcheint, ſo wollen wir in dieſem Ausnahmefall einmal von der allgemeinen Regel und dem Geſetz eine Ausnahme machen und ein Auge zudrücken über dieſen ſeltſamen Fall, und Euch in der Ausübung Eures Amtes nicht weiter behindern. Voraus= geſetzt, daß Eure Kurfürſtliche Gnaden nichts weiter dagegen zu erinnern haben,“ fügte Herr Stoſchius hinzu, indem er ſich dem Kurfürſten zuwandte und ſich ehrfurchtsvoll vor ihm verneigte.

„Nein, mein würdiger Herr Hofprediger," erwiberte Friedrich Wilhelm lächelnb, „ich habe nichts bawiber zu erinnern, sondern ich bin ganz mit Euch einverstanden. Wir wollen ben Gottlieb Richter in seiner Stelle belassen, unb es ihm nicht zum Vorwurf ober wohl gar zum Verbrechen anrechnen, baß er kein gelahrter unb studierter Herr ist, welcher in Wittenberg seine Stubien absolviert hat. Bin überbies nicht sonberlich zufrieden mit bieser Universität unb habe schon beschlossen ein Ebikt ergehen zu lassen, welches allen meinen Unterthanen verbietet, nach Wittenberg zu gehen, um baselbst ben studiis theologicis ober philosophicis obzuliegen. Denn es ist bieses Wittenberg ein rechtes Zanknest, unb bringet immer mehr Haber unb Streit zwischen ben Lutherischen unb Reformierten in Aufnahme. So kehre benn fröhlichen Herzens zu Deiner Gemeinde zurück, Gottlieb Richter, lebe mit Deiner Gemeinbe in Frieden unb Einigkeit, flicke, wie Du sagest, am Sonntag die Gewissen unb in ber Woche bie Kittel Deiner Bauern unb lebe harmlosen Herzens weiter in ber Furcht bes Herrn unb in ber Liebe zu ben Menschen! Euch aber, Herr Konsistorialrat, Euch wiederhole ich die Worte, welche ich Euch schon früher einmal gesaget habe: Seib milbe unb sanftmütiglich gegen die Prebiger ber beiden Konfessionen. Machet es so, baß bie Prebiger, ba sie beten sollen, nicht Ursache haben zu seufzen unb zu klagen. Es sollen alle ihre symbolischen Bücher ungekränkt bleiben unb soll ihnen auch, um babon abzustehen, kein Zwang noch Drang angethan werben; benn Wir sinb niemals gewillt gewesen, uns bie Herrschaft über bie Gewissen anzumaßen, sondern wollen es jebem überlassen, frei unb nach seines Herzens Drange unb Überzeugung zu seinem Gott zu beten. Dessen bleibet alle Zeit eingebenk, Herr Oberhofprebiger unb Konsistorialrat Stoschius!"

Paul Gerhard.

Zu Brandenburg einst waltet
Der Kurfürst weit und breit,
Doch neue Lehre spaltet
Des Glaubens Einigkeit;
Es steuern wohl Gesetze
Verbotenem Geschwätze,
Wie das Edikt es nennt;
Doch wird es ihm gelingen,
Den freien Geist zu zwingen
Des Sängers, der die Furcht nicht kennt?

Er stand an heil'ger Stätte,
Der Kirche heller Stern,
Durch Lehren und Gebete
Verkündigend den Herrn.
„Und laß Dir nimmer grauen,
„Mußt droben dem vertrauen,
„Deß Name Zebaot!
„Und ob des Himmels Schranken
„Und alle Vesten wanken:
„Ein' feste Burg ist unser Gott!"

Der Kurfürst aber sandte,
Da kam der fromme Mann,
Des Fürsten Auge brannte
Und zürnend hub er an:
„Wer mir den eig'nen Grillen,
„Nicht des Gesetzes Willen
„Zu folgen weise fand,
„Der hat, — es sei gesprochen! —
„Hat Ehr' und Amt verbrochen,
„Und meidet fortan Stadt und Land."

Der Greis versetzt bescheiden:
„Mir ziemt's, das strenge Recht,
„Gebieter! zu erleiden,
„Mir, dem geringen Knecht.
„Wie mag ich anders lehren,
„Das Reich des Herrn zu mehren,
„Als wie geschrieben steht?
„Es bleibt gerecht sein Wille,
„Ich will ihm halten stille."
Und drauf verneigt er sich und geht.

Und wehrt daheim dem Jammer
Und alles legt er ab,
Und nimmt aus seiner Kammer
Die Bibel und den Stab.
Die Mutter, blaß vor Harme,
Das jüngste Kind im Arme,
Das zweite bei der Hand, —
So tritt er an die Schwelle
Und blickt hinauf ins Helle
Und meidet fröhlich Stadt und Land.

Wer geht im fernen Thale
Den müden Pilgergang,
Im heißen Sonnenstrahle,
Die flache Haid' entlang? —
Sie wallen froh im Glauben
Als blühten ihnen Lauben
Der fremden Erde zu;
Und als der Tag verflossen
So beut, im Wald verschlossen,
Ein gastlich Dach dem Häuflein Ruh'.

O schau' den süßen Schlummer
Der Kleinen auf der Bank!
Ins Mutterherz der Kummer,
So viel es kämpfte, sank:
„Wer wird sich doch der Armen
Im fremden Land erbarmen
Und ihr Vertreter sein?
Wer wird das Herz erweichen?
Die harten Menschen reichen
Dem Hungrigen für Brot den Stein."

Der fromme Dichter lächelt:
„Sie stehn in Gottes Hut!"
Des Glaubens Palme fächelt
Ihm Freudigkeit und Mut;
Und wo sich solche Blüte
Entfaltet im Gemüte,
Ist nimmer fern das Glück.
Er geht hinaus in Eile
Und bringt nach kleiner Weile
Des Trostes golb'nes Lied zurück.

„Befiehl Du Deine Wege
Und was Dein Herze kränkt,
Der allertreusten Pflege
Des, der den Himmel lenkt."
Da deucht' es ihren Sinnen,
Als ob die Furcht von hinnen
Und alle Sorge flöh'.
Denn kaum das Lied vernommen,
Ist über sie gekommen
Der Friede Gottes aus der Höh'!

Sie schwören still und schauen
Hinaus in Wald und Nacht
Und über dunkeln Auen
Der Sterne gold'ne Pracht.
Sie schwören, ob die Wellen
Bis an die Seele schwellen,
Zu trauen für und für;
Und als der Schwur vollzogen
Und himmelan geflogen,
Da steht die Hülfe vor der Thür!

Denn draußen scharrt im Sande
Bereits des Rosses Fuß;
Es bringt aus Sachsenlande
Der Bote diesen Gruß:
„Dem Sänger Heil und Frieden,
Ich bin hierher beschieden
Durch Herzog Christian;
Er will den Dulder ehren,
Den treu im Thun und Lehren
Die Engel Gottes wandeln sah'n.

„Er hat Dich auserkoren,
Zu weiden eine Herd';
Und was Du dort verloren,
Sei dreifach Dir gewährt!
Wohlauf! es graut der Morgen,
Dahinten laß die Sorgen,
Gott hat die Not gewandt,
Es winken uns die Grenzen,
Eh' wieder Sterne glänzen,
Umfängt Dich Freund und Vaterland."

Schmidt von Lübeck.

Auf Sr. Kurfürstlichen Durchlaucht hochheiliges Symbolum

Domine, fac me scire vias tuas.

Herr der lichten Seraphinen,
Dem die Kronen aller Welt,
Alle Szepter müssen dienen,
Deiner starken Helden Held!
   Gnädig, ewig, prächtig,
   Allweis, heilig, mächtig,
Der ihm stracks zu einem Heer
Aufbringt Himmel, Erd' und Meer!

Was ich hab' an Macht auf Erden,
Gott, ist Deine Gnad' allein,
Denn Du lässest Deiner Herden
Mich nur einen Hirten sein.
   Laß mich bester Maßen
   Sie in Aufsicht fassen
Und in stets genaue Hut
Eines jeden Gut und Blut.

Thu' mir kund den Weg für allen,
Den ich allzeit wandeln soll,
Laß mein Leben Dir gefallen,
Mach' mich Deines Geistes voll,
   Leucht' in meinem Herzen
   Durch der Weisheit Kerzen,
Denn ohn Deines Wortes Licht
Find ich Deinen Richtsteig nicht.

Satan suchet mich zu blenden,
Meinen Sinn, Verstand und Wahn
Einig von Dir abzuwenden
Daß ich fehle Deiner Bahn,
    Mich in mich verwirre
    Und gefährlich irre,
Wie ein Schiff, das weder Rat
Noch Kompas, noch Ruder hat.

Hie legt Zorn mir tausend Netze,
Da Gewalt und Eigensinn,
Der ihm selber stellt Gesetze,
Und wirft Deine Satzung hin;
    Da will Wollust leiten
    Mich auf böse Seiten,
Und was tückisch auf mich hält,
Ist voraus die böse Welt.

Aller Weg geht in die Hölle,
Den Gefahr und Tod bewacht;
Sei mein treuer Spießgeselle,
Führ' mich durch die finst're Nacht,
    Laß mich nichts bewegen,
    Weder Sturm noch Regen,
Sei mein Leitstern, sei mein Gang,
Meiner Schritt= und Tritte Zwang.

Jesu, der Du mich wohl kennest,
Und Dich selbst in Deinem Wort
Wahrheit, Weg und Leben nennest,
Hilf mir armen Pilgrim fort.
    Mach mein ganzes Leben
    Deinem Wandel eben,

Daß ich bleibe für und für
In dem rechten Wege Dir.

Laß mich sein, wie Du, bescheiden,
Heilig, fromm, gerecht und still,
Freudig Not und Tod zu leiden,
Wollen, was Dein Vater will,
    Daß mein' Unterfassen
    Mich zum Spiegel fassen,
Und ich sie lieb' als selbst mich
Und für Erd' und Himmel Dich!

Daß man mich in Dir stets spüre
Und ich meist ein Herzog sei,
Der durch Dich zum Leben führe,
Die Du trauest meiner Treu,
    Und mir jenes Leben
    Zeugnis könne geben,
Daß ein Unglimpf meiner Hand
Keinen Deines Volks entwand.

              Simon Dach.

Jesus, meine Zuversicht.

Jesus, meine Zuversicht
Und mein Heiland, ist im Leben:
Dieses weiß ich; sollt' ich nicht
Darum mich zufrieden geben?
Was die bange Todesnacht
Mir auch für Gedanken macht?

Jesus, er, mein Heiland, lebt!
Ich werd' auch das Leben schauen,
Sein, wo mein Erlöser schwebt;
Warum sollte mir denn grauen?
Lässet auch ein Haupt sein Glied,
Welches es nicht nach sich zieht?

Ich bin durch der Hoffnung Band
Zu genau mit ihm verbunden;
Meine starke Glaubenshand
Wird in ihn gelegt befunden,
Daß mich auch kein Todesbann
Ewig von ihm trennen kann.

Ich bin Fleisch und muß daher
Auch einmal zu Asche werden.
Das gesteh' ich, doch wird er
Mich erwecken aus der Erden,
Daß ich in der Herrlichkeit
Um ihn sein mög' allezeit.

Dann wird eben diese Haut
Mich umgeben, wie ich glaube;
Gott wird werden angeschaut
Dann von mir in diesem Leibe,
Und in diesem Fleisch werd' ich
Jesum sehen ewiglich.

Dieser meiner Augen Licht
Wird ihn, meinen Heiland, kennen;
Ich, ich selbst, ein Fremder nicht,
Werd' in seiner Liebe brennen,
Nur die Schwachheit um und an
Wird von mir sein abgethan.

Was hier kranket, seufzt und fleht,
Wird dort frisch und herrlich gehen.
Irdisch werd' ich ausgesät,
Himmlisch werd' ich auferstehen.
Hier geh' ich natürlich ein,
Dort, da werd' ich geistlich sein.

Seid getrost und hoch erfreut!
Jesus trägt euch, seine Glieder.
Gebt nicht statt der Traurigkeit;
Sterbt ihr, Christus ruft euch wieder,
Wenn die letzt' Posaun' erklingt,
Die auch durch die Gräber bringt.

Lacht der finstern Erdenkluft,
Lacht des Todes und der Höllen;
Denn ihr sollt euch durch die Luft
Eurem Heiland zugesellen.
Dann wird Schwachheit und Verdruß
Liegen unter eurem Fuß.

Nur daß ihr den Geist erhebt
Von den Lüsten dieser Erden
Und euch dem schon jetzt ergebt,
Dem ihr beigefügt wollt werden.
Schickt das Herze da hinein,
Wo ihr ewig wünscht zu sein.

Luise Henriette, Kurfürstin von Brandenburg.

Der große Kurfürst vor dem Bilde seiner verewigten Gattin.

O zarte Rose, reine Himmelsblume,
Du edelste von allen Erdenfrau'n,
Vereintest Schönheit mit der Klugheit Ruhme,
Ein Engel voll von Liebe und Vertrau'n,
Dich gab mir Gott zum besten Eigenthume,
Um meines Lebens reines Glück zu bau'n.
Du schuffst es mir mit freundlichem Gemüte
Mein trautes Weib, durch Sanftmut und durch Güte.

Als treue Mutter sie Dich alle preisen:
Du fühltest mit der Kranken Leid und Schmerz
Und trocknetest die Thränen vieler Waisen;
Denn reichen Trostes Quelle war Dein Herz.
Du halfest mir dem Volk die Bahnen weisen
Zu Ordnung, Zucht und Streben himmelwärts.
Als lichtes Vorbild alles Guten, Reinen.
Dich, Herrliche, wir alle stets beweinen.

Und ach! wie viel hab' ich an Dir verloren!
Du teiltest meine Sorgen für das Land.
Wenn meine Feinde sich ringsum verschworen,
Bei Dir ich Trost und Rat und Frieden fand. —
Du hast die bess're Heimat Dir erkoren,
Doch auch bis dorthin reicht der Liebe Band.
O blick' herab auf mich aus jenem Leben!
Mag hilfreich mich Dein edler Geist umschweben!

Ein Tempel war Dein herrliches Gemüte,
Erhellet von des Glaubens Himmelslicht;
Wie für den Heiland Deine Liebe sprühte,
Verkündet uns manch' herrliches Gedicht;

Als Deines Lebens letzter Funke glühte,
Hing fest an ihm Dein Herz mit Zuversicht.
Nun wirst Du in des Himmels sel'gen Sphären
Als lichter Geist anbetend ihn verehren.

Wilhelm Martin.

Fritz Kannacher.
Historischer Roman von Arthur Hobrecht.

Band II. Neuntes Kapitel.

Die für das Fest bestimmten Räume des Schlosses waren kaum groß genug, die Menge der geladenen Gäste zu fassen. Der Hofhalt des Kurfürsten war immer ein reicher und freigebiger gewesen. Die Einfachheit und Zwanglosigkeit der Formen, welche den Neigungen der Kurfürstin Luise entsprach, hatte aber seit dem Einzuge der Kurfürstin Dorothea einer strengeren Etikette weichen müssen, mit deren Herrschaft die Entfaltung einer königlichen Pracht Hand in Hand ging. Die Kurfürstin selbst hatte die Ausschmückung der Säle angeordnet und beaufsichtigt.

„Solche Herrlichkeit Salomonis haben wir noch nicht gesehn!" flüsterte der Ratsherr Sporke seinem Nachbar zu, „und ich kenne doch den Hof!"

Die große Mehrzahl derer, die gekommen waren, um ihren Landesherrn zu sehn, der Kurfürstin vorgestellt zu werden, oder an der Tanzlustbarkeit in ausgewählter Gesellschaft teilzunehmen, fühlte sich auf dem Boden des Hofes, in dem strahlenden Lichte der Kerzen, in der eigenen ungewohnten Festkleidung, beim Anblicke all der steifen Pracht, die sie umgab und durch glänzende Spiegel ins Endlose erweitert schien, zu wenig heimisch, um sich frei zu bewegen. Der neu Eintretende suchte unruhig nach der Gruppe Gleichgestellter, unter denen er sich am raschesten verlieren konnte; doch fehlte es auch nicht an solchen, die, daran gewöhnt, von neugierigen und bewundernden Blicken gemustert zu werden, dem dichten Haufen auszuweichen suchten. Fürsten und Prinzen, Generale und hohe Staatsbeamte waren in der Begleitung des Kurfürsten nach Königsberg gekommen.

Die größte Aufmerksamkeit erregten die eben aus Warschau eingetroffenen Gäste, die eigenen Botschafter des Kurfürsten, Hoverbeck und Jena, die Gesandten Östreichs und Frankreichs, Schwedens und des Pfalzgrafen vom Rhein. Denn der Aus=gang der jüngsten polnischen Königswahl beschäftigte alle Politiker. Die großen Mächte, welche nach des alten Johann Kasimir Rücktritte ihren Einfluß auf die Besetzung des leeren Königsthrones geltend zu machen suchten, hatten sich in ihren Intrigen unter einander getäuscht und waren schließlich selbst getäuscht worden. Östreich und Frankreich hatten die Unter=stützung der vom Kurfürsten empfohlenen Kandidatur des Pfalz=grafen öffentlich zugesagt; im geheimen aber war von Östreich der Prinz von Lothringen, von Frankreich der Prinz von Condé begünstigt worden. Während die Parteien des Senats um diese Kandidaten stritten, war in den ungeduldigen Massen des aus den Wohwodschaften zusammengeströmten bewaffneten Volks der Name eines jungen polnischen Edelmanns, Michael Coribut Wisnowiecki, ausgerufen und in einem Augenblicke des Enthusiasmus seine Wahl zum Könige einstimmig vollzogen worden, der Rausch, der zu dieser Wahl geführt und die Wieder=herstellung der alten Macht Polens, auch über das Herzogtum Preußen, erträumt hatte, war rasch verflogen. Bevollmächtigte des neuen Königs Michael waren in Königsberg eingetroffen, um das Wohlwollen und den Beistand des Kurfürsten zu erbitten, während die Gesandten der andern Mächte sich bemühten,

Kundschaft über die Stimmung des Kurfürsten einzuziehen und sein Mißtrauen gegen die Absichten des polnischen Hofes zu erregen.

Wer die bunten, glänzenden Gestalten dieser Eingeweihten sah, wie sie sich begrüßten und vertraulich plaudernd vorüberglitten, konnte von den geheimen Sorgen, Leidenschaften und Ränken nichts ahnen, die sich unter der schillernden Oberfläche bargen. Den dunklen Hintergrund bildeten die in großer Zahl geladenen Bürger der Städte, deren dicht gedrängte Masse sich längs den Wänden aufgestellt hatte. Die Professoren der Akademie in ihren steifen Mänteln und die Geistlichen schlossen sich ihnen an. In bunterer Tracht und mit lauterer Unterhaltung bewegte sich die Menge des landsässigen Adels durcheinander. Man bewunderte die Krystallkronen, die Spiegel, die Tapeten, die eigens zu diesem Feste herbeigeschafft waren.

„Seine Durchlaucht muß eine gute Partie gemacht haben!" sagte Herr v. Tiesel.

„Wenn wir nur nicht die Kosten bezahlen müssen!" erwiderte Herr v. Schlieben

„Still! Ihr Herren!" fiel Herr v. Pockmohr ein, „da steht der Oberstlieutenant Kalkstein, wenn der Euch hört, habt Ihr eine Denunziation auf dem Halse! Habt Ihr die Prinzen schon gesehen?"

„Der Kurprinz gefällt mir," rief Schlieben, „ich kam eben dazu, wie ihn drei steife Professoren mit einem langen Sermon anfielen; er hielt sich beide Hände vor die Ohren und lief zur jungen Ripp."

„Zeigt von gutem Geschmack!" sagte Tiesel.

„Der Kurprinz hat gestern einen Hasen geschossen," sagte eine helle Stimme hinter den Redenden. Sie wandten sich um und bemerkten zu ihrer Bestürzung, daß der kleine Prinz Friedrich hinter ihnen stand.

„Der Kurprinz hat gestern einen Hasen geschossen," wieder=
holte der Prinz und sah die drei Herren, die sich tief ver=
neigten und einige Entschuldigungen murmelten, ernst an; „und
ich habe zwei Enten geschossen auf dem Teich in Möllisehnen!"

„Zwei Enten!" rief Herr v. Tiesel im Tone der Be=
wunderung.

Der Prinz nickte schweigend mit dem Kopfe und schritt
stolz zwischen seinen Zuhörern durch, einer andern Gruppe zu.

Die Musik, welche im Tanzsaale begann, verkündete, daß
der Kurfürst und seine Gemahlin eingetreten waren. Alles
drängte nach den Flügelthüren, die zu dem großen Raume
führten, und die von einer dichten Phalanx junger Kavaliere
und Offiziere besetzt waren. Kammerherren und Pagen bahnten
eine Gasse für den Prinzen Friedrich, der sich so lange in den
Vorzimmern aufgehalten hatte. Einige vornehme Herren, denen
es im Tanzsaale zu enge geworden, benutzten die Gelegenheit,
um in die etwas freieren Vorzimmer zu gelangen; unter ihnen
Herr v. Schwerin. Als er auf den Prinzen traf, nahm er ihn
bei der Hand und flüsterte ihm, sich bückend, zu:

„Ihr geht zum Tanze, mein Prinz! vergnügt Euch daran!
Aber sobald als möglich sucht Gelegenheit, den Kurprinzen zu
bitten, Durchlaucht möchte mich in der nächsten Pause in diesem
Zimmer aufsuchen! Ich habe wichtiges mit dem Kurprinzen
zu reden."

„Facturus sum," sagte Prinz Friedrich und ging würde=
voll grüßend in den Saal.

Fritz hatte sich unter seine Kameraden gemischt und nahm
am Tanze Teil; er vergaß aber nicht die Aufgabe, die er sich
gestellt hatte und verfolgte aufmerksam die Bewegungen der
kurfürstlichen Herrschaften. Die Kurfürstin hatte mit der Herzogin
von Kurland, des Kurfürsten Schwester, auf einem erhöhten Sitze
Platz genommen, von dem aus sie dem Tanze zuschaute. Eine

nie abreißende Kette von Herren und Damen schob und drängte sich in die Nähe des Thrones, um ihre Huldigungen der neuen Landesherrin darzubringen und ein gnädiges Wort zu erhaschen. Wenn die Kurfürstin einen Augenblick der sich immer wieder= holenden Vorstellungen müde zu sein schien, wandte sie sich an die Herzogin, um mit ihr einige Worte zu plaudern, oder an eine der hinter ihr stehenden Hofdamen, der sie einen Befehl gab, — dann begann sie mit erneuten Kräften sich den ermüdenden Repräsentations=Pflichten der Herrscherin zu widmen. Fritz wurde immer besorgter. Er sah nicht ab, wie es seinem Gönner gelingen könne, in solchem Gewühle ruhiges Gehör zu finden, und wie die Kurfürstin es gar möglich machen sollte, an einem solchen Abende die Zeit zur Gewährung einer privaten Audienz zu finden.

In einer Pause des Tanzes drängte er sich aus dem Saale, um sich zu überzeugen, ob Herr v. Schwerin noch unter den Anwesenden war. Erst nach langem Suchen fand er ihn mit andern Herren vom Hofstaate in einer Fenstervertiefung und blieb, um die Unterhaltung nicht zu stören, in einiger Ent= fernung stehen. Schwerin hatte ihn bemerkt, nnd gab ihm einen Wink näher zu treten.

„Ich habe Euch gewarnt," sagte er, als die andern Herren sich entfernt hatten, „nicht zu große Hoffnungen auf meinen Beistand zu setzen. Unsere gnädigste Herrin ist heute durch so viele Pflichten absorbiert! Seht dort den polnischen Kammerherrn Lehndorff und seine Begleiter; sie stehen schon seit einer Stunde auf der Lauer, Ihrer Kurfürstlichen Durchlaucht sich vorzustellen — und haben gewiß viel zu referieren. Und ich selbst," fuhr er mit dem Ausdrucke des Mißmuts auf seiner Stirne fort und stieß dabei einen tiefen Seufzer aus, „habe meine Aufmerksam= keit noch auf andere Dinge zu richten. Will nicht wider den Stachel lecken. — Jeder muß die Last tragen, die ihm der

Herr auflegt, wenn sie auch bisweilen schwer drückt! Hast Du ein Amt, so warte Deines Amts! Wir leben in einer Zeit eitler Genußsucht und unbändiger Begehrlichkeit, und vergessen, daß zeitliche und vergängliche Ehre, Lust und Freude nichts wert sind, wenn wir nicht die Gnade Gottes erwerben — und wie sollen wir sie erwerben, wenn wir uns nicht bemütigen? — je höher der Stand, in dem wir geboren sind, um so tiefer und ernster — des Menschen Herz ist ein trotzig und verzagt Ding!"

Fritz sah den Redner, der, während er sprach, zum Fenster hinaus in die Dunkelheit geblickt hatte und alles um sich her vergessen zu haben schien, verwundert an. Er konnte sich nicht deuten, was ihn plötzlich zu Betrachtungen führte, die mit Zeit und Ort so wenig in Einklang standen, und schwieg respektvoll in der Erwartung, daß der hochgestellte und in alle Verhältnisse des Hoflebens eingeweihte Mann fortfahren und ihn über den Zusammenhang seiner Bemerkungen mit der Gegenwart auf= klären werde.

Der Zutritt eines Dritten unterbrach das Schweigen. Fritz erkannte den Kurprinzen, der eben den Tanz verlassen haben mußte. Ein enganliegender scharlachroter Rock mit breitem Spitzenkragen und Manschetten zeigte vorteilhaft die schlanke Figur; Hut und Degen hatte der Prinz des Tanzes wegen abgelegt. Sein gewöhnlich bleiches, schmales Gesicht war stark gerötet, die Augen glänzten. Er schüttelte seine dunkeln Locken und blickte mit einem Ausdruck trotzigen Stolzes auf Schwerin.

„Nun?" rief er, „was habt Ihr mir zu sagen, Herr von Schwerin? aber macht's nicht lang — ich habe wenig Zeit!"

„Die Zeit ist nicht verloren," sagte Schwerin, „die Euer Durchlaucht mir schenkt! Ein gutes Wort zu hören —"

„Also wieder eine Predigt!" rief der Prinz — „habe ich denn nicht eine freie Stunde? Was ist's? bin ich nicht devot genug gegen meine neue Frau Mutter gewesen?"

„Ihre Kurfürstliche Durchlaucht hat sich allerdings," erwiderte Schwerin, „keiner sonderlichen Inklination von Eurer Seite zu erfreuen gehabt, mein gnädigster Prinz. Aber deswegen wollte ich Euer Durchlaucht jetzt nicht in der Lustbarkeit stören. In einer anderen Sache ist schnelle Reparation nötig! Die Professoren hiesiger Universität haben Euer Durchlaucht zu ihrem rectori magnifico zu wählen beschlossen, und —"

„Und haben versucht," fiel der Kurprinz heftig ein, „mich hier vor aller Welt mit ihrem Salbadern bloßzustellen — fingen an, ihren Bombast auf mich loszufeuern, als wenn ich ein Duckmäuser wäre!" Der junge Lüneburger und der Prinz von Zweibrücken, die dabei standen, lachten sich ins Fäustchen. „Ich will ein General von Soldaten werden und nicht ein Offizier von Bärenhäutern! versteht Ihr? ich will's nicht!"

„Gnädigster Prinz!" begann Schwerin in mildem Tone, „Ihr vergeßt —"

„Vergeßt nicht," rief der Kurprinz, „wer ich bin!" drehte sich kurz auf dem Absatze um und ging mit zurückgeworfenem Kopfe durch die Reihen, die sich vor ihm öffneten, in den Tanzsaal.

Fritz hatte sich in eine angemessene Entfernung zurückgezogen, so daß ihm von dem Gespräch zwischen dem Prinzen und seinem Gouverneur nur wenige Worte verständlich gewesen waren. Das äußere Verhalten beider ließ ihn aber erkennen, daß etwas Störendes zwischen ihnen vorgefallen sei, und daß die augenscheinliche Verstimmung des Staatsmannes, auf dessen Beihülfe er rechnete, ihren Grund in dem Verhalten des Prinzen haben müsse. Da er sah, wie Herr von Schwerin nach dem Fortgange des Prinzen sich dem Kreise der akademischen Professoren näherte und mit ihnen eine, für die Beteiligten anscheinend wichtige und interessante Unterhaltung begann, so entschloß er sich, das Menschengewirre nach dem Oberburggrafen zu durchsuchen, von dem er sich zwar keiner energischen That versah, der aber als ein erfahrener Kenner der Winde und Strömungen bei Hofe vielleicht einen guten Rat geben konnte.

Fritz grollte, während er durch die Säle schritt, darüber, wie ein unverantwortliches Spiel des Zufalls über Wohl und Wehe der Menschen zu entscheiden habe, und schalt die eigene Thorheit, sich den Genuß an dem frohen Feste durch die ohn= mächtige Sorge um andere verkümmern zu lassen. Aber der Gedanke an die unglückliche Frau, der die Minuten und Stunden in angstvollem Warten hinschlichen, wollte ihn nicht verlassen. Eine dichte Menschenwand hemmte ihn in seinem Gange. Indem er sich hoch aufrichtete, konnte er über die Köpfe der vor ihm stehenden hinweg den Kurfürsten erkennen, der in der Mitte eines Halbkreises bekannter angesehener Gutsbesitzer des Landes stand und zu ihnen sprach. Der Kurfürst trug einen reicheren Anzug als gewöhnlich, im Schnitte der Mode entsprechend, nach der die polnischen Magnaten sich zu kleiden pflegten, einen eng anliegenden leuchtend roten Rock, der bis über die Kniee reichte, ungarische Stiefel mit großen goldenen Sporen, eine seidene Schärpe über die Brust. Die Schultern, auf welche die Locken einer mächtigen Perücke herabfielen, waren mit den Schleifen des Hosenband = Ordens geziert. Die Falte zwischen seinen Augenbrauen und die gesenkten Stirnen der Männer, die er anredete, verrieten, obwohl Fritz die Worte nicht verstehen konnte, daß er nicht die leichte Konversation machte, durch die er, gut= gelaunt, alle zu fesseln und zu erheitern verstand, sondern daß es sich um eine ernste Vermahnung handeln müsse. In seinem Gefolge bemerkte Fritz auch den Statthalter Prinzen Radziwill und den Oberburggrafen, an welche der Kurfürst sich zwei- oder dreimal wendete, um sich einzelne Herren vom Abel vorstellen zu lassen.

Zu dem Oberburggrafen zu gelangen, war unter diesen

Umständen unmöglich, eine andere Erscheinung aber erfüllte
Fritz mit neuer Hoffnung. Der Ring Neugieriger, in welchen
er eingekeilt war, begann sich neben ihm aufzulösen; ein neuer
Stern war aufgegangen und bildete neue Kreise. Die Kurfürstin
hatte mit ihrem Gefolge den Tanzsaal verlassen, um einen
Rundgang durch die andern Räume zu machen; auch die
Prinzen hatten sich in den Schweif glänzender Gestalten gemischt,
der ihrer Bahn folgte, und konversierten mit den Damen. Jetzt
schien, wenn Herr v. Schwerin seinen Vorsatz ausführen wollte,
die Gelegenheit günstig. Auf die Gefahr hin, für lästig gehalten
zu werden, wollte Fritz ihn noch einmal ansprechen und auf
die Bewegungen der Kurfürstin aufmerksam machen. Inzwischen
traf es sich, daß diese unmittelbar vor der nächsten Verbindungs=
thüre einigen Bürgern begegnete, welche sich der Führung des
kundigen Herrn Sporke anvertraut hatten und nun, seinem
Beispiele folgend, so provozierende Verbeugungen machten, daß
die hohe Frau dadurch ergötzt wurde und sie anredete. Herr
Sporke sorgte dafür, daß der Faden der Unterhaltung nicht
abriß, und für längere Zeit war alle Verbindung zwischen den
Räumen abgesperrt. Als Fritz endlich weiter gelangen konnte,
fand er Herrn v. Schwerin nicht mehr an der Stelle, an der
er ihn verlassen hatte und suchte eine Weile in den nächsten
Sälen vergeblich umher, mehr als einmal durch Perücken von
ähnlicher Größe und Form, wie die seines Gönners, irre
geführt. Da er seine Augen in die Weite schweifen ließ, hatte
er das Unglück, den Prinzen Friedrich, der unvermutet seinen
Weg kreuzte, zu übersehen und etwas unsanft anzustoßen; als
er, seine Entschuldigungen hervorstotternd, in die nächste Ecke
zurücktrat, sah er den so lange von ihm gesuchten Herrn von
Schwerin, mit dem Kurprinzen lebhaft sprechend, auf dieselbe
gegen den Strom der Gesellschaft geschützte Stelle zuschreiten.
Prinz Friedrich machte anfangs ein böses Gesicht, ließ sich aber

durch die wiederholten Entschuldigungen besänftigen und sagte, auf den Kurprinzen deutend, zu Fritz:

„Der Kurprinz hat gestern einen Hasen geschossen! Ja!" wiederholte er, „einen Hasen mit dem Gewehre geschossen! und ich habe zwei Enten geschossen."

Er nickte mehrmals gnädig, da er in Fritzens verblüfftem Gesicht den Ausdruck des Staunens und der Bewunderung zu lesen glaubte und entfernte sich langsam. Fritz aber wurde dadurch an seine Stelle gebannt, denn der Kurprinz und Schwerin vertraten ihm den Weg, und so wurde er wider Willen Zeuge der erregten Auseinandersetzung, die zwischen beiden stattfand.

„Eure Durchlaucht," sagte Schwerin, „muß es als eine seltene Auszeichnung und als eine Ehre für das brandenburgische Haus — eine Ehre, die nicht Euch, sondern Eurem Durchlauchtigsten Herrn Vater erwiesen wird — ansehen, daß die Professoren Euch zur Würde des rector magnificus erwählt haben. Kurfürstliche Durchlaucht würde es sehr übel vermerken, wenn Ihr halsstarrig eine solche Auszeichnung zurückweisen wolltet!"

„Es ist nicht zu ertragen, wie Ihr mich behandelt!" rief der Kurprinz und stampfte mit dem Fuße. „Ich will — ich will nichts von diesen Ölgötzen wissen! Ihr geht darauf aus, mich zu einem Kopfhänger und Schreiber zu machen! Ich möchte zum Fenster hinausspringen! Meine Feder ist der Degen, hört Ihr? Ich will mit keiner andern schreiben!"

„Der Herr Kurfürst wird Eurer Durchlaucht den Degen nehmen, wie er schon einmal gethan hat, wenn Ihr Euch nicht würdig zeigt, ihn zu tragen," sagte Schwerin.

„Nicht würdig?" rief der Kurprinz mit flammenden Augen, „sagt das nicht noch einmal! O, daß mein Vater mich an Euch gekettet hat! Es giebt keinen Prinzen, der so unglücklich ist, wie ich! Ich wollte, die Zeit wäre vorüber —"

„Das wollte ich auch!" erwiderte Schwerin mit einem

Seufzer, „sie macht mir mehr Kummer und Sorgen, als Freude. Aber so lange Seine Kurfürstliche Durchlaucht das Amt meinen Händen anvertraut, will ich es mit Treue verwalten! Dankt Gott und Eurem gottesfürchtigen Herrn Vater, daß Ihr nicht erzogen werdet, wie manche anderen Prinzen! Habt Ihr schon vergessen, was Ihr mir vor wenig Tagen versprochen habt? nein! nicht mir! was Ihr vor Gott versprochen habt?"

„Ich habe nicht versprochen, mich zum Schulmeister oder Obersten von Schulmeistern machen zu lassen!" sagte der Prinz finster.

„Ich bitte Euch nochmals recht dringend, mein Prinz," sagte Schwerin, „macht Euer Unrecht wieder gut! ich will Euch begleiten, geht zu den Professoren —"

„Nein! nein! tausendmal nein!" fuhr der Kurprinz auf — „und wenn Ihr nicht anders gegen mich verfahrt — es wird eine Zeit kommen, in der werde ich daran denken!"

„Euer Durchlaucht sollte sich solcher Drohungen schämen!" entgegnete Schwerin. „Vorläufig ist es an mir zu drohen. So leid es mir thut, ich werde es seiner Kurfürstlichen Durchlaucht melden —"

„Verpetzt mich doch! Das ist so Eure Art!" fiel der Kurprinz höhnisch auflachend ein.

„Ich werde es," fuhr Schwerin fort, „Seiner Kurfürstlichen Durchlaucht melden, wie Ihr Euch gegen die Professoren und gegen mich benommen habt —"

In diesem Augenblicke wurde der Sprecher durch den Oberburggrafen unterbrochen, der sich hastig durch die Menge drängte und, ohne den Kurprinzen zu sehen, auf Schwerin zueilte.

„Habt Ihr," rief er, „das Gesuch schon bei der Kurfürstin vorgebracht, Exzellenz? Wo nicht — lasciate ogni speranza! Ihre Durchlaucht hat eben die Gesellschaft verlassen und sich in ihre Gemächer zurückgezogen!"

„Ich bin daran verhindert worden," sagte Schwerin, und wandte sich an den Kurprinzen: „Eure Durchlaucht hat heute mehr, als eine Hoffnung zu Schanden gemacht!"

„O! unser gnädigster Kurprinz!" rief v. Kalnein erschreckt; „ich bin untröstlich! Es war eine unselige Verblendung von mir! Euer Durchlaucht wird es meinem sensiblen Herzen verzeihen, daß ich so unachtsam war! Die Teilnahme für ein unglückliches Weib, das durch Herrn v. Schwerin eine Audienz bei Ihrer Kurfürstlichen Durchlaucht zu erlangen hoffte — —"

„Um was handelt es sich denn?" fragte der Kurprinz — „wer hat Eure Teilnahme so erregt?"

„Es ist die Frau des verurteilten Obersten Kalkstein," sagte der Oberburggraf; „sie wartet seit der Ankunft der Kurfürstlichen Herrschaften in Königsberg auf eine Gelegenheit, ein Gnadengesuch für ihren Mann in die Durchlauchtigsten Hände übergeben zu dürfen —"

„Und Ihr wolltet der Frau eine Audienz bei der Gemahlin meines Herrn Vaters erwirken?" fragte der Kurprinz zu Schwerin gewendet. „Erwähnt das doch, wenn Ihr mich bei meinem Herrn Vater verklagt! Seine Ungnade über mein Verhalten gegen die Professoren könnte vielleicht dadurch gemildert werden! Er wird mir nicht böse sein, daß ich ihn vor Eurer intendierten Vermittelung bewahrt habe. Wart Ihr's nicht, Herr v. Kalnein, oder war's Radziwill, der dem Kurfürsten jenen Herrn v. Kalkstein, der seinen Bruder benunziert hat, vorstellen mußte? Ich hörte zufällig, was mein Herr Vater zu den umstehenden Herren sagte. Es klang mir nicht so, als ob er diesem Obersten und seinen Freunden besonders gnädig wäre! ha! ha! ha!"

„Ob Seine Kurfürstliche Durchlaucht Gnade gewähren will," sagte Schwerin, „weiß ich nicht, aber er will nicht — das weiß ich — daß denen, die Gnade suchen, der Weg zu ihm versperrt werde."

Der Oberburggraf hatte einen Abscheu vor dem bloßen Gedanken, irgend etwas zu thun, oder zu sagen, was Seiner Kurfürstlichen Durchlaucht mißfallen könnte; aber es fehlte ihm auch nicht an Rechtsgefühl, und er hatte schon mehr als einmal, wenn auch mit schwerem Herzen und in den devotesten Formen seine Rechtsauffassung gegen die ihm bekannten Intentionen des Kurfürsten vertreten, wo es ihm nicht möglich war, einem Konflikte auszuweichen. Er fühlte sich in seinem Gewissen durch das gegen den Obersten Kalkstein gefällte Urteil beunruhigt. Es ging ihm daher nahe, die Hoffnung auf einen Gnadenakt aufs neue gefährdet zu sehen.

„Mein edelster Prinz!" sagte er, „Eure Durchlaucht zweifelt nicht, daß ich die Verbrechen, die diesem Kalkstein imputiert werden, aufs tiefste verabscheue; aber sie lagen doch mehr in verbis, als in factis, und er hatte schon sehr hart dafür gebüßt. Sein Weib und seine Kinder sind in tiefe Kümmernis versetzt, und sein armes Weib war heute in dies Schloß gekommen — sie wartet drüben schon seit Stunden in einer kalten Kammer, — nur in der Hoffnung Ihrer Kurfürstlichen Durchlaucht zu Füßen fallen und gnädige Fürsprache für ihren Mann erbitten zu können. Eure Durchlaucht werden uns einige Teilnahme mit ihr nicht hart anrechnen wollen!"

Der Kurprinz trat dicht an Schwerin und sah ihm scharf in die Augen. „Ist sie schön?" fragte er und schlug, als dieser finster die Brauen zusammenzog, eine helle Lache auf. Dann hüpfte er einer Schar junger Damen zu, die erhitzt den Ballsaal verlassen hatten und emsig ihre Fächer arbeiten ließen, ergriff die Nächste bei der Hand und führte sie zurück zum Saale. —

Herr v. Schwerin hatte Fritz wohl bemerkt, der sich aus seiner Ecke nicht hatte entfernen können.

„Laßt die Frau Oberstin nicht länger warten!" sagte er

zu ihm; „theilt ihr mit, daß die Audienz heute unmöglich ist — sie muß es schon darauf ankommen lassen, welche Wirkung ihr schriftliches Gesuch hat! Und was Ihr sonst gehört habt, Herr von Kannacher — vergeßt es!"

Selbst die enttäuschende Botschaft zu überbringen, nach= dem er die neuen Hoffnungen erweckt hatte — es war für Fritz ein harter Gang. Und es schien, als habe sich alles verschworen, um ihm die Pein der Aufgabe, die doch einmal gelöst werden mußte, zu verlängern. Zuerst hing sich der Oberburggraf an seinen Arm und bemühte sich klar zu stellen, daß er an dem Mißerfolge völlig schuldlos sei.

„Ich möchte nicht, daß die Kalkstein — Ihr wißt, sie ist eine entfernte Verwandte von mir — ich habe sie sonst immer Kousine genannt — ich möchte nicht, daß sie an meinem guten Willen zweifelte; sie kennt nicht die feinen Netze, welche den Souverän umgeben und gegen Invasion schützen. Wo sie nicht freiwillig geöffnet sind, ist es unmöglich, durchzudringen — alle zwölf Arbeiten des Herkules sind ein Kinderspiel gegen die Auf= gabe, diese Maschen zu zerreißen — und wer sie zerrisse, fände den nicht mehr dahinter, den der Thor fassen zu können glaubte! Ich bitte Euch, macht ihr mein Kompliment, und sagt ihr, nur an den Grenzen menschlichen Vermögens sei — zwar nicht mein Eifer — aber meine Kraft erlahmt! Wenn sie nichts besseres weiß, und mir ihre Supplik anvertrauen will, so werde ich sie in die Hände Ihrer Kurfürstlichen Durchlaucht gelangen lassen — ja! — ich habe es gesagt — und nun werde ich es thun! — es ist vielleicht eine chevvvvvverveveee chevalereske Tollheit — Wallrodt wird sagen, es sei ein Selbstmord — aber ich werde es thun! Treten wir bei Seite! Da kommt uns Seine Durchlaucht Prinz Friedrich mit Herrn Stephani entgegen."

„Wie freue ich mich, Durchlauchter Prinz, daß Euch die

kleine Exkurfion nach Möllekehnen so wohl bekommen ist! Aber
Ihr tanzt nicht, mein Prinz?"

„Jam saltavi," sagte Prinz Friedrich.

„Vortrefflich!" rief der Oberburggraf, „des Kurprinzen
Durchlaucht ist nicht so enthaltsam."

„Et frater princeps non saltat," erwiderte Prinz
Friedrich, „evasus est, excessit, erupit!"

Der Oberburggraf schlug die Hände zusammen. „Ich
gratuliere Euch, Herr Stephani," sagte er, „es muß ein Stolz
und ein Vergnügen sein, solche Schüler zu haben! Und dabei,"
fuhr er zu Fritz gewendet fort, „dabei ist Seine Durchlaucht ein
wahrer Nimrod! ich hatte auf meinem Teiche die Enten zusammen=
treiben lassen." —

„Der Kurprinz," fiel Prinz Friedrich ein, „hat einen —
Ihr habt es schon gehört! — Seine Kurfürstliche Durchlaucht,
mein Herr Vater, hat mir ein neues Gewehr zu schenken ver=
sprochen, wenn ich brav lateinisch rede!" Er grüßte den Ober=
burggrafen und setzte seinen Weg fort.

„Ein Muster von einem Prinzen!" rief Herr v. Kalnein
— „und nun lebt wohl, mein junger Freund!"

Fritz hatte noch nicht die Ausgangsthüre erreicht, als sich
ihm ein neues Hindernis entgegenstellte. Es waren Mont=
gommery und einige seiner Kameraden, die ihm den Weg ver=
traten, ihn einen treulosen Verräter schalten und sich verschworen,
ihn diesmal nicht entwischen zu lassen. Nur mit Mühe gelang
es ihm, loszukommen, nachdem er bei allen Sternen versprochen,
sich wieder einzufinden und die Kameraden in ein Weinhaus zu
begleiten.

Endlich hatte er die Thüre in der Hand, da stürmte der
Kurprinz herein und hielt ihn fest.

„Ihr standet bei Herrn v. Schwerin, als ich fortging —
ist er noch da? Helft mir meinen gestrengen Mentor suchen!"

Fritz mußte Kehrt machen und dem Befehle gehorchen. Sie fanden den Gesuchten im Gespräche mit Herrn v. Kalnein, der nach seiner Trennung von Fritz zu ihm zurückgekehrt war.

„Wo ist Eure protégée?" rief der Kurprinz ihnen schon von weitem zu, „sie ist doch nicht fortgeflogen? — Laßt sie wissen, daß die Kurfürstin sie erwartet! Sie muß aber eilen, wenn sie die Kurfürstliche Durchlaucht noch vollständig sehen will! Ich glaube zwar, meine neue Frau Mutter braucht sich auch so nicht zu schämen — aber mit jeder Enveloppe fällt doch ein Stück Hoheit, und zuletzt geht die Möglichkeit, Nein zu sagen, verloren — wo bleibt dann die Gnade? Seid Ihr nun zufrieden?"

Die Angeredeten waren so überrascht, daß sie nicht sogleich Worte fanden.

„Wär's möglich?" begann Herr v. Kalnein — „will Eure Durchlaucht uns nicht nur auf die Probe stellen? Ich gestehe —"

„Nun! alle Wetter!" rief der Kurprinz ungeduldig, „was glaubt Ihr von mir? Ich war bei der Kurfürstin und habe es als eine besondere Gnade für mich erbeten, daß sie der Frau, für die Ihr erst so beweglich spracht, heute noch Gehör schenke! Aber verliert keine Zeit! Ich möchte nicht, daß Ihre Durchlaucht meinetwegen um ihre Nachtruhe gebracht werde!"

Dabei trat er dicht an Schwerin, reichte ihm die Hand und fragte:

„Seid Ihr nun wieder gut?"

„Daß ich Euch immer lieb habe, Durchlaucht," sagte Schwerin, „das wißt Ihr! Ihr habt mir eben wieder einen Beweis Eures guten Herzens gegeben, aber —"

„Gut denn!" unterbrach ihn der Kurprinz heftig, „wenn Ihr meinem Herrn Vater die Anzeige macht, so meldet ihm auch, daß ich mich für morgen Vormittag auf dem Dome angesagt habe, um den Herren von der Akademie meinen gebührenden Dank abzustatten!"

Er entfernte sich einige Schritte, kehrte dann aber zu Schwerin zurück und fragte ihn nochmals mit bewegter Stimme:

„Seid Ihr wieder gut?"

Der Gouverneur gab keine Antwort, aber indem er am Kurprinzen vorbeistreifend seinen Platz verließ, drückte er ihn einen Augenblick an seine breite Brust. Es geschah so flüchtig, daß es aus der durch den Saal wogenden Menge niemand bemerkte.

Der Oberburggraf und Fritz waren schon fortgeeilt, um Frau v. Kalkstein endlich zu erlösen.

Der große Kurfürst in Preußen.
Historischer Roman von Ernst Wichert.

Dritter Teil: Christian Ludwig von Kalkstein.
Aus dem 22. Kapitel: Der Tragödie letzter Akt.

Im Westen hatte das deutsche Reich einen Nachbar, dessen Raubgier sich nicht länger schien in Schranken halten zu können. Nicht nur Holland, auch der Rhein war bedroht, und deutsche Fürsten ließen sich von Ludwig XIV. erkaufen, ihr eigenes Vaterland zu verraten. Der Kaiser schwankte. Da war's der Kurfürst von Brandenburg, der sich mutig dem Eroberer entgegenstellte, Holland Hülfe zusagte, den Kaiser zu einem Bündnis gegen Frankreich vermochte, seine Regimenter marschieren ließ. Alle Lockungen und Einschüchterungen waren erfolglos

geblieben; nicht einmal zur Neutralität wollte Friedrich Wilhelm
sich verstehen, eingedenk der Früchte, die sie ihm in einem
früheren Fall schon eingebracht. Von allen deutschen Fürsten
hatte er allein den Mut, den Zorn des beutegierigen und rach=
süchtigen Königs zu reizen, um Deutschland nicht unverteidigt
zu lassen. Sobald dieser kühne Entschluß gefaßt war, schritt
der Kurfürst mit der ihm eigenen Energie zur Ausführung;
alle Kräfte wurden angespannt, ein Heer ins Feld zu führen,
das dem mächtigen Gegner Respekt, den Bundesgenossen Ver=
trauen einflößen könnte. Jede andere Rücksicht ordnete sich der
einen unter, im Westen zum Schlagen völlig freie Hand zu
haben. Erst nachdem Polen gedemütigt war, konnte der Kampf
gegen das aufstrebende Frankreich gewagt werden, nur wenn
Polen sich ruhig verhielt, war in diesem Kampfe auf den Sieg
zu hoffen.

Bevor Friedrich Wilhelm ins Hauptquartier abreiste, ver=
sammelte er noch einmal im Schlosse zu Kölln an der Spree
seinen Geheimen Rat. Er selbst präsidierte. Es sollte nach
Möglichkeit allen laufenden Geschäften eine bestimmte Direktion
gegeben, mit allen Resten aufgeräumt werden. Vier Stunden
dauerte schon die Sitzung, und immer fanden sich noch neue
Vorträge über wichtige innere Angelegenheiten der einzelnen
Länder. Sie hatten sich bereits daran gewöhnt, daß ihre
Geschicke von hier aus gelenkt wurden: der brandenburgisch=
preußische Staat war nicht mehr ein Phantasiegebilde seines
Herrschers.

Ganz zuletzt hob der Kanzler von Somnitz ein Konvolut
Papiere aus seiner Mappe und reichte es mit einer Verbeugung
dem Kurfürsten über den Tisch zu. „Das Urteil gegen den
Obersten von Kalkstein ermangelt noch der Unterschrift Eurer
Kurfürstlichen Durchlaucht.“

Diese Erinnerung schien dem Kurfürsten im Augenblick

unerwartet zu kommen. Seine Stirn verfinsterte sich; er hob
den Kopf und schloß fest die Lippen. Die Papiere nahm er
dem Kanzler nicht aus der Hand, sondern winkte ihm nur, sie
niederzulegen.

„Es liegen zugleich zwei Gnadengesuche vor," fuhr Somnitz
fort, „das eine von Frau von Kalkstein für ihren Mann, das
andere von ihm selbst."

„Bittet Kalkstein um Gnade?" fragte der Kurfürst. „Das
wundert mich. Er hat, denk' ich, in Abrede gestellt, Unser
Unterthan zu sein, Unserem Gericht zu unterstehen. Erkennt er
nun seinen Herrn an?"

„Er bittet nicht für sich, Kurfürstliche Durchlaucht, sondern
nur für seine Kinder, daß ihnen zu ihrer besseren Erziehung
die Güter gelassen werden."

„Darüber behalten wir uns füglich die Entscheidung vor.
Er täuscht sich, wenn er meint, dem Schöppenmeister Rhode
nachahmen zu können. Zwischen dessen That und die seine fällt
die Huldigung. Auch nicht ein Schein des Rechtes steht auf
seiner Seite — sein Verbrechen ist offenbar."

„Deshalb erlaubt sich der Geheime Rat Kurfürstliche
Durchlaucht um die Genehmigung der Publikation und Exekution
des Urteils zu bitten. Es scheint nicht geraten, die Sache, die
schon so viel böses Blut gemacht, länger in der Schwebe zu
halten. Jede weitere Zögerung ermutigt die Freunde dieses
gefährlichen Menschen, deren er im geheimen gewiß noch immer
viele hat, zu Agitationen bedenklicher Art und zu unerfüllbaren
Hoffnungen. Was aber den Warschauer Hof betrifft, so hab'
ich Gelegenheit gehabt, mich persönlich zu überzeugen, daß man
dort für jetzt zu einer milderen Auffassung des Falles neigt
und nicht bedenklich sein wird, die Entschuldigung des Kammer=
junkers von Brand anzunehmen, sobald Kurfürstliche Durch=
laucht für gut befinden, ihn zur förmlichen Abbitte dorthin

zu kommittieren. Er erwartet sehnlichst den Tag, vor der Welt wieder in Euer Kurfürstlichen Durchlaucht Gnade hergestellt zu sein, und brennt vor Begierde, durch neue Dienste zu beweisen —"

„Er ist zu ungeduldig," fiel der Kurfürst ein. „Seiner großen Jugend kann einige Wartezeit zum Ausreifen nicht schaden. Wir wollen ihn indessen nicht vergessen. Spracht Ihr nicht auch von einem Schreiben des Hauptmanns Montgommery?"

„Er bittet unterthänigst um die endliche Belohnung seines treuen Dienstes," bestätigte der Kanzler.

„Es soll ihm unter der Hand eine Summe Geldes angewiesen werden," dekretierte der Kurfürst, „aber in meine Armee mag ich ihn nicht wieder aufnehmen. Antwortet ihm so, daß er sich für völlig abgefunden zu erachten hat."

Er zog die Papiere näher an sich heran, schob die einzelnen Blätter auseinander und blickte hinein. „Das Todesurteil ist nicht einstimmig gefällt."

„Allerdings nicht. — Der Vogt von Fischhausen hat dissentiert. Aber —"

„Seine Gründe sind nicht überzeugend. Was sollen hier noch diese juristischen Finessen? Es ist notorisch und Kalkstein selbst bestreitet nicht, dem Reichstage in Warschau eine Bittschrift namens der preußischen Stände überreicht zu haben, des Inhalts, wie die ihm vorgelegte Abschrift. Ob das Original in einigen Ausdrücken divergiert, ändert an der Sache selbst nicht das mindeste. Der Hochverrat ist klar erwiesen — man zweifle denn an Unserer Souveränität in Preußen und an des preußischen Adels Unterthanenpflicht. Der alte Kreutzen soll uns durch sein formelles Bedenken nicht irre leiten. Oder hat jemand von Euch zu Gunsten seiner Meinung noch etwas vorzubringen? Der spreche!"

Die Räte schwiegen sämtlich. Der Kurfürst blickte eine Weile auf das Blatt, nahm die Feder auf und tauchte sie ins Tintenfaß.

Ehe er sie ansetzte, hob Schwerin, der ihm rechts zunächst saß, wie abwehrend, ein wenig die Hand. Der Kurfürst hielt ein und sah ihn scharf an. „Habt Ihr noch etwas vorzubringen?"

„Kalkstein hat nach der Gerechtigkeit reichlich den Tod verdient," sagte der Oberpräsident, sich devot verbeugend. „Ob wir nicht aber Euer Kurfürstlichen Durchlaucht anrätig sein sollen, aus politischer Rücksicht Gnade walten zu lassen .... Kalkstein ist längst ein toter Mann."

„Das scheint mir nicht so," bemerkte Jena, sich durch eine Neigung des Kopfes das Wort erbittend. „Der gefangene Kalkstein ist nur so lange ein toter Mann, als seine Gesinnungsgenossen, Freunde und hohen Gönner in und außer Landes Grund haben, ihn dafür gelten zu lassen. Sie fürchten Ew. Kurfürstlichen Durchlaucht Zorn, wenn sie sich zu ihm bekennen, darum halten sie sich fern, um von dem Blitz nicht selbst getroffen zu werden. Doch die Hand, die ihn schleudert, ist eines Menschen Hand. Jetzt ist sie mächtig und niemand wagt sie zu hindern. Aber die Zukunft ist den Sterblichen dunkel. Euer Kurfürstliche Durchlaucht haben ein groß Werk auf die Schulter geladen, ganz Europa achtet erwartungsvoll darauf, ob es ihr nicht entfalle. Da scheint's unklug, den Stein im Wege liegen zu lassen, über den der Fuß leicht stolpern kann, wenn etwa die Umstände unerwartet zu einer veränderten Richtung nötigen. Wir hoffen zuversichtlich auf Sieg. Doch auch die ruhmreichsten Feldherren haben Schlachten verloren, wenn der Feind etwa übermächtig, oder ein Bundesgenosse unzuverlässig war. Eine verlorene Schlacht im Westen kann leicht im Osten das Signal zum Losbrechen geben. Dann wird der tote Mann im Kerker plötzlich gar lebendig werden. Es ist keine Mauer so dick und kein Eisen so stark, daß sie unter allen Umständen der Gewalt widerstrebten. Der befreite Gefangene aber wäre eine Gefahr, der nicht rechtzeitig vorgebeugt zu haben ich mir nie verzeihen könnte. Nur die Toten sind nicht mehr zu erwecken."

Der Kurfürst blickte im Kreise um, als wollte er fragen, ob irgend jemand einen Widerspruch einzuwerfen habe. Aber nach der Reihe senkten sich die Augen, und auch Schwerin zeigte durch eine Geberde an, daß er sich eine Entgegnung nicht getraue.

„Ihr trefft wunderbar meine Gedanken," wendete der Kurfürst sich zu Jena. „Wohlan denn — ich thue meine Pflicht nach bestem menschlichen Wissen. Kalkstein's Haupt falle!"

Er unterschrieb das Urteil mit fester Hand.

Nächsten Tages reiste er nach Halberstadt zu den Truppen ab.

Edle Rache.

Zum Brandenburger Lager schleicht spät im Dämm'rungsschein
Ein Mann im grauen Mantel. Wer mag der Frembling sein?
„Wer da?" so ruft die Wache. „Gut Freund!" die Antwort schallt.
„Wohin?" „Zu Deinem Kurfürst," erwidert die Gestalt.

Die Meldung geht ins Lager, die Antwort lautet: „Ja!"
Und bald brauf steht der Fremde vor Friedrich Wilhelm da.
Der schaut mit ernster Miene sich den Gesellen an
Und fragt, was er begehre, und dieser nun begann:

„Von Eurem Feinde komm' ich, komm' aus Türennes Heer,
Wollt ihr, so lebt der Feldherr nicht eine Woche mehr."
„Wie," ruft der Kurfürst heftig, „versteh' ich so Dein Wort?
Du willst, ich soll Dich dingen zu einem Meuchelmord?"

„Dann eile flugs von bannen, Verräter, Bösewicht,
Mit Gift und Dolche kämpfet der Brandenburger nicht."
Und an Türennen schreibt er: „Gen'ral, ich acht' Euch sehr,
Ob ihr auch habt verwüstet mein Land mit eurem Heer.

Habt acht auf Euer Leben, von Meuchlern wird's bedroht!
Hätt' ich gewollt, ihr wäret in nächster Woche tot." —
„Ha!" ruft der große Feldherr, als er den Brief erhält,
„Ha, edler Brandenburger, dein Ruhm schall' durch die Welt!"

J. D. Lüttringhaus.

Der Einfall der Schweden.

Der Schwede fiel ins Märkerland
Mit Sengen, Brennen, Plündern
Und keiner thät ihm Widerstand
Und keiner thät ihn hindern.

„Ach! gnäd'ger Kurfürst, kommt geschwind!
Beeilet Eure Reise!
Weil Durchlaucht nicht zu Hause sind,
Es fressen uns die Mäuse!

Der große Kurfürst aber schrieb:
„Ich kann so schnell nicht kommen,
Helft selber euch vom Mausedieb
Zu unsers Landes Frommen.

Bei Gott! das Herze blutet mir,
Daß ihr so viel sollt leiden,
Doch itzo kann ich nicht von hier,
Schlagt selber auf die Heiden.

Teilt euch in Kriegeshaufen ein,
Verhaut dem Feind die Wege
Und hackt den Schelmen kurz und klein,
Kommt er euch ins Gehege!"

Da stunden stracks die Bauern auf
Und teilten sich in Haufen,
Von Briest, der Landrat, frisch vorauf,
Dann ging es an das Raufen.

„Wir Bauern von geringem Gut,"
Stund' in der Fahn' geschrieben,
„Wir dienen Ihm mit unserm Blut,
Dem Herrn, den treu wir blieben!"

So thät der märk'sche Bauer sich
Mit schweb'schem Volk 'rumschlagen
Und das soll preisen männiglich
Jetzt und in künft'gen Tagen.

Georg Hesekiel.

Der große Kurfürst.

Historisches Schauspiel von H. Köster.

Zweiter Akt.

Sechste Szene.

Der Kurfürst wird von zwei Trabanten auf einem Rollstuhl in das Zimmer geschoben. Der Stallmeister von Froben. Auf ein Zeichen gehen die Trabanten ab.

Kurfürst.

Ach! — Die verdammte Gicht! — so zur Unzeit ist sie mir im Leben noch nicht gekommen! — In jedem Zucken, das mir durch den Arm geht, fühle ich die Schmerzen meines armen Landes unter den Fäusten seiner Peiniger mit. Ein Kissen, lieber Froben, — gebt mir ein Kissen unter den Arm! (Froben besorgt es.) Und diese Doktoren! — plagen uns mit ihren Pillen und mit ihren Vorwürfen — und helfen können sie doch nicht.

v. Froben.

Durchlaucht leisten ihren Anordnungen aber auch nicht Folge.

Kurfürst.

Monsieur de Froben, wenn eins meiner Pferde krank ist, werde ich mir die Erlaubnis nehmen, Ihn zu konsultieren; bis dahin — (greift sich an den leidenden rechten Arm) Ach! — Gebt mir die Depesche, die ich Euch vorhin diktiert habe. (Froben bringt sie. Der Kurfürst nimmt sie in die linke Hand.) Mein Gott, welche Handschrift! als hättet Ihr bei jedem Buchstaben ein wildes Pferd in's Maul gerissen! —

Froben (mit mühsam verbissenem Ingrimm).

Durchlaucht, es ist ein schlimmes Geschäft, einen kranken Löwen zu pflegen.

Kurfürst (sieht ihn groß an; giebt ihm dann die Depesche zurück.)

Lest sie selber.

Froben (sehr schnell lesend).

„Ich beklage von Herzen meine gute Kur Brandenburg und meine lieben Unterthanen, welche unter den Schweden zwar leiden, aber ich hoffe, daß sie dadurch in ruhigern und bessern Zustand ins Künftige sollen gesetzt werden; denn ich habe meine Vorbereitungen also getroffen, daß ich getraue, Gott werde mir auch diesmal mit Ehre und Ergötzung an meinen Feinden wunderbar heraushelfen!"

„Der Fürst von Lobkowitz ist arretieret und Bournonville von der Armee abberufen. An seine Stelle tritt der Marschall Montecuccoli, und hoffe ich, daß der Krieg gegen die Franzosen von nun an mit Vigueur werde betrieben werden. Der Kaiser schickt mir ein Hülfsheer von 20 000 Mann an die Oder, Holland hat eine Diversion ins Bremische versprochen und zahlt eine ansehnliche Subsidie an Dänemark, und denke ich, werde sich Hannover deshalb wohl besinnen, ehe es sich mit den Schweden alliieret."

„Ich würde mit meiner Armee schon in Magdeburg stehn, wenn ich nicht seit 14 Tagen an der Gicht barniederläge; doch hoffe ich werde mir Gott bald Gesundheit schenken, so daß ich in einigen Tagen von hier aufbrechen kann, und wollen Ew. Liebden dieserhalb einen Bet= und Bußtag über Jeremias XX, 11 und 12 ausschreiben lassen, und sollen an diesem Tage weder Menschen noch Vieh essen und trinken."

„Kleve, 15. Mai 1675."

Kurfürst.

Ist gut so — nun gebt mir her. (Froben legt die Depesche vor dem Kurfürsten auf den Tisch und reicht ihm die Feder. Während dieser sie mit einiger Mühe unterzeichnet, zu Froben) Ich darf Euch nicht erst informieren, daß die Depesche Staatsgeheimnisse enthält, Ihr also über deren Inhalt zu schweigen habt.

13*

Froben.

In dieser Beziehung können Durchlaucht vollkommen beruhigt sein; ich liebe es durchaus nicht, meinen Kopf mit Staats=geheimnissen vollzupfropfen, und wenn Eure Durchlaucht mich auf die Tortur bringen ließen, würde ich doch nichts verraten können, weil ich mir alle Mühe gegeben habe, nichts zu behalten.

Kurfürst (sieht ihn lächelnd an).

Hätte es mir beinahe selbst sagen können! — Ihr habt so eine gewisse eigene Manier, beim Lesen über Punkt und Komma wegzusetzen, als wären es Gräben oder Hecken. — Nun cache=tieret sie. (Froben will die Depesche versiegeln.) Doch halt; — schlagt zuvor in der Bibel nach, ob ich in der citierten Stelle auch nicht geirret habe. (Froben holt die Bibel.) Jeremias XX, 11 und 12. (Froben blättert.) Wo sucht Ihr denn eigentlich? — Ihr seid ja im neuen Testament. Da auch nicht — das ist die Genesis. Unter den vier großen Propheten.

Froben (hin und herblätternd).

Unter den großen?

Kurfürst.

Wo denn sonst — wißt Ihr das nicht?

Froben.

Freilich wohl — — ich meine nur — in meiner Bibel wäre die Reihenfolge etwas anders gewesen. (Blättert mit Ungestüm.)

Kurfürst.

Laßt nur sein — laßt gut sein; Ihr zerzaust mir das Buch und findet es doch nicht. Es ist eine Schande mit Euch jungen Leuten — Ihr seid ärger wie die Heiden und Türken. (Froben legt die Bibel fort und nimmt die Depesche wieder vor.) Morgen in aller Frühe brecht auf und überbringt die Depesche dem Fürsten Statthalter nach Berlin. Unterwegs sprengt überall aus, wo es sich macht, ich läge noch so schwer darnieder, daß ich unter vier Wochen nicht aufkommen könne. Ihr müßt aber

ben Weg über Bielefeld nehmen; denn ich will Euch noch ein
Schreiben an die Frau Kurfürstin mitgeben. (Froben hat bei ben
ersten Worten bes Kurfürsten bie Depesche aus ben Händen sinken
lassen und starrt ihn wie verzweifelnd an.) Nun, was ist Euch
benn?

Froben.

Sind Eure Durchlaucht benn unzufrieden mit mir, baß
Sie mich fortschicken wollen?

Kurfürst.

Durchaus nicht — aber ich bachte, der kranke Löwe brumme
Dir zuviel und Du werdest Gott banken, von ihm los zu
kommen.

Froben (stürzt vor dem Kurfürsten nieder und küßt ihm bie rechte
Hand; mit flehendem Tone).

Durchlaucht! —

Kurfürst (schreit auf und sucht sich loszumachen).

Ach! Kerl! — bist Du benn schier bes Teufels! — kann
ja in Gottes Namen ein andrer reiten! — laß boch nur ben
Arm los! — (Froben tritt erschrocken zurück. Der Kurfürst reibt
sich ben schmerzenden Arm.) Ihr seib ein braver Mensch, lieber
Froben, wollt lieber bie Launen Eures kranken Herrn ertragen,
als ihn verlassen. — (Reicht ihm bie linke Hand.) Ich banke
Euch; — bie ist gesund, bie mögt Ihr immer herzhaft brücken
(Froben preßt bie Hand an Brust und Lippen.)

Froben.
Mein gütiger, mein gnäbigster Herr!

Kurfürst.

Wie steht's benn eigentlich, Junker — ich glaube, es ist
lange her, seit ich bas letzte Mal Eure Schulden bezahlte?

Froben.
Ich habe keine neuen gemacht, Durchlaucht.

Kurfürst.
Wie? Ihr seib ein Duckmäuser geworden?

Froben (sehr schüchtern).

Ich hätte aber wohl was andres auf dem Herzen.

Kurfürst.

Und das wäre?

Froben.

Ich möchte heiraten.

Kurfürst (sehr erstaunt).

Froben, Ihr seid ein Narr!

Froben.

Vielleicht eben deshalb — aber ich liebe.

Kurfürst.

Wen denn?

Froben.

Den Namen kann ich Ew. Durchlaucht nicht nennen, bis
Sie mir nicht Ihren Beistand zugesagt haben. Ich sah im
vorigen Jahre auf der Reiherbeize bei Wusterhausen ein Fräulein;
als ich ihr den Falken auf die Hand setzte, blickten wir einander
in die Augen.

Kurfürst.

Na? — und?

Froben.

Das war alles, Durchlaucht, aber es ist genug.

Kurfürst.

So? — lieber Froben, ich sagte Euch vorhin schon, daß
Ihr ein Narr seid. Das Fräulein wird dasselbe sagen, wenn
ich mich für Euch verwende.

Froben.

Ich will es darauf ankommen lassen, Durchlaucht.

Kurfürst.

Seid Ihr Eurer Sache so gewiß? gut denn, so sichre ich
Dir meinen Beistand zu. Wie heißt das Fräulein?

Froben.

Henriette von Briest.

Kurfürst.

Von Briest — eine gute Familie und sehr reich!

Froben (verzagt).

Das ist es eben, Durchlaucht.

Kurfürst.

Nun, wenn es weiter nichts ist, das Unglück ist so groß nicht. Doch höret, Froben, ehe ich mein Consentiment zu dieser Mariage gebe, stelle ich Euch eine Bedingung.

Froben (voll Jubel).

Jede, die Eure Durchlaucht wollen.

Kurfürst.

Sie ist nicht sogar leicht, als Ihr denken möget. — Ich habe vorhin mit gerechtem Erstaunen gesehen, wie wenig Ihr selbst nur äußerlich in der Bibel Bescheid wisset, und nimmermehr werde ich zugeben, daß Ihr in die heilige Ehe tretet, bis Ihr diese Unwissenheit remedieret und die Reihenfolge der heiligen Bücher fleißig erlernt habt.

Froben (in Verzweiflung).

Die ganze Bibel soll ich auswendig lernen?

Kurfürst.

Es wäre wohl gut, doch würdet Ihr das, soweit ich Euch kenne, kaum prästieren. Holt Euch einen Sessel heran und setzt Euch. (Froben thut es.) Ich werde Euch jetzt Eure Lektion vorsagen, leset wohl nach. (Schlägt ihm die betreffende Seite der Bibel auf und schiebt sie ihm hin.) Da oben geht es an; habt Ihr's?

Froben.

Zu Befehl, Durchlaucht.

Kurfürst (hersagend).

Verzeichnis aller Bücher des alten und neuen Testamentes. — I. Die Bücher des alten Testamentes. Die fünf Bücher Mosis. Das Buch Josua. Das Buch der Richter. Das

Buch Ruth. Das erste und zweite Buch Samuelis. Das erste und zweite Buch der Könige. Das erste und zweite Buch der Chronika. Das Buch Esra. Das Buch Nehemia. Das Buch Hiob. Der Psalter. Die Sprüche Salomonis. Der Prediger Salomo. Das Hohelied Salomonis.

Nun folgen die Propheten: Jesaia, Jeremia, Klagelieder Jeremiä, Hesekiel, Daniel. Dieses sind die vier großen Propheten. Hosea, Joel — Micha — nein! — so helfet mir doch ein wenig ein; — aber nur mit dem ersten Buchstaben; — dann weiß ich schon weiter — (Sieht sich nach Froben um, welcher, nachdem er vergebens mit der Müdigkeit gekämpft hat, mit dem Kopf auf die Bibel gesunken und eingeschlafen ist.) Froben! — aber Froben! — (Mit dem Haupte schüttelnd.) Er schläft ganz fest, während ich mich mit den großen und kleinen Propheten abquäle! (Legt die Hand auf Frobens Haupt.) Glücklicher Jüngling, wohl Dir! Du darfst nicht für ein Land wachen!

(Vorhang fällt.)

Vierter Akt.
Fünfte Szene.
Derfflinger. Offiziere, zweiter Soldat und Soldaten treten auf.

Derfflinger.

Kinder, ich habe Euch aus allen Regimentern genommen, damit alle Regimenter gleichen Anteil an der Ehre unseres Unternehmens haben. Ihr sollt Eurem Alten einen Koup aus=führen helfen.

Die Soldaten.

Exzellenz, das wollen wir.

Derfflinger.

Er ist aber nicht leicht. Wir müssen mit List oder Gewalt über die Zugbrücke, die nach Rathenow führt. Erst wollen wir's mit List versuchen. Loset sechs unter Euch aus — wir geben uns für flüchtige Schweden aus und bitten um Einlaß in die Stadt; — ich selbst werde Euer Wortführer sein. (Zum zweiten Soldaten) Hörst Du, ich selbst! — nicht etwa Du! —

Zweiter Soldat.

Zu Befehl, Exzellenz.

Derfflinger.

Glückt es uns, so bringen wir über die Brücke und machen alles nieder, was uns in den Weg kommt. Glückt es nicht, so müssen wir Bohlen über die Brücke legen und mit Gewalt ins Thor; — das wird wohl einige Künste kosten — doch Ihr wißt, Kinder, was einmal sein muß, das muß sein, — und ich werd' es nicht besser haben, als einer von Euch. — Nun geht hin und eßt zur Nacht, ich will es auch thun — und haltet Euch auf den ersten Wink parat. (Die Soldaten ab.)

Sechste Szene.

Derfflinger, Offiziere. Erster Offizier mit einer Depesche tritt auf.

Derfflinger.

Was bringen Sie?

Erster Offizier (übergiebt die Depesche).

Vom General Kanowski.

Derfflinger (auffahrend).

Von Kanowski? Aber Mann, ich denke, der ist lange auf seinem Posten —

Erster Offizier.

Ja, Exzellenz, aber —

Derfflinger.

Bleiben Sie mir mit Ihrem „Aber" vom Leibe, Herr! — Ein Licht, eine Fackel, daß ich den Wisch lesen kann! (Man bringt eine Fackel; Derfflinger hält das Papier gegen das Licht.)

„Raptim, abends 9½ Uhr."

Raptim — aber sagen Sie mir, was hat der Mann in Raptim zu thun — er soll sich ja bei den Weinbergen aufstellen? Raptim, — wo liegt denn das verfluchte Nest?

Erster Offizier.

Verzeihen Sie, Excellenz, Raptim —

Zweiter Offizier.

Raptim ist nämlich —

Dritter Offizier.

Es heißt —

Derfflinger.

Meine Herren, machen sie mich nicht toll mit Ihrem: Es ist — es heißt! — Ich frage, ob jemand von Ihnen weiß, wo Raptim liegt? Antworten Sie mit Ja oder Nein.

Die Offiziere.

Nein, Excellenz.

Derfflinger.

So gehen Sie in mein Zelt und holen Sie mir die Karte! — (Die Offiziere sehen sich verlegen an.) Haben Sie nicht gehört, Sie sollen mir die Karte holen! (Zweiter Offizier geht in Derfflingers Zelt.) Wenn ich nur wüßte, was der Mann in Raptim zu thun hat! — (Zweiter Offizier kommt mit der Karte zu den Offizieren.) Zwei von Ihnen halten die Karte auseinander, — leuchten Sie mit der Fackel — Sie helfen mir suchen, — (sucht) Raptim! Raptim! was hat der Mann nur in Raptim zu thun! —

Dritter Offizier.

Raptim ist —

Derfflinger.

Wo ist's! — zeigen Sie mit dem Finger darauf.

Dritter Offizier.

Ich hatt' es nicht.

Derfflinger.

Herr, wollen Sie mich zum besten haben? Wer sich unter= steht, das Maul aufzuthun, eh' er Raptim gefunden hat, der soll den alten Derfflinger kennen lernen — verstehen Sie mich? Raptim — Raptim — Kurland, Göttlin, Steckelsdorf, Buckow

— aber nirgend ein Raptim! — O! dieses Raptim bringt mich unter die Erde! Wenn mir wenigstens einer sagen könnte, was der Mann in Raptim will!

Siebente Szene.

Vorige. Der Kurfürst, Landrat v. Briest, Froben und Gefolge.

Kurfürst.

Guten Abend, meine Herren! (erblickt Derfflinger) Um Gotteswillen, was ist denn passiert?

Derfflinger.

Durchlaucht, wir können uns wieder auf den Rückmarsch begeben — unser Plan ist vereitelt.

Kurfürst.

Wie?

Derfflinger.

Alle Anstalten waren getroffen und Kanowski verabredeter=maßen nach den Weinbergen dirigiert; — er hat jedoch für gut befunden, statt dessen nach Raptim zu gehen.

Kurfürst.

Nach Raptim? — Einen solchen Ort kenne ich in der ganzen Gegend nicht.

Derfflinger.

Ich auch nicht. Hier ist seine Benachrichtigung. (Giebt dem Kurfürsten die Papiere.)

Kurfürst (liest).

„Raptim, abends 9½ Uhr.

Wir stehn glücklich in den Weinbergen; unser Führer hat aber aus Furcht vor dem Schießen dergestalt den Kopf ver=loren, daß auf ihn kein Verlaß mehr ist, und bitte ich mir mit Überbringer dieses einen anderen der Gegend kundigen Mann aus.

Kanowski."

(Faltet den Brief zusammen; die Offiziere im Kampf zwischen Lachen und Respekt, Derfflinger weiß nicht, was er sagen soll.)

Kurfürst (sehr ernst).

Lieber Briest, Ihr kennt die Gegend, wollet Ihr mit dem Offizier gehen? (Landrat v. Briest verneigt sich. Zum ersten Offizier). Es scheint mir, als hättet Ihr Euer Plaisier an dem Mißverständnis gehabt; wir werden später weiter darüber sprechen. (Landrat v. Briest mit dem ersten Offizier ab.)

Derfflinger (noch immer in höchster Ungewißheit, halblaut zum Kurfürsten).

Was hat es denn aber mit dem Raptim eigentlich für eine Bewandtnis?

Kurfürst (ebenso).

Es ist ein lateinisches Wort und bedeutet: in Eile.

Derfflinger (ebenso).

Ah!

Kurfürst (ebenso).

Ja!

Derfflinger (ebenso).

So möchte ich Eurer Durchlaucht rücksichtlich des Offizieres bitten, es bei dem gelinden Verweise zu belassen. Ich war wohl etwas hastig, und hätte die Depesche jedenfalls bis zu Ende lesen sollen.

Kurfürst (ebenso).

Das wäre allerdings besser gewesen. (laut) Meine Herren, es ist alles bereit. — Wir wollen uns auf unsere Posten begeben.

———

Elfte Szene.

Vorige ohne Wangelin, Offizier und Soldaten. Darauf zweiter Offizier; dann Bürgermeister und Rat der Stadt Rathenow.

Zweiter Offizier (meldend).

Bürgermeister und Rat der Stadt Rathenow wünschen Eurer Durchlaucht unterthänigst aufzuwarten.

Kurfürst.

Sind mir willkommen! (Zweiter Offizier ab.)

Prinz v. Homburg.

Die haben sich biesmal zeitig herausgemacht; — das Schießen ist ja kaum vorüber.

Kurfürst.

Ew. Liebden müssen mir die Leute nicht bedaignieren; — in meinen Landen gilt jedermann an seiner Stelle.

(Bürgermeister und Rat von Rathenow, eingeführt vom zweiten Offizier, treten auf. Einer der Ratsherren trägt einen silbernen Becher auf einem silbernen Teller.)

Bürgermeister.

Durchlauchtigster Kurfürst! Allergnädigster Kurfürst und Herr! — Bürgermeister und Rat der Stadt Rathenow erscheinen in tiefster Ehrfurcht, Eurer Durchlaucht wegen der soeben gewonnenen Biktoria submissest zu gratulieren und unterthänigst zu supplizieren, Euer Durchlaucht wollen geruhen, statt der Schlüssel der Stadt, welche Sie mit siegreicher Hand Höchstselber dem Feinde abge= nommen haben, in Gnaden diesen Ehrentrunk — (nimmt dem Ratsherrn den Teller mit dem Pokal ab und präsentiert ihn dem Kurfürsten) von Höchst Ihrer getreuen Stadt Rathenow ent= gegenzunehmen.

Kurfürst (nimmt den Becher und trinkt).

Auf ein fröhlich Gedeihen meiner lieben Stadt Rathenow! — (Bürgermeister und Rat verbeugen sich. Der Kurfürst giebt den Becher zurück.) Fürwahr, ein kräftiger Wein! — ich bin schier verwundert, daß die Herren Schweden das nicht auch gefunden haben.

Bürgermeister.

Durchlaucht wir hatten ihn wohl gut versteckt.

Kurfürst.

Das müßt Ihr! — Denn man sagt ihnen nach, daß sie feine Nasen hatten. — Habt Ihr mich denn schon so bald erwartet?

Bürgermeiſter.

Wir vermuteten wohl ſo etwas; aber ſo raptim glaubten
wir doch nicht —

Derfflinger (bei Seite).

Alter Schafskopf! —

(Alle, bis auf den Bürgermeiſter und Rat, lachen.)

Bürgermeiſter (in ängſtlicher Verlegenheit).

Ich hoffe doch nicht etwa gar Ungeziemendes geredet zu haben?

Kurfürſt.

Nein, nein. Laßt Euch im Kontext nicht ſtören.

Bürgermeiſter.

Wir fürchteten eine längere Belagerung, wohl gar eine
Bewerfung der Stadt.

Kurfürſt.

Da habt Ihr übel reflektieret, Bürgermeiſter; — ich bin
nicht gekommen, mein Land zu verbrennen, ſondern es zu beſchützen.

Bürgermeiſter (wieder ſehr ängſtlich).

Ich weiß nicht — wir haben in den untern Räumen des
Rathauſes eine modeſte Kollation veranſtaltet — ob ich es
wagen darf, die Herren Offiziere gehorſamſt —

Kurfürſt (lächelnd).

Alſo noch immer alles beeſſen und betrinken? — Ich ſehe
zu meinem höchſten Kontentement, mein lieber Bürgermeiſter,
daß Ihr aller Trübſal der Zeit zum Trotz die Alten geblieben
ſeid, und hoffe, meine Herrn Offiziere werden es auch noch ſein.
(Verabſchiedet ſie mit einer freundlichen Handbewegung. Bürgermeiſter und Rat gehen ab.)

Kurfürſt.

Morgen, Ihr Herren, ruhen wir aus und wollen Gott für
dieſen erſten Succes unſerer Waffen danken. — Übermorgen
geht es wieder vorwärts und wir dürfen an keinen neuen Raſt-
tag denken, bis wir dem Feinde gegenüberſtanden. Ich habe
ſichere Kundſchaft, daß die ſchwediſche Armee ſich um Branden-

burg konzentrieret und auf Havelberg marschieren wird, um sich mit dem Herzog von Hannover zu vereinigen. Wir müssen sie deshalb auf dem Marsche attackieren und zeigen, was wir gelernt haben.

Und nun gute Nacht, Ihr Herren; vergesset nicht, daß meine braven Rathenower Euch erwarten. (Zu Froben.) Lasset mein Feldbett in dies Zimmer setzen.

(Alle ab bis auf den Kurfürsten.)

Zwölfte Szene.

Der Kurfürst. Später der Leibkutscher des Kurfürsten und drei Diener, welche das Feldbett in das Zimmer tragen.

Der Kurfürst (allein).

Ich muß alsbald Schwerin über den heutigen Tag avertieren; denn leider hält der Erfolg die Allianzen fester zusammen, als Wort und Unterschrift. (Setzt sich an den Schreibtisch.) Ein unvollendeter Brief vom Obersten Wangelin, in welchem er um weitere Verstärkung bittet, und auf die Gerüchte über meine bevorstehende Anherokunft verweiset; — ich sehe doch, daß ich gerade zur rechten Zeit gekommen bin.

(Diener kommen mit dem Feldbette.)

Kurfürst (sieht sich um; zum Leibkutscher).

Gut, daß Er da ist. Wir liegen hier morgen still; — laß' Er also meine Chaise gehörig nachsehen, damit unterwegs nicht wieder etwas daran zerbricht und wir Aufenthalt haben.

Leibkutscher (halb vor sich hin).

Ach, der Wagen ist schon im Stande; an dem lag es nicht.

Kurfürst (fährt unwillig auf).

Nun, woran denn?

Leibkutscher.

Durchlaucht woll'n es nicht ungnädig aufnehmen; aber kein Zeug kann halten, wenn man jeden Morgen ohne Predigt und Gebet

in dieſen Wegen und Wetter auf die Landſtraße hinaus muß.
(Will abgehen.)

Kurfürſt (ruft ihm nach).

Komm' Er her! — Leibkutſcher kommt heran; der Kurfürſt
giebt ihm Geld.) Er mag im ganzen nicht ſo unrecht haben; —
aber den Wagen laß' Er doch nachſehen — hört Er?

Leibkutſcher.

Zu Befehl, Durchlaucht.

(Leibkutſcher und Diener gehen ab.)

Kurfürſt (ſteht vom Schreibtiſch auf).

Muß ich mich von dem Kerl noch an meine Pflicht
mahnen laſſen! —

(Indem er ſich zum Gebet niederläßt,
fällt der Vorhang.)

Fünfter Akt.

Dritte Szene.
Kurfürſt. Später ein Kämmerer.

Kurfürſt (allein).

Wo Froben ſteckt? — Er hat mich ſo verwöhnt,
Daß mich's verdrießt, wenn eine andere Hand
Mir aus der Rüſtung hilft!

(Kurfürſt ſchellt. Kämmerer tritt auf.)

Kurfürſt.

Schnall' mir den Harniſch ab. (Diener thut es.)
Den Kammerjunker Froben ſahſt Du nicht?

Kämmerer.

Mach' ich es denn ſo ungeſchickt, Durchlaucht,
Daß Sie ſchon wieder nach dem Junker fragen?

Kurfürſt.

Nein, nein, mein Alter. Wärſt Du eiferſüchtig,
Daß ich Dich wen'ger brauche, als wohl ſonſt?

Ich hab' mit ihm nur manches zu besprechen,
Wozu am Tag nicht Zeit.

Kämmerer.

Woll'n Durchlaucht nicht

Die Kleider wechseln?

Kurfürst.

Nein, ich bleibe so,

Nun gute Nacht. (Der Kämmerer geht ab.)

Der Froben hätt' gezankt;

Der wagt es nicht. Und doch ist Frobens Zanken
Mir lieber als sein schweigender Gehorsam! —
Gott besser's! wir sind wunderliche Menschen! —

(Tritt ans Fenster.)

Der Himmel klärt sich auf; — die lichten Sterne
Verheißen einen hellen Tag auf morgen, —
Manch' Auge, das am lichten Sternenglanz
Sich heut' gleich mir ergötzt, wird morgen brechen; —
Furchtbar ist das Gewicht der Fürstenmacht,
Das Du, o Gott, auf dieses Haupt gelegt: —
Nutz' ich sie nicht, gleich' ich dem faulen Knecht,
Der träg' und ungemehrt sein Pfund vergrub; —
Und nutz' ich sie, wie ich nicht anders kann,
Dann klopft der Mensch an's eherne Fürstenthor
Und fordert ungestüm Gehör und Einlaß! —
Von Deinen Gnaden nennen sie uns Fürsten —
Von Deinen Gnaden, ja! zum Schmerz begnadet! —

(Geht einige Male durch das Zimmer auf und ab.)

Ich hätte diesen Kampf vermeiden können
Und meinem Volk viel herbes Leid erspart,
Wenn ich vom Kaiser ließ und ohne Säumen
Mein Heer vom Rhein zurückzog; — doch von Herzen
Bin ich des Schlangenwegs der Politik,

Den ich bisher um meiner Schwäche willen
Verfolgen mußte, satt und will's versuchen,
Ob nicht der junge brandenburg'sche Aar,
Den ich mit stiller Vatersorge hegte,
Zum Adler ward, in Kraft der eignen Schwingen
Es wagen darf die Wolken zu durchschneiden
Und kühnen Flugs zur Sonn' empor zu stürmen! —

                      (Nach einer Pause.)

Wenn es mißglückte — wenn ich meine Macht
Zu hoch geschätzt und nun mit e i n e m Schlage,
Was mir ein Leben voll Geduld gewann,
Verloren ging? Wohl hätte ich ein Recht,
Vor einem solchen W e n n zurückzuweichen,
Denn eigenhändig trug ich jeden Stein
Zum Aufbau dieser Monarchie heran,
Und niemand kennt den Kostenpreis, als ich; —
Und doch kann ich nicht anders! — Meine Kraft
Reicht aus, noch einmal wieder anzufangen,
Doch jeder Nerv würd' mir den Dienst versagen,
Macht' zögernd ich auf halbem Wege Halt! —
(Setzt sich sinnend in einen Lehnsessel. Kriegerische Musik vor dem
    Schloß, die zunehmend lauter wird. Der Kurfürst erhebt sich.)
Trompetenklang ruft die Armee zum Aufbruch,
Dem Schlachtengruß schwillt meine Brust entgegen!
Hinweg denn zaudernde Bedenklichkeit! —
Ich prüfte mich; da ich mich recht erfand,
Leg' ich den Rest getrost in Gottes Hand.

Der große Kurfürst.

In dem Brandenburger Lande blinket mancher schöne Dom,
Spiegeln manche schöne Städte sich im blauen Havelstrom;
Der im stillen Wellendrange kommt mit seinen blauen Wogen
Zween alten Brennenstädten feierlich vorbeigezogen.

Eine ist aus schönen Liedern allen Landen wohlbekannt:
Brandenburg, die Waldesfeste, hat die Vorzeit sie genannt.
Drinnen horsteten die Adler, und so manche kühne Helden
Sind aus ihren Mauern kommen, wie die Sagen uns vermelden.

Und die andre will ich preisen, Rathenau, die alte Stadt,
Wo so mancher kühne Reiter seinen Tod gefunden hat;
Kommt mit mir in meine Heimat, höret von den alten Zeiten,
So die süßen Lieder rühmen, von der Väter Heldenstreiten.

Rathenau, du Welleninsel, wehe deinen alten Mauern,
Hinter denen wilde Feinde jetzt auf Deine Kinder lauern:
„Euer Kurfürst ist am Rheine!" trotzen sie mit keckem Mute,
Und die mordgewohnten Schwerter färben sie mit Weiberblute!

„Unser Feldherr Wrangel lebe, mit ihm seine tapfern Schweden!"
Also klingen sie die Becher, brüsten sich mit hohen Reden,
Und die Bürger faßt ein Bangen, bis die wilden Feinde, trunken,
Schnaubend in den Häusern schlafen und die Nacht herabgesunken.

Doch zum hellen Waffentanze klopfet mächtig an den Thoren
Derffling mit dem Heldenarme, schaurig tönt es in die Ohren,
Und die Wälle sind erstiegen und die Mauern überwunden: —
Jetzt, ihr kühnen Feindesscharen, wie ist euer Mut geschwunden?

Hei, wie blinken in dem Dunkel, Derffling, Deine Flammenstreiche,
Und die braunen Rosse tanzen lustig über Blut und Leiche:
Bang und nächtig durch die Felder schleichen mit den tiefen
Wunden
Die beherzten Schwedenhelden, nimmer mögen sie gesunden.

Das sind Eure Brandenburger, die am blauen Rhein gefochten,
Die Euch Trunkne, Siegbethörte, schrecklich aus dem Schlafe
pochten,
Unser Kurfürst ist am Rheine, unser Kurfürst ist zu Hause,
Unser Kurfürst allerwegen, wie das schnelle Sturmgesause.

Jetzo feierlich gebetet und gedankt dem Herrn der Erde,
Was so ritterlich begonnen, daß es auch vollendet werde,
Denn noch gilt es manchen Schwertschlag draußen auf der
grünen Heide,
Morgen hin zu neuem Tanze in dem roten Siegerkleide.

Auch in Brandenburgs Gefilden fließt ein Wasser Rhein genannt,
Schlingt sich durch beblümte Wiesen und durch braunes Heideland.
Unser Kurfürst ist am Rhein, ja am Rheine, wohlgesprochen,
An dem Brandenburger Rheine hat er Schwedens Macht
gebrochen.

„Ziehet, Prinz von Hessen = Homburg, unserm kleinen Heer
vorauf,“
Sprach der große Friedrich Wilhelm, „nehmt den besten
Reiterhauf'.
Spähet nach den Feindesscharen, aber laßt Euch nicht verleiten,
Schnell und wagend, wie Ihr immer, mit der Übermacht zu
streiten.“.

An der Spitze seiner Scharen treibt er durch das grüne Feld
Über Berg und Wiesenthalen und erspäht des Feindes Zelt.

Hei, da blinkt es ihm herüber und die hellen Waffen blitzen,
O, wie winkt es ihm hinüber, lockend mit den Schwerterspitzen.

Fern herüber fliegt verwegen mordbegieriges Geschoß,
Und es streift des kühnen Helden kampfbegierig Schlachtenroß;
Und der Ritter spornt den Rappen, und es folgen ihm die
Scharen,
Und vermessen stürzen alle in die töblichen Gefahren.

Schwingen sie behend die Schwerter, fällt auch mancher Heldenstreich,
Sinkt auch mancher kühne Schwede auf die Wiese tot und bleich,
Zehne fechten gegen Tausend, die an ihrem Blut sich letzen,
Ihres Ruhmes junge Scharten an den Siegern auszuwetzen.

Armer Prinz von Hessen-Homburg, arme notgedrängte Schar,
Jetzo bist Du überwunden und verloren immerdar! —
Doch den Donner der Geschütze hört der Kurfürst in der Weite,
Und er ahnet, was geschehen, und er fliegt zu Kampf und Streite.

Wie die graugepeitschte Woge an die Felsgestade braust,
Wie der Sturmwind in den Wipfeln alter Eichenwälder saust,
Flog herbei mit seinem Volke Friedrich Wilhelm, wohlgerüstet,
Wie Orions Sterne funkeln, wenn er durch die Nacht sich brüstet.

Und der Feinde dichte Rotten sehn den starken Helden nah'n,
Sehn die tapfern Brandenburger und ein Zittern faßt sie an:
Tausend heiße rote Quellen fließen plötzlich nach dem Sande:
Flieht, Ihr kühnen Schweden, fliehet, fliehet schnell in Eure Lande!

„Großer Kurfürst, Friedrich Wilhelm, der den großen Sieg
gewonnen,
Der das Werk zu Ende brachte, das bei Rathenau begonnen,
Sei gepriesen Landesvater, Landesretter immerdar!"
Ruft ihm jubelvoll entgegen seine Brandenburger=Schar.

„Lebt der Prinz von Hessen=Homburg?" fragt er ernst, und
voller Bangen.
Kommt der Ritter, schuldig, reuig, totenbleich herangegangen.
„Prinz, Ihr habt den Tod verdienet für die übereilte That!"
„„Tod verdient von seinen Brüdern!"" ruft der ganze Kriegesrat.

„Aber soll mich Gott behüten, diesen Tag, der Feinde Schrecken,
Mit dem Blute eines Prinzen meines Stammes zu beflecken:
Tretet her und dankt dem Himmel, daß der Sieg der unsre war!"
Und es knieten alle nieder, und es dankte Gott die Schar.

Oftmals nach der Welleninsel bin ich froh hinabgezogen,
So die bunten Häuser spiegelt in den blauen Havelwogen,
Und die hohen Denkgebilde hab' ich sinnend angeschaut,
Die dem großen Friedrich Wilhelm seine Treuen aufgebaut.

Und durch Wald und Wiesengründe bin ich auch hinabgegangen,
Wo die Helm' und Ritterschwerter einst bei Fehrbellin erklangen,
Nach dem grünen Heidenhügel, nach dem witternden Gestein,
Das die Heldenschlacht bezeichnet an dem Brandenburger=Rhein.

Fehrbellin, zu allen Zeiten sei im Heldenlied gepriesen,
Fehrbellin am blauen Rhine, mit dem Hügel, mit den Wiesen,
Und wo einst ein Pilger wandert durch das Brandenburger Land,
Werd' ihm Brandenburg und Rath'nau, werd' ihm Fehrbellin
genannt.

Julius Curtius.

Der Engel von Fehrbellin.

Ernst ritt der tapfre Kurfürst
Durch das verheerte Land;
Die Schweden will er zücht'gen
Für Mord und Raub und Brand.

In einem Dorf am Wege
Hört Klagelaut sein Ohr,
Aus halbverbrannter Hütte
Dringt er zu ihm empor.

Vom Rosse steigt der Kurfürst
Und tritt zur Thür hinein;
Da liegt zurückgelassen
Ein Kindlein zart und fein.

Und stille wird's und freundlich,
Als er zur Wiege schritt;
Streckt ihm die Hand entgegen
Und spricht: „O nimm mich mit!"

Er trägt's hinaus zum Rosse,
Nimmt's vor sich auf den Schoß,
Doch als er weiter reitet,
Da wird es licht und groß.

„Wie Du in banger Stunde
Geübt Barmherzigkeit,
Schirmt Dich der Herr im Kampfe,
Giebt Ruhm und Sieg Dir heut!"

Es hebt die Hände segnend
Der Engel licht und schön
Und schwingt mit weißem Fittich
Sich zu des Himmels Höh'n.

W. Martin.

Fehrbellin.

Herr Kurfürst Friedrich Wilhelm, der große Kriegesheld,
Seht, wie er auf dem Schimmel vor den Geschützen hält;
Das war ein rasches Reiten, vom Rhein bis an den Rhin,
Das war ein heißes Streiten am Tag von Fehrbellin.

Wollt ihr, ihr trotzigen Schweden, noch mehr vom deutschen Land?
Was tragt ihr in die Marken den wüt'gen Kriegesbrand?
Herr Ludwig an der Seine, der hat euch aufgehetzt,
Daß Deutschland von der Peene zum Elsaß werd' zersetzt.

Doch nein, Graf Gustav Wrangel, hier steh' nun einmal still,
Dort kommt Herr Friedrich Wilhelm, der mit Dir reden will,
Gesellschaft aller Arten bringt er im raschen Ritt
Samt Fahnen und Standarten zur Unterhaltung mit.

Nun seht ihn auf dem Schimmel, ein Kriegsgott ist es, traun!
Den Boden dort zum Tanze will er genau beschau'n.
Und unter seinen Treuen, da reitet hintenan
Zuletzt, doch nicht aus Scheuen, Stallmeister Froben an.

Und wie Herr Wrangel drüben den Schimmel nun erblickt,
Ruft er den Kanonieren: „Ihr Kinder, zielt geschickt!
Der auf dem Schimmel sitzet, der große Kurfürst ist's,
Nun donnert und nun blitzet: auf wen's geschieht, ihr wißt's.“

Die donnern und die blitzen und zielen wohl nichts Schlecht's,
Und um den Herren fallen die Seinen links und rechts;
Dem Derfflinger, dem Alten, fast wird es ihm zu warm,
Er ist kein Freund vom Halten mit dem Gewehr im Arm.

Und dicht und immer dichter schlägt in die Heeresreih'n,
Dort in des Schimmels Nähe, der Kugelregen ein;
„Um Gott, Herr Kurfürst, weiche!“ Der Kurfürst hört es nicht,
Es schaut sein Blick, der gleiche, dem Feind ins Angesicht.

Der Schimmel mocht' es ahnen, wem dieses Feuer gilt,
Er steigt und schäumt im Zügel, er hebt sich scheu und wild,
Die Herren alle bangen, doch ihm sagt's keiner an;
Wär' doch nicht rückwärts 'gangen, der fürstlich große Mann.

O Preußen, damals wägte auf eines Auges Blick,
Auf eines Zolles Breite sich furchtbar dein Geschick.
O Zollern, deine Krone, o Friederich, dein Ruhm,
Hier galt's im Ahn dem Sohne, im Hut dem Königstum.

Hier galt es Sieg und Freiheit ob nord'scher Übermacht,
Und wer, wenn er gefallen, wer schlüge seine Schlacht?
Nicht Homburg's edle Hitze, nicht Derffling's rauher Mut,
Nicht Grumbkow's Säbelspitze, nicht Heer noch Landsturm gut.

Und doch, der Tod ist nahe und mäht um ihn herum,
Und alles zagt und trauert und alles bleibet stumm.
Die Scheibe ist der Schimmel, das merket jeder nun,
Doch helfen mag der Himmel, von uns kann's keiner thun.

Da reitet zu dem Fürsten Emanuel Froben her:
„Herr Kurfürst, Euer Schimmel, er scheut sich vor'm Gewehr,
Das Tier hat seine Launen. Ihr bringt's nicht ins Gefecht,
So nehmt nur meinen Braunen, ich reit's indes zurecht."

Der Herr schaut ihm herüber: „Es ist mein Lieblingsroß,
Doch das verstehst Du besser, so reit' es nur zum Troß."
Sie wechseln still, dann sprenget rasch, ohne Gruß und Wort,
Den Zügel lang verhänget, der edle Froben fort.

Und weit von seinem Herren hält er zu Rosse nun,
Für wenig Augenblicke scheint das Geschütz zu ruhn.
Der Kurfürst selber sinnet, warum es jetzt verstummt,
Und „wacker war's gemeinet," der alte Derffling brummt.

Da plötzlich donnert's wieder gewaltig über's Feld,
Doch nur nach einem Punkte ward das Geschütz gestellt.
Hoch auf der Schimmel setzet, Herr Froben sinkt zum Sand,
Und Roß und Reiter netzet mit seinem Blut das Land.

Die Ritter alle schauen gar ernst und treu hinein.
O Froben dort am Boden, wie glänzt dein Ruhmesschein!
Der Kurfürst ruft nur leise: — „Ha! war das so gemeint?"
Und dann nach Feldherrnweise: „Nun vorwärts in den Feind!"

J. Minding.

Der Prinz von Homburg
von Heinrich von Kleist.

Fünfter Akt.
Szene: Saal im Schloß.

Erster Auftritt.

Der Kurfürst kommt halb entkleidet aus dem Nebenkabinett; ihm folgen Graf Truchß, Graf Hohenzollern und der Rittmeister von der Golz. — Pagen mit Lichtern.

Kurfürst.
Kottwitz? mit den Dragonern der Prinzessin?
Hier in der Stadt?

Graf Truchß (öffnet das Fenster).
Ja, mein erlauchter Herr!
Hier steht er vor dem Schlosse aufmarschiert.

Kurfürst.
Nun? — Wollt Ihr mir, Ihr Herren, dies Rätsel lösen? —
Wer rief ihn her?

Hohenzollern.
Das weiß ich nicht, mein Kurfürst.

Kurfürst.
Der Standort, den ich ihm bestimmt, heißt Arnstein!
Geschwind! geh' einer hin und bring ihn her!

Golz.
Er wird sogleich, o Herr, vor Dir erscheinen!

Kurfürst.
Wo ist er?

Golz.
Auf dem Rathaus, wie ich höre,
Wo die gesamte Generalität,
Die Deinem Hause dient, versammelt ist.

Kurfürst.

Weshalb? zu welchem Zweck?

Hohenzollern.

Das weiß ich nicht.

Graf Truchß.

Erlaubt, mein Fürst und Herr, daß wir uns gleichfalls
Auf einen Augenblick dorthin verfügen?

Kurfürst.

Wohin? aufs Rathaus?

Hohenzollern.

In der Herren Versammlung!
Wir gaben unser Wort, uns einzufinden.

Kurfürst (nach einer Pause).

Ihr seid entlassen!

Golz.

Kommt, Ihr werten Herrn!
(Die Offiziere ab.)

Zweiter Auftritt.

Der Kurfürst. — Späterhin zwei Bediente.

Kurfürst.

Seltsam! — Wenn ich der Dey von Tunis wäre,
Schlüg' ich bei so zweideut'gem Vorfall Lärm;
Die seidne Schnur legt' ich auf meinen Tisch,
Und vor das Thor, verrammt mit Pallisaden,
Führt' ich Kanonen und Haubitzen auf.
Doch weil's Hans Kottwitz aus der Priegnitz ist,
Der sich mir naht, willkürlich, eigenmächtig,
So will ich mich auf märk'sche Weise fassen:
Von den drei Locken, die man silberglänzig
Auf seinem Schädel sieht, faß' ich die eine
Und führ ihn still mit seinen zwölf Schwadronen

Nach Arnstein in sein Hauptquartier zurück.
Wozu die Stadt aus ihrem Schlafe wecken?
(Nachdem er wieder einen Augenblick ans Fenster getreten, geht er
    an den Tisch und klingelt; zwei Bediente treten auf.)
Spring doch herab und frag, als wär's für Dich,
Was es im Stadthaus giebt.

Erster Bedienter.

Gleich, mein Gebieter!

Kurfürst (zu dem andern).

Du aber geh und bring die Kleider mir!
(Der Bediente geht und bringt sie; der Kurfürst kleidet sich an
    und legt seinen fürstlichen Schmuck an.)

Dritter Auftritt.

Feldmarschall Dörfling tritt auf. — Die Vorigen.

Feldmarschall.

Rebellion, mein Fürst!

Kurfürst (noch im Ankleiden beschäftigt).

Ruhig, ruhig! —

Es ist verhaßt mir, wie Dir wohl bekannt,
In mein Gemach zu treten ungemeldet!
— Was willst Du?

Feldmarschall.

Herr, ein Vorfall — Du vergiebst! —

Führt von besonderem Gewicht mich her.
Der Obrist Kottwitz rückte unbeordert
Hier in die Stadt; an hundert Offiziere
Sind auf dem Rittersaal um ihn versammelt;
Es geht ein Blatt in ihrem Kreis herum,
Bestimmt, in Deine Rechte einzugreifen.

Kurfürst.

Es ist mir schon bekannt! — Was wird es sein

Als eine Regung zu des Prinzen Gunsten,
Dem das Gesetz die Kugel zuerkannte.

Feldmarschall.

So ist's! beim höchsten Gott! Du hast's getroffen!

Kurfürst.

Nun gut! — So ist mein Herz in ihrer Mitte.

Feldmarschall.

Man sagt, sie wollten heut', die Rasenden!
Die Bittschrift noch im Schloß Dir überreichen
Und, falls mit unversöhntem Grimm Du auf
Dem Spruch beharrst — kaum wag' ich Dir's zu melden! —
Aus seiner Haft ihn mit Gewalt befreien!

Kurfürst (finster).

Wer hat Dir das gesagt?

Feldmarschall.

Wer mir das sagte?
Die Dame Retzow, der Du trauen kannst,
Die Base meiner Frau. Sie war heut' Abend
In ihres Ohms, des Drost von Retzow, Haus,
Wo Offiziere, die vom Lager kamen,
Laut diesen dreisten Anschlag äußerten.

Kurfürst.

Das muß ein Mann mir sagen, eh' ich's glaube.
Mit meinem Stiefel, vor sein Haus gesetzt,
Schütz' ich vor diesen jungen Helden ihn!

Feldmarschall.

Herr, ich beschwöre Dich, wenn's überall
Dein Wille ist, den Prinzen zu begnad'gen,
Thu's, eh' ein höchst verhaßter Schritt geschehn!
Jedwedes Heer liebt, weißt Du, seinen Helden;
Laß diesen Funken nicht, der es durchglüht,
Ein heillos fressend Feuer um sich greifen.

Kottwitz weiß und die Schar, die er versammelt,
Noch nicht, daß Dich mein treues Wort gewarnt;
Schick, eh er noch erscheint, das Schwert dem Prinzen,
Schick's ihm, wie er's zuletzt verdient, zurück:
Du giebst der Zeitung eine Großthat mehr
Und eine Unthat weniger zu melden.

Kurfürst.

Da müßt' ich noch den Prinzen erst befragen,
Den Willkür nicht, wie Dir bekannt sein wird,
Gefangen nahm und nicht befreien kann. —
Ich will die Herren, wenn sie kommen, sprechen.

Feldmarschall (für sich).

Verwünscht! — er ist jedwedem Pfeil gepanzert.

Vierter Auftritt.

Zwei Heiducken treten auf; der eine hält einen Brief in der Hand.
— Die Vorigen.

Erster Heiduck.

Der Obrist Kottwitz, Hennings, Truchß und andre
Erbitten sich Gehör!

Kurfürst (zu dem andern, indem er ihm den Brief aus der
Hand nimmt).

Vom Prinz von Homburg?

Zweiter Heiduck.

Ja, mein erlauchter Herr!

Kurfürst.

Wer gab ihn Dir?

Zweiter Heiduck.

Der Schweizer, der am Thor die Wache hält,
Dem ihn des Prinzen Jäger eingehändigt.

(Der Kurfürst stellt sich an den Tisch und liest; nachdem dies
geschehen ist, wendet er sich und ruft einen Pagen.)

Prittwitz! Das Todesurteil bring' mir her!

— Und auch den Paß für Gustav Graf von Horn,
Den schwedischen Gesandten, will ich haben! (Der Page ab.)
(zu dem ersten Heiducken.)
Kottwitz und sein Gefolg — sie sollen kommen!

Fünfter Auftritt.

Obrist Kottwitz und Obrist Hennings, Graf Truchß, Graf Hohenzollern und Sparren, Graf Reuß, Rittmeister von der Golz und
Stranz und andere Obristen und Offiziere treten auf. — Die Vorigen.

Kottwitz (mit der Bittschrift).
Vergönne, mein erhab'ner Kurfürst, mir,
Daß ich im Namen des gesamten Heeres
In Demut dies Papier Dir überreiche!

Kurfürst.
Kottwitz, bevor ich's nehme, sag' mir an,
Wer hat Dich her nach dieser Stadt gerufen?

Kottwitz (sieht ihn an).
Mit den Dragonern?

Kurfürst.
Mit dem Regiment!
Arnstein hatt' ich zum Sitz Dir angewiesen.

Kottwitz.
Herr! Deine Ordre hat mich hergerufen.

Kurfürst.
Wie? — Zeig' die Ordre mir!

Kottwitz.
Hier, mein Gebieter.

Kurfürst (liest).
„Natalie, gegeben Fehrbellin,
Im Auftrag meines höchsten Oheims Friedrich."

Kottwitz.

Bei Gott, mein Fürst und Herr, ich will nicht hoffen,
Daß Dir die Ordre fremd?

Kurfürst.

Nicht, nicht! versteh' mich —
Wer ist's, der Dir die Ordre überbracht?

Kottwitz.

Graf Reuß.

Kurfürst (nach einer augenblicklichen Pause).

Vielmehr, ich heiße Dich willkommen! —
Dem Obrist Homburg, dem das Recht gesprochen,
Bist Du bestimmt, mit Deinen zwölf Schwadronen,
Die letzten Ehren morgen zu erweisen.

Kottwitz (erschrocken).

Wie, mein erlauchter Herr?!

Kurfürst (indem er ihm die Ordre wiedergiebt).

Das Regiment
Steht noch in Nacht und Nebel vor dem Schloß?

Kottwitz.

Die Nacht, vergieb —

Kurfürst.

Warum rückt es nicht ein?

Kottwitz.

Mein Fürst, es rückte ein; es hat Quartiere,
Wie Du befahlst, in dieser Stadt bezogen.

Kurfürst (mit einer Wendung gegen das Fenster).

Wie? Vor zwei Augenblicken —
Nun, beim Himmel!
So hast Du Ställe rasch Dir ausgemittelt! —
Um so viel besser denn! Gegrüßt noch einmal!
Was führt Dich her, sag an? was bringst Du neues?

Kottwitz.

Herr, diese Bittschrift Deines treuen Heers.

Kurfürst.

Gieb!

Kottwitz.

Doch das Wort, das Deiner Lipp' entfiel,
Schlägt alle meine Hoffnungen zu Boden.

Kurfürst.

So hebt ein Wort auch wiederum sie auf. (Er liest.)
„Bittschrift, die allerhöchste Gnad' erflehend,
Für unsern Führer, peinlich angeklagt,
Den General Prinz Friedrich Hessen-Homburg."
(zu den Offizieren)
Ein edler Mann, Ihr Herrn, unwürdig nicht,
Daß Ihr in solcher Zahl Euch ihm verwendet!
(Er sieht wieder in das Blatt.)
Die Bittschrift ist verfaßt von wem?

Kottwitz.

Von mir.

Kurfürst.

Der Prinz ist von dem Inhalt unterrichtet?

Kottwitz.

Nicht auf die fernste Weis'! In unsrer Mitte
Ist sie empfangen und vollendet worden.

Kurfürst.

Gebt mir auf einen Augenblick Geduld!
(Er tritt an den Tisch und durchsieht die Schrift. — Lange Pause.)
Hm! sonderbar! — Du nimmst, Du alter Krieger,
Des Prinzen That in Schutz? rechtfertigst ihn,
Daß er auf Wrangel stürzte unbeordert?

Kottwitz.

Ja, mein erlauchter Herr, das thut der Kottwitz.

Kurfürst.

Der Meinung auf dem Schlachtfeld warst Du nicht.

Kottwitz.

Das hatt' ich schlecht erwogen, mein Gebieter!
Dem Prinzen, der den Krieg gar wohl versteht,
Hätt' ich mich ruhig unterwerfen sollen.
Die Schweden wankten auf dem linken Flügel,
Und auf dem rechten wirkten sie Succurs;
Hätt' er auf Deine Ordre warten wollen,
Sie faßten Posten wieder in den Schluchten,
Und nimmermehr hätt'st Du den Sieg erkämpft.

Kurfürst.

So! — Das beliebt Dir so vorauszusetzen!
Den Obrist Hennings hatt' ich abgeschickt,
Wie Dir bekannt, den schweb'schen Brückenkopf,
Der Wrangel's Rücken deckt, hinwegzunehmen.
Wenn Ihr die Ordre nicht gebrochen hättet,
Dem Hennings wäre dieser Schlag geglückt;
Die Brücken hätt' er in zwei Stunden Frist
In Brand gesteckt, am Rhin sich aufgepflanzt,
Und Wrangel wäre ganz mit Stumpf und Stiel
In Gräben und Morast vernichtet worden.

Kottwitz.

Es ist der Stümper Sache, nicht die Deine,
Des Schicksals höchsten Kranz erringen wollen;
Du nahmst bis heut' noch stets, was es Dir bot.
Der Drache ward, der Dir die Marken trotzig
Verwüstete, mit blut'gem Hirn verjagt;
Was konnte mehr an einem Tag geschehn?
Was liegt daran, ob er zwei Wochen noch
Erschöpft im Sand liegt und die Wunden heilt?
Die Kunst jetzt lernten wir, ihn zu besiegen,
Und sind voll Lust, sie fürder noch zu üben.
Laß' uns den Wrangel rüstig, Brust an Brust,

15*

Noch einmal treffen, so vollendet sich's
Und in die Ostsee ganz fliegt er hinab!
Rom ward an einem Tage nicht erbaut.

Kurfürst.

Mit welchem Recht, Du Thor, erhoffst Du das,
Wenn auf dem Schlachtenwagen eigenmächtig
Mir in die Zügel jeder greifen darf?
Meinst Du, das Glück werd' immerdar, wie jüngst,
Mit einem Kranz den Ungehorsam lohnen?
Den Sieg nicht mag ich, der ein Kind des Zufalls
Mir von der Bank fällt; das Gesetz will ich,
Die Mutter meiner Krone, aufrecht halten,
Die ein Geschlecht von Siegen mir erzeugt.

Kottwitz.

Herr, das Gesetz, das höchste, oberste,
Das wirken soll in Deiner Feldherrn Brust,
Das ist der Buchstab' Deines Willens nicht;
Das ist das Vaterland, das ist die Krone,
Das bist Du selber, dessen Haupt sie trägt.
Was kümmert Dich, ich bitte Dich, die Regel,
Nach der der Feind sich schlägt, wenn er nur nieder
Vor Dir mit allen seinen Fahnen sinkt?
Die Regel, die ihn schlägt, das ist die höchste!
Willst Du das Heer, das glühend an Dir hängt,
Zu einem Werkzeug machen gleich dem Schwerte,
Das tot in Deinem goldnen Gürtel ruht?
Der ärmste Geist, der, in den Sternen fremd,
Zuerst solch eine Lehre gab! Die schlechte,
Kurzsicht'ge Staatskunst, die um eines Falles,
Wo die Empfindung sich verderblich zeigt,
Zehn andere vergißt im Lauf der Dinge,
Da die Empfindung einzig retten kann!

Schütt' ich mein Blut Dir an dem Tag der Schlacht
Für Sold, sei's Geld, sei's Ehre, in den Staub?
Behüte Gott! dazu ist es zu gut!
Was! meine Lust hab', meine Freude ich,
Frei und für mich im stillen, unabhängig,
An Deiner Trefflichkeit und Herrlichkeit,
Am Ruhm und Wachstum Deines großen Namens!
Das ist der Lohn, dem sich mein Herz verkauft!.
Gesetzt, um dieses unberufnen Siegs,
Brächst Du dem Prinzen jetzt den Stab, und ich,
Ich träfe morgen, gleichfalls unberufen,
Den Sieg wo irgend zwischen Wald und Felsen
Mit den Schwadronen, wie ein Schäfer, an:
Bei Gott, ein Schelm müßt' ich doch sein, wenn ich
Des Prinzen That nicht munter wiederholte!
Und sprächst Du, das Gesetzbuch in der Hand:
Kottwitz, Du hast den Kopf verwirkt! so sagt' ich:
Das wußt' ich, Herr; da nimm ihn hin, hier ist er;
Als mich ein Eid an Deine Krone band
Mit Haut und Haar, nahm ich den Kopf nicht aus,
Und nichts Dir gäb' ich, was nicht Dein gehörte.

Kurfürst.

Mit Dir, Du alter wunderlicher Herr,
Werd' ich nicht fertig; es besticht Dein Wort
Mich, mit arglist'ger Rednerkunst gesetzt,
Mich, den Du weißt Dir zugethan, und einen
Sachwalter ruf' ich mir, den Streit zu enden,
Der meine Sache führt!

(Er klingelt; ein Bedienter tritt auf.)

Der Prinz von Homburg —

Man führ' aus dem Gefängnis ihn hierher!

(Der Bediente ab.)

Der wird Dich lehren, das versichr' ich Dich,
Wo Kriegszucht und Gehorsam sei! Ein Schreiben
Schickt' er mir mind'stens zu, das anders lautet
Als der spitzfind'ge Lehrbegriff der Freiheit,
Den Du hier wie ein Knabe mir entfaltet.

      (Er stellt sich wieder an den Tisch und liest.)

           Kottwitz (erstaunt).

Wen holt? — wen ruft? —

         Hennings.

          Ihn selber?

     Graf Truchß.

              Nein, unmöglich!

(Die Offiziere treten unruhig zusammen und sprechen miteinander.)

         Kurfürst.

Von wem ist diese zweite Zuschrift hier?

         Hohenzollern.

Von mir, mein Fürst!

         Kurfürst (liest).

     „Beweis, daß Kurfürst Friedrich
Des Prinzen That selbst" — — — Nun beim Himmel!
Das nenn' ich keck!
Was! Die Veranlassung, Du wälzest sie des Frevels,
Den er sich in der Schlacht erlaubt, auf mich?

         Hohenzollern.

Auf Dich, mein Kurfürst; ja, ich, Hohenzollern!

         Kurfürst.

Nun denn, bei Gott, das übersteigt die Fabel!
Der eine zeigt mir, daß nicht schuldig er,
Der andre gar mir, daß der Schuld'ge ich! —
Womit wirst solchen Satz Du mir beweisen?

         Hohenzollern.

Du wirst Dich jener Nacht, o Herr, erinnern,
Da wir den Prinzen, tief versenkt im Schlaf,

Im Garten unter den Platanen fanden:
Vom Sieg des nächsten Tages mocht' er träumen,
Und einen Lorbeer hielt er in der Hand.
Du, gleichsam um sein tiefes Herz zu prüfen,
Nahmst ihm den Kranz hinweg, die Kette schlugst Du,
Die Dir vom Hals hängt, lächelnd um das Laub,
Und reichtest Kranz und Kette, so verschlungen,
Dem Fräulein, Deiner edlen Nichte, hin.
Der Prinz steht, bei so wunderbarem Anblick,
Errötend auf; so süße Dinge will er,
Und von so lieber Hand gereicht, ergreifen;
Du aber, die Prinzessin rückwärts führend,
Entziehst Dich eilig ihm; die Thür empfängt Dich,
Jungfrau und Kett' und Lorbeerkranz verschwinden,
Und einsam — einen Handschuh in der Hand,
Den er — nicht weiß er selber, wem — entrissen —
Im Schoß der Mitternacht, bleibt er zurück.

Kurfürst.

Welch einen Handschuh?

Hohenzollern.

Herr, laß mich vollenden! —
Die Sache war ein Scherz; jedoch von welcher
Bedeutung ihm, das lernt' ich bald erkennen;
Denn da ich durch des Gartens hintre Pforte
Jetzt zu ihm schleich', als wär's von ungefähr,
Und ihn erweck', und er die Sinne sammelt,
Gießt die Erinn'rung Freude über ihn;
Nichts Rührenders fürwahr kannst Du Dir denken!
Den ganzen Vorfall, gleich als wär's ein Traum,
Trägt er bis auf den kleinsten Zug mir vor;
So lebhaft, meint' er, hab' er nie geträumt —
Und fester Glaube baut sich in ihm auf,

Der Himmel hab' ein Zeichen ihm gegeben:
Es werde alles, was sein Geist gesehn,
Jungfrau und Lorbeerkranz und Ehrenschmuck,
Gott an dem Tag der nächsten Schlacht ihm schenken.

Kurfürst.

Hm! sonderbar! — Und jener Handschuh? —

Hohenzollern.

Ja!

Dies Stück des Traums, das ihm verkörpert ward,
Zerstört zugleich und kräftigt seinen Glauben.
Zuerst mit großem Aug' sieht er ihn an: —
Weiß ist die Farb', er scheint, nach Art und Bildung,
Von einer Dame Hand; — doch weil er keine
Zu Nacht, der er entnommen könnte sein,
Im Garten sprach, — durchkreuzt in seinem Dichten
Von mir, der zur Parol' auf's Schloß ihn ruft, —
Vergißt er, was er nicht begreifen kann,
Und steckt zerstreut den Handschuh ins Kollet.

Kurfürst.

Nun? drauf?

Hohenzollern.

Drauf tritt er nun mit Stift und Tafel
Ins Schloß, aus des Feldmarschalls Mund in frommer
Aufmerksamkeit den Schlachtbefehl zu hören;
Die Fürstin und Prinzessin, reisefertig,
Befinden grad im Herrensaal sich auch.
Doch wer ermißt das ungeheure Staunen,
Das ihn ergreift, da die Prinzeß den Handschuh,
Den er sich ins Kollet gesteckt, vermißt!
Der Marschall ruft zu wiederholten Malen:
„Herr Prinz von Homburg!" — „Was befiehlt mein Marschall?"
Entgegnet er und will die Sinne sammeln;

Doch er, von Wundern ganz umringt — der Donner
Des Himmels hätte niederfallen können — (Er hält inne.)

Kurfürst.

War's der Prinzessin Handschuh?

Hohenzollern.

Allerdings!

(Der Kurfürst fällt in Gedanken.)

Ein Stein ist er; den Bleistift in der Hand,
Steht er zwar da und scheint ein Lebender,
Doch die Empfindung wie durch Zauberschläge
In ihm verlöscht; und erst am andern Morgen,
Da das Geschütz schon in den Reihen donnert,
Kehrt er ins Dasein wieder und befragt mich:
„Liebster, was hat schon Dörfling, sag' mirs, gestern,
Beim Schlachtbefehl, mich treffend, vorgebracht?"

Feldmarschall.

Herr, die Erzählung, wahrlich, unterschreib' ich!
Der Prinz, erinn' ich mich, von meiner Rede
Vernahm kein Wort; zerstreut sah ich ihn oft,
Jedoch in solchem Grad abwesend ganz
Aus seiner Brust noch nie als diesen Tag.

Kurfürst.

Und nun, wenn ich Dich anders recht verstehe,
Türmst Du, wie folgt, das Schlußgebäu mir auf:
Hätt' ich mit dieses jungen Träumers Zustand
Zweideutig nicht gescherzt, so blieb er schuldlos,
Bei der Parole wär' er nicht zerstreut,
Nicht widerspenstig in der Schlacht gewesen.
Nicht? nicht? das ist die Meinung.

Hohenzollern.

Mein Gebieter,

Das überlaß' ich jetzt Dir zu ergänzen.

Kurfürst.

Thor, der Du bist, Blödsinn'ger! Hättest Du
Nicht in den Garten mich hinabgerufen,
So hätt' ich, einem Trieb der Neugier folgend,
Mit diesem Träumer harmlos nicht gescherzt.
Mithin behaupt' ich, ganz mit gleichem Recht,
Der sein Versehn veranlaßt hat, warst Du! —
Die Delph'sche Weisheit meiner Offiziere!

Hohenzollern.

Es ist genug, mein Kurfürst! Ich bin sicher,
Mein Wort fiel, ein Gewicht, in Deine Brust!

Sechster Auftritt.

Ein Offizier tritt auf. — Die Vorigen.

Offizier.

Der Prinz, o Herr, wird augenblicks erscheinen!

Kurfürst.

Wohlan, laßt ihn herein!

Offizier.

In zwei Minuten! —
Er ließ nur flüchtig, im Vorübergehn,
Durch einen Pförtner sich den Kirchhof öffnen.

Kurfürst.

Den Kirchhof?

Offizier.

Ja, mein Fürst und Herr!

Kurfürst.

Weshalb?

Offizier.

Die Wahrheit zu gestehn, ich weiß es nicht;
Es schien, das Grabgewölb' wünscht' er zu sehen,
Das Dein Gebot ihm dort eröffnen ließ.

(Die Obersten treten zusammen und sprechen miteinander.)

Kurfürst.

Gleichviel! Sobald er kommt, laßt ihn herein!
(Er tritt wieder an den Tisch und sieht in die Papiere.)

Graf Truchß.

Da führt die Wache schon den Prinzen her.

Siebenter Auftritt.

Der Prinz von Homburg tritt auf. Ein Offizier mit Wache. —
Die Vorigen.

Kurfürst.

Mein junger Prinz, Euch ruf' ich mir zu Hülfe!
Der Obrist Kottwitz bringt zu Gunsten Eurer
Mir dieses Blatt hier, schaut, in langer Reihe
Von hundert Edelleuten unterzeichnet;
Das Heer begehre, heißt es, Eure Freiheit
Und billige den Spruch des Kriegsrechts nicht. —
Lest, bitt' ich, selbst und unterrichtet Euch!
(Er giebt ihm das Blatt.)

Prinz von Homburg (nachdem er einen Blick hineingethan,
wendet er sich und sieht sich im Kreise der Offiziere um).

Kottwitz, gieb Deine Hand mir, alter Freund!
Du thust mir mehr, als ich am Tag der Schlacht
Um Dich verdient! Doch jetzt geschwind geh hin
Nach Arnstein wiederum, von wo Du kamst,
Und rühr Dich nicht; ich hab's mir überlegt,
Ich will den Tod, der mir erkannt, erdulden!
(Er übergiebt ihm die Schrift).

Kottwitz (betroffen).

Nein, nimmermehr, mein Prinz! Was sprichst Du da?

Hohenzollern.

Er will den Tod —

Graf Truchß.

Er soll und darf nicht sterben!

Mehrere Offiziere (vordringend).
Mein Herr und Kurfürst! mein Gebieter! hör uns!

Prinz von Homburg.
Ruhig! es ist mein unbeugsamer Wille!
Ich will das heilige Gesetz des Kriegs,
Das ich verletzt im Angesicht des Heers,
Durch einen freien Tod verherrlichen!
Was kann der Sieg Euch, meine Brüder, gelten,
Der eine, dürftige, den ich vielleicht
Dem Wrangel noch entreiße, dem Triumph
Verglichen über den verderblichsten
Der Feind' in uns, den Trotz, den Übermut,
Errungen glorreich morgen? Es erliege
Der Fremdling, der uns unterjochen will,
Und frei auf mütterlichem Grund behaupte
Der Brandenburger sich; denn sein ist er,
Und seiner Fluren Pracht nur ihm erbaut!

Kottwitz (gerührt).
Mein Sohn, mein liebster Freund! wie nenn' ich Dich?

Graf Truchß.
O Gott der Welt!

Kottwitz.
Laß Deine Hand mich küssen!
(Sie drängen sich um ihn.)

Prinz von Homburg (wendet sich zum Kurfürsten).
Doch Dir, mein Fürst, der einen süßern Namen
Dereinst mir führte, leider jetzt verscherzt,
Dir leg' ich tiefbewegt zu Füßen mich!
Vergieb, wenn ich am Tage der Entscheidung,
Mit übereiltem Eifer Dir gedient:
Der Tod wäscht jetzt von jeder Schuld mich rein.
Laß meinem Herzen, das versöhnt und heiter

Sich Deinem Rechtsspruch unterwirft, den Trost,
Daß Deine Brust auch jedem Groll entsagt;
Und in der Abschiedsstunde, deß zum Zeichen,
Bewill'ge huldreich eine Gnade mir!

Kurfürst.

Sprich, junger Held! Was ist's, das Du begehrst?
Mein Wort verpfänd ich Dir und Ritterehre!
Was es auch sei, es ist Dir zugestanden!

Prinz von Homburg.

Erkauf, o Herr, mit Deiner Nichte Hand
Von Gustav Karl den Frieden nicht! Hinweg
Mit diesem Unterhändler aus dem Lager,
Der solchen Antrag ehrlos Dir gemacht!
Mit Kettenkugeln schreib die Antwort ihm!

Kurfürst (küßt ihm die Stirn).

Sei's, wie Du sagst, mit diesem Kuß, mein Sohn,
Bewilligt sei die letzte Bitte Dir!
Was auch bedarf es dieses Opfers noch,
Vom Mißglück nur des Kriegs mir abgerungen?
Blüht doch aus jedem Wort, das Du gesprochen,
Jetzt mir ein Sieg auf, der zu Staub ihn malmt!
Prinz Homburg's Braut sei sie, werb ich ihm schreiben,
Der Fehrbellins halb' dem Gesetz verfiel,
Und seinem Geist, tot vor den Fahnen schreitend,
Kämpf' er auf dem Gefild der Schlacht sie ab!

(Er küßt ihn noch einmal und erhebt ihn.)

Prinz von Homburg.

Nun sieh, jetzt schenktest Du das Leben mir!
Nun fleh' ich jeden Segen Dir herab,
Den von dem Thron der Wolken Seraphim
Auf Heldenhäupter jauchzend niederschütten:

Geh und bekrieg, o Herr, und überwinde
Den Weltkreis, der Dir trotzt — denn Du bist's wert!

Kurfürst.

Wache! führt ihn zurück in sein Gefängnis!

Achter Auftritt.

Natalie und die Kurfürstin zeigen sich unter der Thür, Hofdamen
folgen. — Die Vorigen.

Natalie.

O Mutter, laß! was sprichst Du mir von Sitte?
Die höchst' in solcher Stund' ist, ihn zu lieben!
— Mein teurer, unglückfel'ger Freund!

Prinz von Homburg (bricht auf).

Hinweg!

Graf Truchß (hält ihn).

Nein nimmermehr, mein Prinz!

(Mehrere Offiziere treten ihm in den Weg).

Prinz von Homburg.

Führt mich hinweg!

Hohenzollern.

Mein Kurfürst, kann ich Dein Herz —

Prinz von Homburg.

Tyrannen, wollt Ihr
Hinaus an Ketten mich zum Richtplatz schleifen?
Fort! — Mit der Welt schloß ich die Rechnung ab!

(Ab, mit Wache.)

Natalie (indem sie sich an die Brust der Tante legt).

O Erbe, nimm in Deinen Schoß mich auf!
Wozu das Licht der Sonne länger schauen?

Neunter Auftritt.

Die Vorigen, ohne den Prinzen von Homburg.

Feldmarschall.

O Gott der Welt! mußt' es bis dahin kommen!

(Der Kurfürst spricht heimlich und angelegentlich mit einem
Offizier.)

Kottwitz (kalt).

Mein Fürst und Herr, nach dem, was vorgefallen,
Sind wir entlassen?

Kurfürst.

Nein, zur Stund' noch nicht!
Dir sag' ich's an, wenn Du entlassen bist!
(Er fixiert ihn eine Weile mit den Augen; alsdann nimmt er die
Papiere, die ihm der Page gebracht hat, vom Tisch und wendet
sich damit zum Feldmarschall.)
Hier diesen Paß dem schweb'schen Grafen Horn!
Es wär' des Prinzen, meines Vetters, Bitte,
Die ich verpflichtet wäre zu erfüllen:
Der Krieg heb' in drei Tagen wieder an!
(Pause. — Er wirft einen Blick in das Todesurteil).
Ja, urteilt selbst, Ihr Herrn! Der Prinz von Homburg
Hat im verfloss'nen Jahr' durch Trotz und Leichtsinn
Um zwei der schönsten Siege mich gebracht;
Den dritten auch hat er mir schwer gekränkt.
Die Schule dieser Tage durchgegangen,
Wollt Ihr's zum vierten Male mit ihm wagen?

Kottwitz und Truchß (durcheinander).
Wie, mein vergöttert — angebeteter —?

Kurfürst.

Wollt Ihr? Wollt Ihr?

Kottwitz.
Bei dem lebend'gen Gott,
Du könntest an Verderbens Abgrund stehn,
Daß er, um Dir zu helfen, Dich zu retten,
Auch nicht das Schwert mehr zückte, ungerufen!

Kurfürst (zerreißt das Todesurteil).

So folgt, Ihr Freunde, in den Garten mir!

(Alle ab.)

Szene: Schloß mit der Rampe, die in den Garten hinabführt, wie
im ersten Akt. — Es ist wieder Nacht.

Zehnter Auftritt.

(Der Prinz von Homburg wird vom Rittmeister Stranz mit ver-
bundenen Augen durch das untere Gartengitter aufgeführt. Offiziere
mit Wache. — In der Ferne hört man Trommeln des
Totenmarsches.)

Prinz von Homburg.

Nun, o Unsterblichkeit, bist Du ganz mein!
Du strahlst mir durch die Binde meiner Augen
Mit Glanz der tausendfachen Sonne zu.
Es wachsen Flügel mir an beiden Schultern,
Durch stille Ätherräume schwingt mein Geist;
Und wie ein Schiff, vom Hauch des Winds entführt,
Die muntre Hafenstadt versinken sieht,
So geht mir dämmernd alles Leben unter:
Jetzt unterscheid' ich Farben noch und Formen,
Und jetzt liegt Nebel alles unter mir.

(Der Prinz setzt sich auf die Bank, die in der Mitte des Platzes
um die Eiche aufgeschlagen ist, der Rittmeister Stranz entfernt sich
von ihm und sieht nach der Rampe hinauf.)

Ach, wie die Nachtviole lieblich duftet!
— Spürst Du es nicht?

(Stranz kommt wieder zu ihm zurück.)

Stranz.

Es sind Levkohn und Nelken.

Prinz von Homburg.

Levkohn? — Wie kommen die hierher?

Stranz.

Ich weiß nicht. —

Es scheint, ein Mädchen hat sie hier gepflanzt.
— Kann ich Dir eine Nelke reichen?

Prinz von Homburg.

Lieber! —

Ich will zu Hause sie in Wasser setzen.

Elfter Auftritt.

Der Kurfürst mit dem Lorbeerkranz, um welchen die goldene Kette
·geschlungen ist, Kurfürstin, Prinzessin Natalie, Feldmarschall Dörfling, Obrist Kottwitz, Hohenzollern, Golz u. f. w. — Hofdamen,
Offiziere und Fackeln erscheinen auf der Rampe des Schlosses. —
Hohenzollern tritt mit einem Tuch an das Geländer und winkt
dem Rittmeister Stranz, worauf dieser den Prinzen von Homburg
verläßt und im Hintergrund mit der Wache spricht.

Prinz von Homburg.

Lieber, was für ein Glanz verbreitet sich?

Stranz (kehrt zu ihm zurück).

Mein Prinz, willst Du gefällig Dich erheben?

Prinz von Homburg.

Was giebt es?

Stranz.

Nichts, das Dich erschrecken dürfte! —

Die Augen bloß will ich Dir wieder öffnen.

Prinz von Homburg.

Schlug meiner Leiden letzte Stunde?

Stranz.

Ja! —

Heil Dir und Segen, denn Du bist es wert!
(Der Kurfürst giebt den Kranz, an welchem die Kette hängt, der
Prinzessin, nimmt sie bei der Hand und führt sie die Rampe hinab.
Herren und Damen folgen. Die Prinzessin tritt, umgeben von
Fackeln, vor den Prinzen, welcher erstaunt aufsteht, setzt ihm den
Kranz auf, hängt ihm die Kette um und drückt seine Hand an ihr
Herz. Der Prinz fällt in Ohnmacht.)

Natalie.

Himmel! die Freude tötet ihn!

Hohenzollern (faßt ihn auf).

Zu Hilfe!

Kurfürst.

Laßt den Kanonendonner ihn erwecken?

(Kanonenschüsse. Ein Marsch. Das Schloß erleuchtet sich.)

Kottwitz.

Heil, Heil dem Prinz von Homburg!

Die Offiziere.

Heil! Heil! Heil!

Alle.

Dem Sieger in der Schlacht bei Fehrbellin!

(Augenblickliches Stillschweigen.)

Prinz von Homburg.

Nein, sagt! Ist es ein Traum?

Kottwitz.

Ein Traum, was sonst?

Mehrere Offiziere.

Ins Feld! ins Feld!

Graf Truchß.

Zur Schlacht!

Feldmarschall.

Zum Sieg! zum Sieg!

Alle.

In Staub mit allen Feinden Brandenburgs!

Die Eroberung Stettins.

Mit dem Mute der Verzweiflung
Wehrte lange sich Stettin,
Tapfre Schweden, trotz'ge Bürger,
Beide stritten löwenkühn.
Um die spröde, stolze Jungfrau
Friedrich Wilhelm feurig warb,
Doch sie mocht' sich nicht ergeben,
Ob auch alles gleich verdarb.

Schon verschlang zweitausend Krieger
Auf dem Wall der bleiche Tod,
Von dem Blut der tapfern Bürger
Wurden Markt und Straßen rot.
Viele Häuser und drei Kirchen
Sanken durch der Flamme Glut,
Doch kein Schrecknis konnte beugen
Der Stettiner Heldenmut.

Denn sie hofften, daß bald Hilfe
Ihnen brächte Königsmark,
Trotzten auf den sichern Hafen
Und die Mauern hoch und stark.
Aber enger, immer enger
Schloß sie Friedrich Wilhelm ein
Und zweihundert Mörser drohten
Aus den fürchterlichen Reih'n.

Bald des Winters Strenge nahte,
Und zu Eis die Oder fror,
Auch kein Freund, kein Schwede klopfte
An der Veste Eisenthor,

Und vergebens späht' die Wache
In die Fern' vom hohen Turm —
Völlig ward die Stadt umschlossen,
Alles fertig jetzt zum Sturm.

Da ritt endlich in das Lager
Gen'ral Wulffen mit dem Rat,
Übergab die Stadt dem Fürsten
Und um Gnad' und Schonung bat:
„Nur zweihundert wunde Krieger
Sind noch übrig in dem Streit.
Mußte meine Pflicht erfüllen —
Übe, Herr, Barmherzigkeit!"

Gütig sprach darauf der Kurfürst:
„Tapferkeit und Heldenmut
Ehr' ich auch in meinem Feinde.
Nicht verlangt mein Sinn nach Blut.
Bin nicht, wie Verleumder schreien,
Ein Tyrann und ein Barbar.
Ich bewill'ge freien Abzug
Euch und Eurer tapfren Schar.

Weh that mir's, Euch, brave Bürger,
Zu bereiten Not und Leid.
Jetzt zu helfen und zu lindern
Bin mit Freuden ich bereit.
Aufbau'n werd' ich Eure Kirchen;
Was ein jeder auch verlor,
Werd ich reichlich ihm ersetzen.
Neu blüh' Eure Stadt empor!"

Tief bewegt von seiner Großmut
Sagten sie ihm frohen Dank,
Und sie eilten zu bereiten
Einen würdigen Empfang.
Als er ritt mit der Gemahlin
Und Gefolge durch das Thor,
Überreichte eine Schüssel
Ihm ein muntrer Knabenchor.

Drauf die goldne Inschrift prangte:
„Nimm, behüte und bewahr'!"
Ihnen folgte schwarz gekleidet
Eine holde Jungfrau'nschar.
Einen Kranz von der Cypresse
Sie ihm mit der Aufschrift reicht:
„Vor dem Sieger · sich die Jungfrau
Nach dem blut'gen Ringen neigt."

Als sie huld'gen auf dem Markt
Ihm als neuem Landesherrn,
Sieh! da naht dem großen Sieger
Sich ein Zug aus weiter Fern':
Hochbeladene Kamele
Und manch reich geschirrtes Roß,
Krieger mit der Lammfellmütze
Und ein bunter Menschentroß.

„Heil Dir!" ruft des Zuges Führer
Und er beugt sich ehrfurchtsvoll,
„Wie einst England, bringt Dir Rußland
Heute der Bewundrung Zoll.

Feodor Alexiewitsch,
Unser großer mächt'ger Zar,
Bietet herrliche Geschenke
Dir, dem tapfern Sieger dar.

Mutig schlugst Du mit den Schweden
Einst die Polen auf das Haupt.
Doch mit neuem, frischen Lorbeer
Ist die Herrscherstirn umlaubt.
Und der Ruhm von Fehrbellin ist
Weit erschollen in die Welt.
Wer die Tapfern hat bezwungen
Ist der allergrößte Held!

Schon die Mitwelt voll Bewundrung
Hat den Großen Dich genannt,
Und der mächt'ge Zar der Russen
Reicht als Freund Dir seine Hand.
Nimmer wird Dein Heldenname
In der Zeiten Lauf vergehn,
Und die Nachwelt wird Dich preisen,
So lang Preußens Fahnen wehn!"

W. Martin.

Der Sieg von Stralsund.

Von Rathenow nach Fehrbellin,
Da zog der große Kurfürst hin
Bis an den Strand des Meeres.
Der Reiter Schar zog ihm voran,
Die führte gar ein wack'rer Mann,
Der Schreck des schweb'schen Heeres.

Wer hätt's geahnt, wer hätt's gedacht?
Dem Sieger mancher heißen Schlacht,
Dem Ritter ohne Tadel,
Ihm sang ihr stolzes Ruhmgedicht
Frau Fama an der Wiege nicht,
Er war ein Held der Nadel.

Die warf er auf der Oder Grund
Und wurde von derselben Stund
Ein männlich wack'rer Krieger,
Und that gar manchen guten Hieb
Für den, den er jetzt vor sich trieb,
Gleich Hermann, Rom's Besieger.

Und als er an der Ostsee Strand
Vor Stralsund's festen Mauern stand,
Da brüllten die Kartaunen,
Die selbst zu Friedland's Zeiten nie
In solchem Chore sangen, wie
Des jüngsten Tags Posaunen.

Darob ergrimmt der Schwede sich:
„Der Schneider macht sich lächerlich,
Der kleine Ellenreiter!
Ihm trotzen Stralsunds Mauern doch,
Und hinter ihnen stehen noch
Dalekarlien's wack're Streiter."

Hoch über'n Wall der Festung ragt
Ein Turm, der als der Morgen tagt,
Im seltnen Schmucke prangte:
D'ran hing ein toter Ziegenbock,
An dem mit Scher' und Ellenstock
Ein Bügeleisen schwankte.

„Dünkt ihr so sicher Euch im Bau?
Ei! Ei! Ihr schlauen Füchse! schau,
Eins habt ihr doch vergessen —
Der Brandenburger Feldmarschall
Wird Euch Ihr guten Schweden all'
Mit seiner Elle messen!"

So sprach der Derfflinger im Groll,
Die Ader auf der Stirne schwoll,
Die Hand griff nach dem Schwerte:
„Mit dieser Schere schneid' ich Euch
Jetzt ab von meines Herren Reich
Und von der deutschen Erde!"

Drauf gab das Zeichen er zum Sturm
Und ließ nach dem behängten Turm
Die schweren Stücke spielen.
Hei, wie das krachte, wie das klang —
Alsbald der Turm in Stücke sprang,
Die stolzen Mauern fielen.

„So schick' ich Euch mit jedem Schuß,
Ihr Schweden, meinen Handwerksgruß,
D'rob sollt Ihr Euch erboßen!
Nun, Brandenburger, drauf und dran!
Heut' wird die Schweden, Mann für Mann,
Der Bock des Schneiders stoßen."

Und eh' des Tages Sonne sinkt,
Vom Wall die weiße Fahne winkt,
Der Schwede schlägt Chamade. —
„Prahlhänse, die Ihr alle seid,
Ich wußt' es ja, Ihr bittet heut'
Den Schneider noch um Gnade."

Das ist das Lied vom Derfflinger,
Der trieb die Schweden vor sich her,
Darinnen liegt die Lehre:
Verhöhnt die wack'ren Schneider nicht,
Wer weiß, wie ihre Nadel sticht,
Gilt's Vaterland und Ehre.

J. Priem.

Der große Kurfürst verfolgt die Schweden über das Kurische Haff 1679.

Oliva! Deine Glocken haben ein gutes Geläut.
Als sie den Frieden geläutet, war in der Welt groß' Freud'.
Sie läuteten hinüber ins Schloß zu Kölln an der Spree:
Das sind die Friedensglocken, die klingen aus der Höh'.
Der Kurfürst steht und horcht und spricht in sich hinein:
Mich dünkt, die Glocken läuten ein neu Stück Weltgeschichte ein.
Nun ist der Preußenherzog vom Hohenzollerngeschlecht
Ein souveräner Herr, ein Fürst aus eigenem Recht,
Er hat mit dem Schwert durchschlagen vergilbtes Pergamen,
Fortan von Gottes Gnaden allein trägt er sein Lehn.
Doch blieb ergrimmter Gegner Feindschaft unversöhnt,
Und groß ist ihre Macht. So mancher höhnt:
Noch steht nicht fest für alle Zeit Dein Werk;
Weit ist es von Berlin bis Königsberg —
Wenn Deine Nachbarn klug den Vorteil nützen,
Wie willst Du das entfernte Preußen schützen?
Der große Kurfürst meint: auf die Probe kommt es an,
Von Liefland zog der Schwede mit großer Macht heran.

Im Winter war's. Die Grenzen weiß er jetzt unbewacht.
Doch hat er diesmal die Rechnung ohne den Wirt gemacht;
Im Eilmarsch führt der Kurfürst die Regimenter ins Land,
So kalt war's, daß er das Kurische Haff gefroren fand.
Da setzt' er sie auf Schlitten und schickt' sie über das Eis:
Dem Schweden ward's in Preußen gar bald zu heiß.
Die Generale von Görtzki und von Treffenfeld
Die haben sich überraschend ihm in den Weg gestellt,
Manch Fähnlein nahm ihm der Kurfürst. Da hat man's
begreifen gelernt,
Daß Preußen von den Marken nicht allzuweit entfernt.

Ernst Wichert.

Fritz Kannacher.
Historischer Roman von Arthur Hobrecht.

Band II. Aus dem XXIV. Kapitel.

Der Kurfürst hatte, wie General Görtzke verkündet, einem besonderen Korps unter dem Befehl des General Schöning die weitere Verfolgung der Schweden übertragen und war nach Königsberg zurückgeeilt, wo er sich nach den außerordentlichen Anstrengungen einige Ruhe gönnte und Glückwünsche der Stände entgegennahm.

Über die Kommandeurs des Landesaufgebots, welche den Memelstrom ohne Schwertstreich preisgegeben hatten, hielt er strenges Gericht und schickte sie auf die Feste Pillau. Eine Reihe von Gnadenbeweisen verteilte er an die Truppen, welche sich bei der Vertreibung des Feindes besondere Verdienste erworben, und an diejenigen Landesbewohner, welche während des Einfalls der Schweden ihre patriotische Gesinnung und Zuverlässigkeit durch die That bewiesen hatten. Solche Auszeichnungen wurden besonders mehreren Bürgern der Städte Königsberg zu teil, die in der Zeit der größten Gefahr sich freiwillig zu den Geldvorschüssen und Naturallieferungen für die kurfürstlichen Truppen verstanden hatten. Auch Herr Feierabend gehörte zu diesen; er hatte große Quantitäten Bier auf die Schlitten laden lassen, mit denen die zur Hülfe heraneilenden Regimenter über die Haffe befördert wurden. Der Jubel über die ruhmvolle Befreiung des Landes war ein allgemeiner. Selbst die Verbissensten unter den Unzufriedenen unterdrückten diesmal ihre Bedenken, um sich den Anteil an der allgemeinen, gemeinsamen Freude nicht rauben zu lassen, und drängten sich zu den Festlichkeiten, die von der Kurfürstin nach der Rückkehr ihres Gemahls in dem alten Schlosse veranstaltet wurden.

Unter dem Einflusse der regierenden Kurfürstin waren die Einladungen zu solchen Hoffesten allmählich auf immer engere Kreise beschränkt worden. Bei der jetzigen Gelegenheit aber wurden die eingeführten Regeln bei Seite gesetzt, um möglichst Viele der Freude teilhaftig zu machen, dem Sieger und Erretter huldigen zu können.

Fritz und Georg erreichten die Hauptstadt in kurzen, langsamen Tagemärschen zeitig genug, um dem letzten dieser Feste noch beizuwohnen, ehe sie mit ihren Familien auf die verlassenen Güter zurückkehrten.

Anna war durch die Wiedervereinigung mit ihrem Manne so beglückt, daß sie ihre Scheu vor dem Besuch des Schlosses überwand, das in ihrer Vorstellung mit dem Bilde des Kerkers unzertrennlich verbunden war. Sie wäre auch bei einem Widerspruch ohne allen Beistand geblieben. Denn es war Georg und Christinen gelungen, selbst den alten Crusius zu dieser Extravaganz zu verleiten.

Als Dr. Lau seinen Opponenten im kaffeebraunen Sonntags=
rock unter der Menge erblickte, welche sich durch die erleuchteten
Säle drängte und die Trophäen in der langen Galerie
bewunderte, hob er die Hände zum Himmel und rief: „Tempora
mutantur!"

„Was wollt ihr," sagte Dr. Crusius, — „die Ehre dieses
Festes gebührt den samländischen Wybranzen, die vorgestern
heimgekehrt sind — mein Schwiegersohn an der Spitze! —
Soll ich mein warmes Plätzchen in Trenkieten mir verscherzen?
Bin ich nicht immer ein Verteidiger der Miliz gewesen?"

Die Festlichkeit näherte sich schon ihrem Ende, als der
Kurfürst, noch einmal mit stattlichem Gefolge die Säle durch=
schreitend, auf Fritz und Anna aufmerksam wurde. Er grüßte
Fritz und sagte Anna einige freundliche Worte:

„Ihr seid, wie ich erfahren habe, eine Musterwirtin —
habt auf Norwingen die beste Kuhherde im ganzen Samlande!
Die hochselige Fürstin würde daran große Freude gehabt haben.
Aber die Rasse ist hier schlecht! Der Milchertrag könnte
größer sein, wenn ihr gutes holländisches Blut hineinbrächtet.
Ich will mir das Vergnügen machen, der Frau von Nor=
wingen ein Paar holländische Sterken aus Oranienburg zu
senden — und wenn ich einmal wieder nach Grünhof komme,
will ich als Nachbar revidieren, wie ihnen das hiesige Klima
zusagt — wenn ich noch einmal nach Grünhof komme!"

Anna war so überrascht, daß sie kaum Worte des Dankes
zu finden wußte.

Die Leutseligkeit, welche der Kurfürst während des ganzen
Abends den zahlreichen Gästen aus allen Ständen bewies, war
um so bewunderungswürdiger, da Nachwehen der Krankheiten
noch nicht überwunden waren, die er während des Feldzugs
nur mit äußerster Anstrengung seiner Kräfte zu ertragen ver=
mocht hatte.

Vielleicht war es ein Gefühl körperlicher Schwäche und Ermüdung, das ihn, als Anna mit einer tiefen Reverenz dankte, an den Platz fesselte. Er war dabei Fritz so nahe, daß die ferne Stehenden glauben mußten, es fände unter beiden die vertrauteste Unterhaltung statt. Der Kurfürst verharrte aber schweigend, seine Augen wanderten langsam von Fritz über die Reihen der Gäste, die nur in ehrerbietigem Flüsterton mit einander sprachen und hefteten sich dann wieder auf Fritz, ohne daß dieser erraten konnte, ob die Gedanken des hohen Herrn sich mit ihm beschäftigten, oder in die Weite schweiften. Das Schweigen wurde Fritz immer peinlicher. Die Haltung des Kurfürsten schien wie ein Zeichen sichersten, zweifellosesten Zutrauens. — Fritz hatte die Empfindung, als läge für ihn darin die Aufforderung zu offener Aussprache. Wie oft hatte er sonst einen solchen Augenblick herbeigewünscht! Nun trat die Gelegenheit so unerwartet an ihn heran, daß er sie nicht zu benutzen wußte. Anna's Augen waren auf ihn gerichtet, als erwarte auch sie, daß er etwas sagen solle. Und es fehlte ihm nicht an einem Wunsche — nur die Worte, die ihm einfielen, schienen ihm von unsäglicher Plumpheit. Ärgerlich über seinen Stumpfsinn raffte er sich zusammen. Aber der Ärger über eigene Ungeschicklichkeit macht nicht geschickt; das fühlte er, als er sich endlich zwang, das Schweigen zu brechen. „Eure Kurfürstliche Durchlaucht wird jetzt milder und nachsichtiger über das Verhalten des Obersten Kalkstein denken." — „Keineswegs!" sagte der Kurfürst so schnell und bestimmt, daß Fritz verstummte. Anna erbleichte. Die Härte und die Kälte in der Antwort des Kurfürsten zog ihr Herz krampfhaft zusammen. Unwillkürlich trat sie einen Schritt zurück. Sie hätte am liebsten den Arm ihres Mannes ergriffen und ihn fortgezogen aus diesen unheimlichen Regionen, wenn es sich geschickt hätte. Ehe sie ihre Gedanken sammeln konnte, wurde sie durch eine Hofdame zur

Kurfürstin befohlen. Fritz glaubte sich nicht zurückziehen zu dürfen, so lange der Kurfürst auf seinem Platze verharrte.

„Was soll's mit dem Kalkstein?" fragte der Kurfürst plötzlich nach einer Pause. „Ich dachte jetzt nicht an den Verurteilten selbst," antwortete Fritz, „sondern an das Schicksal eines anderen — eines jungen Mannes, der unschuldig in das Unglück des Obersten Kalkstein hineingezogen ist — des früheren Pfarrers von Mühlhausen."

Der Kurfürst schwieg.

Fritz fuhr fort und erzählte, wie er den Pfarrer Wanno= wius in Pillau kennen gelernt habe. Er sprach mit Wärme von den trefflichen Eigenschaften des guten Mannes und schloß:

„Man hat ihn endlich aus der Feste entlassen, aber er ist des Landes verwiesen und fristet im polnischen Preußen küm= merlich sein Dasein. Auch in diesen kümmerlichen Verhältnissen soll er sich als treuer Hirte bewähren."

„Er hätte sich an seinem Patron als guter Hirte bewähren sollen!" sagte der Kurfürst, grüßte und setzte dann langsam seinen unterbrochenen Rundgang fort.

„Ihr hattet Euch ja einer besonders gnädigen Auszeichnung Seiner Kurfürstlichen Durchlaucht zu erfreuen, bester Freund!" äußerte der Oberburggraf, als er Fritz und Anna dem Aus= gange zueilen sah — „darf man fragen, was Ihr so ange= legentlich vortrugt?"

Fritz erzählte kurz, daß er den Kurfürsten auf das traurige Geschick des Pfarres Wannowius aufmerksam gemacht habe; der hohe Herr sei aber keineswegs gnädig gewesen!

„Wollt Ihr denn schon fort," rief Georg, der mit den Seinen vor einem mit Speisen und Weinflaschen reich besetzten Tisch in der Galerie stand — „nun fängt es ja erst an, schön zu werden!"

Aber Anna drängte vorwärts. Noch in der Thüre hörte

sie und Fritz die Stimme Georgs, der laut des großen Kur=
fürsten Gesundheit ausbrachte, und das helle Klingen der
zusammengestoßenen Gläser.

Am nächsten Tage verließ Fritz mit Frau und Kind
Königsberg.

„Was soll ich nun machen, Roßchen?" fragte er gutgelaunt,
als sie den Schlitten bestiegen, „wenn der Kurfürst die hollän=
dischen Kühe schickt? meine Frau will sie auf dem Norwinger
Hofe nicht sehen!"

„Wir könnten sie," erwiderte Roßchen nach kurzem Bedenken,
„einigermaßen auf das Vorwerk bringen — wenn's eine gute
Art ist."

Ein Lakai trat an den Schlitten und übergab Fritz einen
Brief. „Mit einer Empfehlung von dem Herrn Oberburggrafen,"
sagte er. Fritz las und teilte mit freudigem Gesicht den Inhalt
Anna mit.

Der Kurfürst hatte das Samländische Konsistorium ange=
wiesen, die gegen den früheren Pfarrer Wannowius verhängte
Landesverweisung zurückzunehmen. „Das ist eine frohe Botschaft!"
rief Anna; „nun kann er ja die Pfarre in Pobethen bekommen!"
„Und wir wollen," sagte Fritz, „in Norwingen nachholen, was
wir gestern versäumt haben; das erste Glas wird auf das
Wohl unseres Kurfürsten getrunken!"

Henning von Treffenfeld.

Als Friedrich Wilhelm lobesam
Die Schweden ins Gebete nahm,
Da war Hans Henning vorne dran,
Ein brandenburg'scher Kriegesmann.

Drum nach der Schlacht bei Fehrbellin
Der Kurfürst thät den Degen ziehn
Und sprach zu Henning: „Auf den Sand
Kniet hin, Herr Oberstlieutenant.

Wer so die Feinde treffen kann
Im Feld, das ist ein Edelmann,
Steht auf mein tapf'rer Kriegesheld
Als Henning Herr von Treffenfeld!"

Der Kaiser thät damals allein
Im Reich den Adelstand verleih'n;
Den Henning focht das wenig an,
War drum ein echter Edelmann.

Georg Hesekiel.

Der Friede von St. Germain.

Er hat's erreicht! es ist ihm doch gelungen!
Er hat sein Erbe mit dem Schwert errungen,
Die Schweden aus dem deutschen Reich vertrieben,
In der Geschichte Buch sich eingeschrieben
In goldnen, unvergänglich festen Zügen
Mit seinen unverwelklich großen Siegen.
Es war die Welt erfüllt von seinem Namen
Und huldigend zu ihm die Fernsten kamen.
Auf seiner Thaten Gipfel stand der Held,
Da ward sein Glück ihm wie vom Blitz zerschellt.
Der Neid, der Haß, die Bosheit und die Tücke
Sie nagten still an seinem Ruhm und Glücke.

Der Kaiser, der das Reich beschützen sollte,
In seiner stolzen Hofburg heimlich grollte:
„Nicht soll ein Königreich am Ostseestrande
Erheben neu sich im Vandalenlande!"
Und hinterrücks schloß er mit Ludwig Frieden.
Da war der lange, heiße Streit entschieden. —
Keck rief dem Sieger zu der Frankenkönig
Und Neid und Haß rief's nach ihm hunderttönig:
„Dein Glück und Ruhm sei in ein Nichts zerronnen!
Gieb alles wieder, was Du hast gewonnen!"
Da hilft kein Rechten, Streiten, Zürnen, Sträuben,
Der Mächtige muß doch der Sieger bleiben.
Man freut sich ob dem Hohn, dem schnöden;
Des Reiches Fürsten selbst sich nicht entblöden
Dem Erbfeind ihre Hülfe anzutragen,
Wenn er den Kampf noch weiter sollte wagen.
Nun stand der edle Kurfürst ganz allein
In schwerer Not, in harter Herzenspein.
Und lange hat er mit sich selbst gerungen
Mit Mühe nur das stolze Herz bezwungen,
Von Not, Gefahr und Sorgen rings umtürmt
Und von der Seinen treuem Rat bestürmt.
In seinen Händen ihm die Feder brennt,
Mit der er unterschreibt das Dokument,
Und zornig blitzt das Aug', die stolze Miene,
Hoch hebt sich die Gestalt, die heldenkühne,
Und mit prophet'schem Munde ruft er aus:
„Einst wird ein tapfrer Held aus meinem Haus
Mit seinem Schwert den Hohn, den frechen,
An unserm Feind im blut'gen Kampfe rächen!"
Dann richtet er den feuchten Blick nach oben,
Das fromme Herz zu Gott dem Herrn erhoben,

Gequält von Seelenleid und Leibesschmerzen,
Gedenkt er still des Spruchs in seinem Herzen:
„Es ist nicht gut auf Menschen sich verlassen,
Die immer sich beneiden, kränken, hassen;
Das wahre Heil ist, auf den Herrn vertrauen,
Auf seine Hülfe, Gnade, Weisheit bauen."

Wilhelm Martin.

Feldmarschall Derfflinger.

Der Kurfürst saß beim Mahle,
Die Becher kreisten froh,
Es saß an seiner Seite
Der Held von Rathenow.
Er hatte kühn geschwungen
Für seinen Herrn das Schwert
Und manchen Sieg erstritten,
Des schönsten Ruhmes wert.

Der Wein, der macht beredter
Und öffnet jedes Herz;
Und lauter ward die Freude,
Und freier ward der Scherz.
Doch mancher Höfling schaute,
Gereizt von schnödem Neid,
Scheel nach dem kühnen Helden
Und grollt' in Bitterkeit.

Ein Herr aus Baierlande,
Wohl sechzehn Ahnen schwer,
Sprach zierlich und geschliffen

Vom Brandenburger Heer
Und fragt', verächtlich lächelnd,
Gerötet vom Pokal:
„Ist's wahr? Ein Schneider wurde
Ein großer General?"

Drob freute sich verstohlen
Die feige Höflingsschar
Und reicht' dem fremden Grafen
Noch einen Becher dar.
Sieh, da erhebt sich plötzlich
Mit Stolz der General
Und schlägt an seinen Degen
Und spricht laut durch den Saal:

„Ihr Herren, den ihr meinet,
Der General bin ich!
Der Schneider ist behende,
Glaubt mir es sicherlich!
Denn hier mit meiner Elle
Mess' ich die Kreuz und Quer'
Jedweden Wicht, auch wenn er
Von altem Erze wär'!"

Der große Kurfürst lächelt
Mit biederm Angesicht,
Reicht freundlich ihm die Rechte
Und spricht voll Zuversicht:
„Wohl mir und meinem Volke!
Das schönste Rittertum
Ist unsrem Vaterlande
Verdienst und eigner Ruhm."

Joseph Lehmann.
17*

Das Lied vom Feldmarschall Derfflinger.

Zu Friedrich Wilhelm's, des großen Kurfürsten, Zeiten
Alle Dragoner mußten reiten,
Alle Regimenter rückten aus.
Rings umher die Kriegesflammen
Schlugen lichterloh zusammen
Über dem Brandenburger Haus.

Und an des großen Kurfürsten Seiten
Einen Ritter sah man reiten,
Hoch auf mut'gem Roß daher.
In der Schlacht voran verwegen
Führte tapfer seinen Degen
Der Feldmarschall Derfflinger.

Im Osten waren die Polen eingedrungen,
Hatten Marienburg bezwungen
Und der deutschen Ritter Heer.
„Solche Schmach ist nicht zu tragen,
Auf! die Polen zu verjagen!"
Und bei Warschau siegten wir.

Am Rheinstrom hausten die Franzosen,
Den Feldmarschall hat's verdrossen,
Daß sie tranken unsern Wein.
Drauf bei Straßburg auf die Schanzen
Thät er seine Fahnen pflanzen
An dem freien, deutschen Rhein.

Unterdessen war es den Schweden eingefallen,
In die Mark herein zu fallen,
Streiften schon bis bei Berlin.
Wollten sich noch weiter wagen,
Wurden auf das Haupt geschlagen,
O du schöne Schlacht bei Fehrbellin!

Die Stettiner hatten sich unterfangen,
Eine Schere auszuhangen,
Dem Feldmarschall nur zum Hohn.
„Wart'! Ich will euch auf der Stelle,
Nehmen Maß mit meiner Elle,
Jetzt bekommt ihr euren Lohn!"

Drauf war die Kriegsfuria los im Norden,
Harter Winter war geworden,
Und es fiel ein tiefer Schnee.
„Geht es nicht zu Roß und Wagen,
Woll'n wir sie zu Schlitten schlagen,
Stolzer Schwede! nun ade!"

Als der große Kurfürst die Feinde allzumal bezwungen
Und den Frieden kühn errungen,
Sprach er zu dem Feldmarschall:
„Wählt für Eure alten Tage
In dem Lande nach Behagen
Euch ein Ruheplätzchen aus!"

„„Euer Durchlaucht haben nur zu befehlen,
Sollt' ich mir nun eines wählen,
Sei mein Wunsch euch nicht verhehlt.
An der Oder schön gelegen,
Reich an Feld und Jagdgehegen,
Hätt' ich Gusow mir erwählt.""

Der Kurfürst sprach: „Ihr sollt Gusow haben." —
In dem Dörflein still begraben,
Ruht vom Tagewerk er aus.
Sein Gedächtnis soll uns mahnen:
Haltet treu zu Euren Fahnen!
Treu zum Brandenburger Haus!

Die Tafel im Flußbett.

Es gab viel reiche Feste in jener starken Zeit,
Doch eines war das beste, gerühmet weit und breit.
Nicht in dem hohen Schlosse, am Rand der klaren Spree,
Auch nicht in luft'gen Zelten auf einer holden Höh', —
Nein, tief in einem Graben, in eines Flusses Bett
Gab Kurfürst Friedrich Wilhelm das herrlichste Bankett.

Er will die Wasseradern weithin im märk'schen Land
Verbinden mit einander durch kunstgeschaffen Band,
Es sollen Segelschiffe von der Oder bis zur Spree,
Vom waldigen Gebirge bis in die Nordersee,
Von Breslau bis gen Hamburg und über sein Berlin:
Davon wird einst ein Segen dem deutschen Land erblühn.

Viel tausend Arme mühn sich, sie gruben sieben Jahr,
Da kam der Tag, an dem es vollbracht, vollendet war.
Nur wenig Spatenstiche, so fließt der Strom herein,
Und Spree und Oder werden fortan nur Eines sein.
Zehn starke Schleusen stehen, ein Wunderwerk zu schaun.
Nur Friedrich Wilhelm konnte so kühnes Werk erbaun!

Schaut, eine lange Tafel im Stromesbett gedeckt,
Und laubumkränzte Stangen sind rund umher gesteckt,
Die Hohenzollerfarben hoch flaggend in die Luft,
Und dort gereihet stehen Spielleut' in tiefer Gruft,
Die feinen Pagen warten, Hofämter sind bereit:
Da rasseln die Karossen, und Volk steht meilenweit.

In Fülle brauner Locken tritt Friedrich Wilhelm her,
An seiner Seite führt er, mit Schritten stolz und hehr,

Die liebliche Gemahlin, die schöne Kurfürstin,
Da war das Paar zu schauen den Schauenden Gewinn.
Von seinem Hute wehte die weiße Feder lang,
In Goldbrokat gekleidet, wie lieblich war ihr Gang!

Auf einer breiten Stiege nun stiegen sie hinab,
Wo es an langer Tafel viel Silberschüsseln gab,
Es schmettern die Trompeten Fanfaren himmelan,
Worauf der Brauch des Mahles hochfürstlich da begann.
Nach Stand und Würden nehmen die Gäste Platz, fürwahr,
Es war ein Kranz der Ehren, der da beisammen war.

Der edle Prinz von Homburg mit seinem Silberbein
Saß an der Fürstin Seite, wie konnt' es anders sein!
Der Derfflinger, der tapfre, war eben auch nicht weit,
Und hier der edle Kanzler, die hohe Geistlichkeit,
In bunter Reih' dazwischen noch mancher General;
Des Baues Meister endlich fehlt nicht dem reichen Mahl.

Köstlicher Speisen war da ein duft'ger Überfluß,
In goldne Becher sprudelt des Weines reicher Guß,
Der blaue Himmel lachte von oben klar herein,
Der hohe Herr, sein Antlitz strahlt heller Freude Schein,
Ergriff den goldnen Becher, und taufte den Kanal
Nach seinem großen Namen — was aber stört das Mahl?

Man hört die Spaten klingen, viel rüst'ge Arme sind
Erhoben um zu graben; wohl zauberhaft geschwind
Sieht man die Dämme weichen; der Fürst beschließt das Mahl,
An seinem Arme führt er sein fürstliches Gemahl.
Sie stehen nun am Ufer — ein Wink, Trompetenstoß,
Und beiderseits nun brechen die Wasser schäumend los.

Fürwahr, die Diener hatten die Tafel kaum geräumt,
Als durch die offnen Thore hier Spree, dort Oder schäumt,
Es füllet sich das Becken: wo eben floß der Wein,
Wo eben ward getafelt, wogt Wasserschwall herein,
Hinan zum grünen Ufer sprüht hoch der weiße Gischt,
Daß sich im Wellentanze der wilde Strudel mischt.

Und siehe da, mit Wimpeln bunt prangend, sieh, schon harrt
Ein Segelschiff von Breslau, dem war nun freie Fahrt,
Es schwammen ihm zur Seite die Flaschen mit daher,
Die gehn mitsammen lustig hinaus ins offne Meer.
Glück zu, Glück zu gen Hamburg! das war ein Jubelruf,
Und Heil Dir Friedrich Wilhelm, der Bahn zum Meere schuf!

O. F. Gruppe.

Unser erster Seesieg.

Es schossen zwei stolze Fregatten
Wie Blitze durch wogende See;
Der rote Adler die Flagge
Von „Kurprinz" und „Dorothee."

Die stolzen Fregatten sie flogen
Vor allen Segeln zumal,
Vom Maste flattert ein Wimpel
„Gefecht," so heißt das Signal.

Sie grüßten mit eisernem Gruße
Ein spanisch Kanonenschiff;
Und durch das Donnern der Stücke
Schrillt grell des Bootsmanns Pfiff.

Dicht an den Spanier legen
Die Schiffe sich links und rechts;
Die Enterbeile sie blitzen
Im Dampf des lust'gen Gefechts.

Und an den Spanier legen
Sie sich so heiß und so fest;
Der Adler die eisernen Klauen
Von seiner Beute nicht läßt.

Die Brandenburger im Sturme,
Sie brechen sich blutige Bahn;
Der „Karl der Zweite" geentert,
Viktoria, Don Kapitan!

Don José Alvare gefangen,
Der Adler, der siegte zur See.
Und Raule, der kommandierte
Den „Kurprinz" und „Dorothee."

Sie haben nach Pillau geführet
Gar stolz die span'sche Gallion,
Die Prisengelder verjubelt,
Das war das kleinste vom Lohn.

Denn über das Land und die Meere
Schallt laut ihr Ruhm in die Höh'! —
So klingt das Lied von dem ersten,
Dem ersten Siege zur See.

Georg Hesekiel.

Der große Kurfürst zur See.

Das stolze Spanien schuldet dem Fürsten Kriegessold,
Doch warum denn ihm zahlen so viel, so gutes Gold?
Weit ist der Weg nach Spanien vom fernen Brandenburg,
Mit Reiterstiefeln schreitet er nicht das Meer hindurch!

Der aber lässet fällen die Tann' am Pregelfluß,
Und Erze läßt er schmelzen in feuerglüh'ndem Guß,
Und eh' das Jahr vollendet, in langen Wimpeln wehn
Die Hohenzollernfarben, und Segel hoch sich blähn!

Und wandeln, donnertragend, das blaue Meer entlang,
Die mächtigen Fregatten, in majestät'schem Gang,
Den Sund durch, ohne Fragen, hinaus ins Norbermeer,
Zum Ozean sie wandeln gebieterisch daher.

Sie waren erst gekommen bis an das Niederland,
Da haben sie von Spanien ein Orlogschiff erkannt,
Ein riesig hochgetürmtes: sie gingen's kühnlich an —
Bis daß auf schwanken Wogen der Preußenmut gewann!

Sie haben es genommen, Hispaniens Flagge fällt,
Und Preußens Aar erhoben weht stolzer in die Welt.
Heil Preußen Deinem Siege, dem ersten auf der Flut,
Ein guter Anfang, mache nun auch das Ende gut!

Das senden sie zum Pregel, sie aber steuern fort
Den Ozean hinüber zum überfee'schen Port,
Und haben sich geschlagen im Mexikaner Meer
Mit Spaniens Gallionen — und gingen stolz daher!

Mit Schrecken drang die Kunde der unerhörten That
Nach Spaniens stolzer Hauptstadt, da hielt man langen Rat,
Nicht minder der Franzose, der Engelländer auch,
Mit Staunen wohl vernahm er des Brandenburgers Brauch.

O, Kurfürst Friedrich Wilhelm, zu Land und Meer ein Held,
Du hast den Weg gewiesen und uns das Ziel gestellt!
Die Berge haben Tannen, wir haben hohen Mut:
Auch uns gehört die große, wogende Meeresflut!

O. F. Gruppe.

Der Mohr von Berlin.

Roman von Georg Horn.

Aus dem fünften Kapitel: Das Dreimännerkollegium.

Das Resultat der Konferenz war, daß die drei hier versammelten Mitglieder des Oberkommerzrates sich eine Audienz
beim Kurfürsten erbitten wollten, um ihre Stimmen gegen das
neue Unternehmen zu erheben und möglicherweise dieses rück-
gängig zu machen. Es treffe sich günstig, meinte der Oberkommerzrat, da am andern Tage Audienztag sei. Weilers war
Ruschardt sicher, aber nicht mehr so ganz des jungen Mannes
— nach dessen Äußerungen und Bemerkungen, sie schlugen so
nach Raulescher Art hin. Er wurde aber beruhigt, als Friedrich
Daum erklärte, die Herren zum Kurfürsten begleiten zu wollen.
Er konnte sich vielleicht auch nicht leicht ausschließen, nach den
Absichten, die Ruschardt mit ihm hatte. Er war, wenn man
die Situation in Anschlag brachte, ein junger Anfänger, der
das Zeug zu höherer Entfaltung in sich fühlte, und Blandine
vielleicht eine der reichsten Erbinnen in dem ganzen Kur-
fürstentum.

Die beiden Kollegen holten Ruschardt am nächsten Morgen
um die zehnte Morgenstunde von seinem Kontor in der
Georgen-, jetzigen Königstraße, ab. Wie die Leute auf der
Straße so diese drei Repräsentanten der größten Berliner Häuser
und Vermögen in vollem Staate nach dem Schlosse hingehen
sahen, mochten sie sich wohl fragen, was dies zu bedeuten habe,
ob vielleicht wieder eine neue Campagne im Ausbrechen sei, daß
sie Geld dazu vorschießen müßten. Sie schritten durch das
Thor an der Schloßfreiheit, von da durch das Portal in den
Schloßhof, schräg über denselben nach der Wendeltreppe, die
einen Ausbau mit schrägen Fenstern hatte. Sie stiegen diese

an dem steinernen gotischen Geländer hinan; sie kamen auf den
weiten Vorsaal, wo zwei Trabanten in weißen Röcken mit
blauen und goldenen Schnüren mit ihren Partisanen Wache
hielten, und von da in die holzgetäfelte, reich mit Hirschgeweihen
geschmückte Trabantenstube, die wir ja schon kennen.

Von den Wänden schauten fast drohend die lebensgroßen
Konterfeis der ersten Kurfürsten in ihrem roten, hermelin=ver=
brämten Habit hinab und aus der Fensternische, die tief in die
Mauer ging, trat, von einem lederbezogenen Sitzbänklein sich
erhebend, die Gestalt des Offiziers, dessen Bekanntschaft der
Leser ebenfalls schon gemacht, der sich ihm aber nun im Tages=
licht präsentiert. Es war der Trabantenkapitän Wolff von
Perbandt, die joviale Erscheinung mit starkem Leib, vollen, etwas
geröteten Wangen und kokett aufgesetztem Schnurr= und Knebel=
bart. Es war ein Kavalier, ebenso ruhmvoll bekannt von den
kriegerischen Affairen als durch seine scharfe und weingeübte
Zunge.

Die Art, wie er die drei begrüßte, ließ auf eine gewisse
Vertraulichkeit und von da auf nähere Bekanntschaft schließen,
wenigstens mit dem „Oberhaupte der schweren Gilde," wie er
Ruschardt begrüßte, der davon nicht wenig geschmeichelt schien.
Um von hier etwas zu erlangen, kämen viele; ein Labsal sei es
dagegen, 'mal Männer zu sehen, die am Ende etwas zu bringen
imstande seien, äußerte Perbandt scherzhaft. Wußte er den
Zweck ihres Hierseins oder wußte er ihn nicht, — er that
wenigstens als echter Hofmann nicht dergleichen und bedeutete
die Herren, sich noch ein wenig zu verziehen, der Kurfürst habe
Vortrag, dann könnten sie gemeldet werden. Ruschardt vermochte
aber seinen Eifer nicht zu bemeistern. Der wachhabende Offizier
mußte es wissen, was er auf dem Herzen hatte und was er dem
Kurfürsten alles sagen wollte.

„Bankerott wird das arme Land werden, unser ohnehin

schon so magerer Kredit an den Handelsplätzen wird durch solches Abenteuern vollends kaput gehen. Das arme Volk wird sein sauer Erworbenes verlieren, damit ein gewisser Bramarbas sich bereichern und prassen kann, wie man es neulich bei einem Taufmahl in seinem Hause beobachten konnte. Der Kerl trinkt Weine, wie sie bei der Hochzeit von Kana gewiß nicht serviert worden sind."

„Na, da war viel Wasser mang," schaltete Perbandt ein.

„Darum kommen wir, ehrenfeste Männer aus Berlin-Kölln, um unsere Stimmen zu vereinigen und zu den allergnädigsten Ohren zu erheben. Seine kurfürstliche Durchlaucht in seiner imperturbablen Clemenz für sein armes Volk kann das nicht dulden, kann zu einem solchen Schwindel-Handelsgeschäft seinen Konsens nicht geben, kein Minister kann das befürworten. Darum haben wir uns zusammengeschlossen und gehen hinein zu Seiner Kurfürstlichen Durchlaucht. Und so werden wir sprechen: Sehen Eure kurfürstliche Gnaden uns arme, dem Ruin nahe Männer! Nur die höchsten und reinsten Beweggründe, die edelsten Prinzipien konnten uns zu diesem Schritte drängen. Geben Euer kurfürstliche Durchlaucht nie und nimmer das verderbliche Privilegium!"

„Es ist schon da!"

Gröben war's, der dieses sprach; er stand in der Thüre, die aus dem Gemach des Kurfürsten führte, und hielt ein Pergament in der Hand, an dem eine hölzerne Siegelkapsel hing. Seine folgende Rede deutete darauf hin, daß er von dem Gespräch Auscharbts mit Perbandt etwas gehört hatte. Er breitete das Schriftstück vor den Augen der Deputation auf dem in der Mitte stehenden Tisch aus und deutete auf den Inhalt des Aktenstücks. Kurfürstlichen Schutz durch die Flotte — Befreiung von sämtlichen Handelsabgaben — Schutz durch den mit Frankreich abgeschlossenen Handelsvertrag — Beitrag des Kurfürsten von achttausend Thalern — Vollmacht, überall Handelsgeschäfte zu treiben — Verträge zu schließen unter kurfürstlicher Ägide — Land zu erwerben, wo es günstig erscheinen mag.

„Hier," betonte Gröben, „hier ist der Anfang der branden=burgischen Kolonieen!"

Ruscharbt und Weiler hatten einen Blick auf das Pergament geworfen, dann aber sich wieder abgewandt, augenscheinlich, um ihren Ärger zu verbeißen. Daum aber sah sich den Inhalt der Urkunde sehr genau an, und Gröben machte ihn noch auf die Unterschrift des gnädigsten Herrn anfmerksam:

„Groß wie der Name, so auch die Schrift!"

„Man hätte mir doch auch das Wort in der Sache ver=gönnen können," platzte Ruscharbt in seiner cholerischen Natur heraus. „Um so besser! Für die Folgen möge man uns nicht verantwortlich machen, oder etwa eine Hülfe von uns verlangen, wenn die Unternehmung ein Wrack geworden sein wird. Und das wird sie! das wird sie! Wir haben genug gewarnt, wir hatten nur die moralischen Interessen im Auge —"

„Eure moralischen Interessen! Man kennt sie, Ihr Herren!" äußerte Gröben, indem er sein Papier zusammenrollte. „Während wir mit Schweden zu Land und See gekämpft, habt ihr zu Hause hinterm Ofen gesessen und Eure Speziesthaler überzählt. Und als der Kurfürst in der Not des Vaterlandes Geld brauchte, und ihr es schaffen solltet, da waren die reichen Leute nicht zu Hause. Und wer hat es geschafft? Der Raule, der Bankerotteur aus Holland. Ja, vom Bankerott hat er etwas mitgebracht — in sich — neue Kraft, neue Entwürfe, und von seinem kleinen Vaterland Holland ein großes Beispiel. Schaut doch auf das winzige Land, seht dann das weite Meer, denkt euch die weite Welt! Kauft euren Pfeffer, Ingwer, euren Indigo von der holländischen Kompagnie nur weiter. Wir wollen etwas Besseres.

Ein Land, das wachſen, das gedeihen will, muß ſeine Segel in
die Meere ſenden! Wir ſegeln jetzt hinaus, und was dieſe
Unterſchrift hier ſoll? Ein Land im weiten Weltmeer ſuchen,
ein Neſt, auf dem der rote Adler horſten kann!"

Der herrliche Kopf des jungen Edelmannes wurde in
ſeiner Begeiſterung noch ſchöner; hoch hatte er ihn erhoben, und
aus jedem Wort, jeder Miene ſprach die hochgehende Stimmung
ſeiner Seele. Perbandt teilte dieſe; die kleinen Augen leuchteten
aus den vollen roten Wangen. Auch der junge Daum fühlte
ſich mit fortgeriſſen; denn Jugend hält immer zu Jugend.
Ruſcharbt und Weiler waren in die Fenſterniſche getreten und
ſchauten hinab auf die Spree und die Kähne auf ihr, auf ihre
See und ihre Flotte. Gröben ſagte, daß er mit dem koſtbaren
Pergament gleich zum Miniſter von Fuchs und zu Raule eilen
müſſe. Perbandt ging hinein in die Kammer des Kurfürſten
und kam mit der Meldung zurück, daß ſein Herr die Herren
vom Oberkommerzrat erwarte.

Was hätte ihre Audienz für einen Zweck haben können?
Verdutzt ſchaute einer den andern an. Perbandt war in der
Thür ſtehen geblieben und drängte nicht ohne eine gewiſſe
Ironie zum Eintritt. Wohl oder übel mußten ſie hinein, kamen
aber auch bald heraus, da der Kurfürſt ihre Remonſtration mit
der einfachen Mitteilung abgeſchnitten hatte, er hätte ſeine Unter=
ſchrift bereits gegeben.

Das erzählte Daum dem Hauptmann, da ſeine beiden
Kollegen in roter Furie weggerannt waren.

„Und dann noch ein Wort des gnädigſten Herrn, ſo ſchön,
ſo erhaben, ſo recht ein kurbrandenburgiſches Wort, Herr
Kapitän."

„Laßt doch hören," drängte Perbandt.

„Herr Ruſcharbt," berichtete Daum, „ſpielte auf Raule als
einen Frembling an; der Kurfürſt aber antwortete mit ernſter

Miene und hohem Tone: „Unter Kurfürst Friedrich Wilhelm fragt man im brandenburgischen Lande nicht darnach, von wannen einer gekommen, sondern nach dem, was einer kann!" —

Man kann sich wohl denken, daß der Oberkommerzrat nicht in der besten Stimmung nach Hause gekommen war. Er warf den besten Staatsrock auf den Stuhl, er riß sich die Allonge vom Kopfe, er herrschte selbst sein Töchterchen an, als diese mit einem ihrer neuen Papageien in die Stube trat, und dem lieben Vater zeigen wollte, was „das süße Vieh" wieder gelernt hatte. „Vivat Afrika!" kreischte der Vogel.

Aus dem elften Kapitel: Die Argonauten.

Mit dieser Abmachung war Gröben zufrieden. Noch des= selbigen Tages rief er seine Kapitäne, Offiziere und Ingenieure zusammen und erklärte ihnen, daß er glaube, sie seien am Ziele ihrer Fahrt angekommen. Der Berg Mamfro scheine ihm die Stelle zu sein, wo die brandenburgische Flagge auf afrikanischem Boden wehen solle. Nachdem er dafür ihre volle Zustimmung gewonnen hatte, ließ er die Bootsleute, Soldaten und Hand= werksleute antreten und sprach also zu ihnen:

„Matrosen, Soldaten, Kriegshandwerker, insonderheit liebe Landsleute! Wir haben hier am Kap der drei Spitzen eine Stätte gefunden, die allen unseren Anforderungen entspricht. Hier wollen wir eine Feste bauen, eine Niederlassung, ähnlich den holländischen und portugiesischen, gründen. Ehe ich aber weitere Demarchen mache, um dieses Land zu erwerben, ist mir eine Anfrage an Euch von nöten, an Euch, als geworbenes Schiffs= und Kriegsvolk unseres gnädigsten Kurfürsten und der brandenburgisch=afrikanischen Kompagnie. Wollt Ihr ihnen hier in Afrika, auf dieser fremden Scholle, die nun bald branden= burgisches Land sein wird, als Besatzung der Feste, als Kom=

battanten, wenn es gilt, mit Eurer Hände Arbeit wie mit Eures Herzens Bereitwilligkeit, ebenso treu zu Diensten sein, wie Ihr es gethan habt in allen Kriegsläuften des Vaterlandes?"

Alle stimmten in den Ruf ein: „Ja, wir wollen!" Dann wurden auf beiden Schiffen fast alle Mannschaften, soweit sie nicht zur Wacht und Bedienung gehörten, gesammelt, alle Schaluppen flott gemacht und so fuhren sie ans Land. Voran zogen die Pauker, Pfeifer und Hornbläser, dann kam der Fahnenträger mit der brandenburgischen Schiffsflagge, danach eine Sektion Schiffssoldaten. Nach ihnen schritten Gröben, die Kapitäne Blank und Voß, die Ingenieure. Es folgten die Matrosen und den Schluß bildeten die Schiffsbauleute. So ging der Zug ans Land und von den Schiffen wurde der Salut mit fünf Schüssen gegeben. Ein Teil der Schiffsbauleute und Matrosen zog sechs dreipfündige Kanonen, blanke Stücke, mit allen Munitionskarren. Der Troß führte allen Vorrat nach. Vor Einbruch der Nacht war die Spitze des Berges erreicht, und das erste war, daß die Bauleute Zelte für den Gouverneur, die Offiziere und Mannschaften aufschlugen. Die Nacht brach herein, die erste, die Gröben seit seiner Abfahrt von Glückstadt auf festem Lande zubrachte. Aber der Ozean, der dort unten nur in einzelnen Lichtstreifen brandend an die Felsenklippen schlug, erhielt ihn noch lange in der Illusion, als ob er von den Wellen getragen werde. Nun umgab ihn jene Ruhe des Erhabenen, wie sie nur ein so unberührtes, jungfräuliches Land, wie dieses, bieten konnte. Alles um ihn her schlief, die Menschen, die Tiere, jedes Blatt, jede Blüte. Hauch, Atem war alles, ein Träumen der Erde in all ihrer Fülle und Pracht. Die brandenburgische Retraite erklang hier oben auf diesem Felsenplateau zum ersten Male — hinein in das wilde Land. Und es war, als ob diese heimatliche Mahnung zur Ruhe und zum

Gebet auch wirklich alles zur Ruhe gebracht hätte. Nur ab und zu ging es durch das Dunkel wie fliegende Edelsteine, die Leuchtkäfer waren allein noch wach — sonst Ruhe, Schweigen.

Das war die Stunde für Gröben, wo das Herz wie Maria über die Berge ging durch unermeſſene Weiten zu einem andern Herzen. Er nahm sein Evangelienbüchlein heraus, küßte es und hielt betend es lange in seiner Hand.

Am andern Morgen in früher Stunde geschah ein Nach= schub von den Schiffen aus nach dem Berge. Es war eine lange Kette von Mannschaften; sie brachten Warenballen und Kiſten, Waffen und Munition, Vorräte und Wirtschaftsutensilien hinauf nach Mamfro. Im Laufe des Tages trafen die drei Häuptlinge ein, begleitet von einem Troß anderer Männer und auch von Weibern; erſtere waren sämtlich mit alten Musketen versehen. Gröben hatte Befehl erteilt, sie mit allen Ehren zu empfangen, auch schon um ihnen Respekt vor Brandenburgs Kriegsmacht und Glorie beizubringen. Kapitän Blank wollte die Stücke bei ihrer Ankunft lösen lassen, unterließ es aber auf das Bedenken des Gouverneurs, daß die „Naturellen," womit die Neger gemeint waren, davon eine falsche Meinung gewinnen und diesen Salut der Freundschaft als das Gegenteil hinnehmen möchten. Zu ihrem Empfange wurden Kapitän Blank und Abba entſendet. Als sie den Ankommenden nahe waren, bedeutete sie Abba, daß ihre Oberſten vor den Vertreter des großen Monarchen im Lande der Weißen geführt werden sollten; doch möchten die übrigen Männer, sowie die Weiber, in einiger Ent= fernung zurückbleiben. Gröben hatte eine Art Baldachin aus bunten Teppichen aufrichten und an der Rückwand das in Öl gemalte Bildnis des Kurfürsten anbringen lassen. Auf dem= selben trug der Kurfürst den Kurornat, den roten hermelin= verbrämten Talar und den hermelinbesetzten Kurhut auf dem Haupte, darunter die blaue Uniform. Um das Bild herum

waren die Kiften und die Ballen mit all den Waren aufge=
ftapelt. Rechts und links ftanden die Matrofen und Soldaten
in halben Reihen aufmarfchiert mit Mufik und der großen
Schiffsflagge, Gröben felbft, in Uniform feines früheren Regi=
mentes, erwartete die Cabufier, die Häuptlinge, mit gezogenem
Degen. Durch den Mund Abbas gab er ihnen die Erklärung,
daß er diefes Land hier erwerben wolle, um eine Fefte zu
bauen, daß er Handel mit ihnen zu treiben beabfichtige und
fonft in Friede und Freundfchaft mit ihnen leben wolle. Sie
möchten fich mit den Ihrigen beraten, ob fie deffen gewillt
feien und welche Bedingungen fie ftellten. Er ließ fie dann
bewirten; Branntwein wurde in blanken Schalen umhergegeben,
dazu reichte man auch holländifche Thonpfeifen. Zu gleicher
Zeit befahl Gröben, die Kiften mit all den von diefen Natur=
kindern fo heiß erwünfchten Herrlichkeiten zu öffnen. Der
Gouverneur ließ fich mit den Schwarzen durch Abbas Ver=
mittlung in eine längere Unterhaltung ein. Er erfuhr aus
derfelben, daß ihr Stamm fich nahezu auf zehn Meilen in das
Land erftrecke, bis an den Fuß des hohen Gebirges, das man
da fehe; es feien ihrer wohl zwanzigtaufend an Zahl.

„Abba, der Kerl fchneidet wohl auf?"

„Nein, Gnädigfter, mein Stamm ift groß und ausgedehnt
und keiner von uns möchte eine Lüge fagen."

„Bis auf diefe, fo Du jetzt fprichft. Frage fie 'mal, ob
fie Dich als einen der ihrigen anerkennen."

Abba fprach zu ihnen, indem er mit feinem Zeigefinger
auf fich wies und zu gleicher Zeit deutete Gröben gegen die
Schwarzen auf Abba und diefe gaben ein Zeichen der Zu=
ftimmung.

„Wir hatten einen König," ließ fich der ältefte durch
Abba vernehmen, „fein Name war Ogulla, ein guter, tapferer
Mann. Er hatte einen Bruder und wir wiffen nicht, ob diefer,

18*

Dein Mann da, des Königs oder seines Bruders Sohn ist,
doch vermuten wir das letztere. Der König selbst hatte zwar
auch Söhne und eine Tochter, aber sein Blut ist dahin, sein
Geschlecht ausgerottet. Wir klagen um ihn alle Zeit, und keiner
nach ihm wird mehr wert geachtet, das Königszeichen zu tragen.
Darum ist es auch verschwunden. So sind nun wir drei die
Cabusier des Stammes."

Nach dieser Erklärung gingen die drei Häuptlinge mit ihren
Stammesgenossen zur Beratung. Letztere, soweit sie ihnen
gefolgt waren, hatten sich in einem Kreise unweit des Zeltes
gelagert. Die drei standen inmitten dieses Kreises und hatten
den Genossen jedenfalls Mitteilung von den ihnen gewordenen
Anerbieten gemacht. Aber auch schon in diesen wilden Völker=
schaften schien die Opposition gegen alle Neuerungen ihre
Anhänger zu haben. Einige standen auf, schrieen und begleiteten
diese Laute mit heftigen Gesten.

Abba, der sich dem Orte genähert hatte, berichtete an
Gröben, daß sie sich in sehr heftigen Ausbrüchen gegen die
Weißen ausgelassen hätten. Von diesen würde ihnen nie etwas
Gutes zu teil werden, sie kämen nur als Unterdrücker und
würden sie und die ihrigen einfangen, auf Schiffe verladen und
in eine unabsehbare Ferne entführen. Dagegen sprach wieder
der oberste der Häuptlinge, es seien gute weiße Männer, während
man diejenigen, so wider sie sprächen, als Lügner betrachten
müsse. Die Opponenten schrieen, es schrieen die drei Autoritäten.

„So laß mich Deinen Atem riechen!" entgegnete das Haupt
der Gegenpartei und trat vor den Stammesobersten hin, der
mit offenem Munde seinen Atem über ihn ergehen ließ. Der
Richter war von der Alkoholatmosphäre wie betäubt. Dann ging
eine Miene des Entzückens über seine Züge. „Thut so, wie ihr
wollt," sagte er dann kurz, „aber wir wollen auch weinverloren
(das heißt trunken) werden."

Im Äußeren unterschieden sich die drei Cabusier wenig
von den Negern um Accoba. Es waren riesige Gestalten, eben=
holzschwarz und die weißen Zähne wie Nadeln spitz gefeilt.
Messingdrahtringe und Glasperlen bildeten ihren einzigen Schmuck,
das Grastuch in grellen Farben um ihre Lenden die einzige
Kleidung.

Sie verlangten für das Land ein Pfund Goldes und für
jeden einzelnen buntes Wollenzeug, Musketen. Pulver, Kupfer=
draht, Eisen, Glasperlen und — Branntwein für das Palaver
(von dem portugiesischen Worte palavra), das heißt für die
ganze Volksversammlung. Gröben ließ durch Blank die Ver=
tragsartikel zu Pergament bringen. Abba sollte sie ihnen vor=
lesen und zum Zeichen ihrer Einwilligung ihre Namen mit
seiner Schrift darunter setzen. Kontrahenten waren die Häupt=
linge einerseits, Gröben im Auftrage des Kurfürsten von
Brandenburg andrerseits. Erstere verpflichteten sich, den in
ihrem Bereiche gelegenen Berg Mamfro mit dem umliegenden
Lande in der Runde von zwei deutschen Meilen bis hinab zur
Küste an den Kurfürsten abzutreten, wogegen der Bevoll=
mächtigte desselben eine Summe von einem Pfund Goldes in
Goldstaub zu zahlen übernahm, dazu sich zu allem Schutze
der Eingeborenen durch die Kriegsmacht verpflichtete, so sich in
der Feste als Besatzung befinden würde. Ein dritter Vertrags=
punkt war, daß die Eingebornen mit keiner andern Nation
Handelsgeschäfte treiben durften als mit den Brandenburgern
und dazu dem Kurfürsten in allen Treuen als Unterthanen
ergeben wären. Abba las ihnen den Wortlaut vor, sie gaben
durch Neigen des Hauptes das Zeichen der Einwilligung.
Vorher war Gröben durch den Kapitän Blank unterrichtet
worden, wie die Zeremonie des Fetischtrinkens vor sich gehen
sollte. Der Fetisch ist die Personifikation des Bösen, Fetisch
kann jeder Gegenstand sein, wenn man ihn mit dem Gedanken

beseelt, daß man damit einen bösen Feind abzuhalten habe. „So liegt selbst bei diesem wilden Volke dem Trinken der Gedanke von der siegenden Kraft der Wahrheit inne," bemerkte lächelnd Gröben. „Der Gedanke beseelt sie," fügte er ernster hinzu, „daß einem selbst der Teufel nichts anhaben könne, wenn man nur die Wahrheit gesagt habe."

Hier war das böse Element, das Beteuerungsmittel der Wahrhaftigkeit, durch einfaches Schießpulver dargestellt, ange= rührt mit Malvasier, von dem Gröben zur Feier des Tages ein kleines Gebinde hatte anstecken lassen. Er ließ den Häupt= lingen die Schale reichen, dann sollten sie durch Abba ihre Unterschriften geben. Aber sie wiesen die ihnen dargereichte Schale mit dem Getränke zurück. „Erst wollen wir Gold und Dash haben!" erklärten sie durch Abba.

„Ach, sie sind mißtrauisch!" rief Gröben und gab Befehl, daß man eine Kassette bringe. Daraus nahm er drei Lein= wandbeutel, ließ den Goldstaub auf einen Tisch schütten und abwägen. Dann überreichte er jedem der drei einen Beutel. Außerdem bekam jeder noch ein Stück buntes Wollen = und Leinenzeug, Glasperlen in Schnüren, rote, weiße, grüne, auch Kupferdraht, eine Muskete, Pulver, einen Spiegel und ein großes Faß Branntwein. In naivster Ausgelassenheit gaben sie ihrer Freude über diese Reichtümer Ausdruck, namentlich machte ihnen der Spiegel Vergnügen. Beim ersten Blick in denselben waren sie erschrocken zurückgeprallt, als ihr schwarzes Antlitz daraus ihnen entgegensah. Sie glaubten an einen Zauber und schrieen vor Entsetzen laut auf; dann aber, als Gröben ihnen sein eigenes Antlitz darinnen zeigte, traten sie der Sache näher, wurden nicht müde, ihre schwarze Holdseligkeit in dem Glase zu bewundern und stolzierten, das Geschenk in der Hand, auf ihren langen Beinen wie Störche durch den Kraut= acker. Von nun an wäre alles mit ihnen anzufangen gewesen.

Sie tranken Fetisch und liefen dann mit den empfangenen Gaben zu den Ihrigen. Die Volksgruppen umschwirrten jeden von den dreien. Alle, zuerst die Anführer der Opponenten, bekamen von der großen Schale mit dem Pulver und dem Malvasier etwas auf die Zunge, damit auch sie getreu bleiben möchten. Dann kehrten die Anführer zu Gröben zurück und reichten ihm das Gefäß, damit er ebensowohl, als sie gethan, durch Trinken den Vertrag bekräftige. Er zögerte. Aber weniger war es bei ihm die Furcht vor ihren erregten, flammenden, zornigen Blicken, als die Erwägung der Billigkeit, daß sie mit gutem Rechte ein Gleiches von ihm zu beanspruchen hätten, die ihn zu raschem Entschluß bewog. Er nahm aus ihren Händen die Schale und trank mit den Worten:

„So seid auch Ihr der Treue der Brandenburger versichert!" Während die Schwarzen sich den weiteren Ausbrüchen ihrer Freude überließen, wurde vor ihnen und über ihnen die Flagge Brandenburgs auf dem vorher eingerammten hohen Flaggenstock aufgezogen. Jubelgeschrei begleitete diesen Akt, als das Flaggentuch langsam emporstieg und sich breit und stolz in der vom Meere her wehenden Brise blähte. Die in Reih und Glied aufgestellte Truppe präsentierte, Gröben salutierte die Flagge seines Landes mit dem Degen. Aus den Geschützen der brandenburgischen Schiffe donnerten fünfmal der Salut über den Ozean, fünfmal wurde er wiederholt und in drei Salven erfolgte hier oben wieder der Dank. Dann wandte sich Gröben an die Seinigen und die Richtung nach der See nehmend, sprach er: „Dahinzu liegt unser teures Vaterland und heute schreiben wir zu Hause den 1. Januar 1683, und so wollen wir unsere Häupter und unsere Herzen heimwärts wenden und all der teuren Unsrigen in der Heimat gedenken, vornehmlich aber unserm gnädigsten Herrn einen fröhlichen Neujahrsgruß aus unserm jubelnden Herzen zusenden, wir, die wir hier im

wilden Lande Brandenburgs Panier aufgeworfen haben! Großfriedrichsburg sei diese Feste genannt, weil unseres Herrn Friedrich
Wilhelm von Brandenburg Name groß ist in allen Landen!"

Aus dem zwanzigsten Kapitel: Ein schwerer Gang.

Es war Zeit für ihn*), den Heimweg anzutreten. Er ging
auch eine Strecke Weges bis an eine Stelle, wo er um einen
Vorsprung biegen mußte, den das Land in das Wasser machte.
Da sah er, wie eine Barke dahinruderte. Mit seinem scharfen
Blick erkannte er ein Fahrzeug des Hofes. Auf dem gepolsterten
Sitz saß ein Mann, zurückgelehnt in das Rückenkissen, gedankenvoll vor sich hinschauend. Der Kleidung nach dünkte es ihm
einer der Hofherren zu sein, der jedenfalls dem Kurfürsten
voranfuhr, um auf dem Schlosse noch die nötigen Arrangements
zu befehlen. Ihm gegenüber befand sich ein anderer, der mit
zwei Rudern die Barke führte. Das Blut schoß Raule in das
Gesicht. Er erkannte den Mohren Abba oder Frédéric de
Cussy, wie er ja doch am Hofe hieß. Wie von einem Herz-
krampf war er erfaßt bei der Erinnerung an das, was ihm
von diesem widerfahren war. Und nun, indem sich sein Blick
immer schärfer nach der Barke richtete, erkannte er in dem
Mann, den der Mohr auf dem Wasser führte, den Kurfürsten
selbst. Jäh, wie diese Wahrnehmung und ihre Wirkung auf
Raule, war auch der Windstoß, der gegen das Fahrzeug fuhr.
So wuchtig war der Ruck, den es erlitten, daß dem Führer die
Ruder entglitten. Es folgte ein zweiter, der die Barke auf die
eine Seite warf, wieder einer, von dem sie sich nach der entgegengesetzten legte.

Die Wellen gingen immer höher und höher und schienen
mit der Gondel ihr übermütiges Spiel zu treiben. Ruhig, un-
bewegt sah der Kurfürst dem zu ohne ein Zeichen der Erregung

---

*) für den beim Kurfürsten in Ungnade gefallenen Raule.

ober gar noch der Angst, obwohl nach Raules Dafürhalten
Grund genug dazu vorhanden gewesen wäre. Der Mohr schien
den Kopf verloren zu haben; augenscheinlich von Angst erfaßt,
focht er mit den Händen in der Luft. Dann suchte er die
Ruder zu haschen, und als ihm das nicht gelang und ein neuer
Windstoß das leichte Fahrzeug auf die Seite legte, klammerte
er sich schreiend am Vorderteil an. Da sah Raule, wie sich
nun die Gestalt des Kurfürsten hastig vom Sitz erhob — er
hörte seine Stimme:

„Wir sinken! Es strömt das Wasser herein!" Mit einem
Ruck hatte Raule den Fischerjungen beiseite geschoben, das in
der Zille liegende Ruder erfaßt und steuerte nun mit kräftigem
Ruderschlag auf den Kurfürsten zu. Mit einem Sprung stand
er in der Barke, richtete einen Blick auf den Boden und warf
sich selbst alsbald nieder. Dann machte er eine Bewegung mit
dem Arme in die Tiefe des Fahrzeuges.

„Das Leck ist gestopft! Ohne Gefahr können Eure kur=
fürstliche Gnaden in die nebenan liegende Zille steigen. Ich
halte so lange das Einströmen des Wassers zurück?"

Der Kurfürst konnte es Raule ansehen, mit welcher fast
übermenschlichen Anstrengung er mit dem rechten Ellenbogen sich
an den Boden gestemmt hielt. Mit der linken Hand zog er
dann den Kahn an die Barke, um so dem Kurfürsten die Mög=
lichkeit zu bieten, in das kleinere Fahrzeug überzusteigen. Das
geschah auch. Dann zog Raule seinen Arm zurück, stand vom
Boden auf, schwang sich in den Fischerkahn und machte sich
daran, diesen dem Ufer zuzuführen. Um den Mohren hatte er
sich nicht weiter bekümmert, vielleicht mit Absicht. Abba stieß
in der zurückgelassenen Barke dumpfe Angstlaute aus. Er ver=
suchte in das rettende Fahrzeug mit überzuspringen, aber ein
paar kräftige Ruderstöße hatten dasselbe schon zu weit von der
Barke entfernt. Diese sank immer tiefer.

„Der Mohr, der Mohr!" rief der Kurfürst.

„Der hat so gut schwimmen gelernt, als er auf dem Ozean sich von den untergehenden Schiffen rettete, daß es ihm eine Kleinigkeit sein wird, hier auf der Havel das Trockene zu erreichen."

Die Barke sank immer tiefer, und die Laute der Todesangst Abbas wurden immer herzzerreißender.

„Ich befehle Euch, den Mohren nicht zu lassen, oder ich weiche hier nicht von der Stelle!" rief der Kurfürst. Mit einer Bewegung nach Raule gab er diesem die Richtung an, nach der Stelle zu steuern, wo Abba bereits mit den die Barke über= flutenden Wellen rang.

Raule rührte sich nicht. Mit düsterem Schweigen hatte er den Befehl vernommen und etwas wie von gesättigter Rache sprach aus dem Seitenblick, den er nach dem sinkenden Mohren warf. Da fühlte er sein Ruder von der Hand des Kurfürsten berührt, er sah den flammenden Zornesblick auf sich gerichtet. Wie von einem plötzlichen Sinneswandel bewegt, stieß er nach der Richtung des mit dem Tode Ringenden und hielt ihm die Hand entgegen, zog ihn aus den Wellen und nahm ihn mit in das rettende Fahrzeug ein.

„Mein Gemüt war nicht dazu angethan," sagte er zum Kurfürsten, „aber wenn Eure kurfürstliche Durchlaucht will, muß man selbst seine Todfeinde aus Feuers= wie aus Wassersgefahr erretten. O gnädigster Herr, Eure Anwesenheit kann doch alles aus einem Menschenkind machen!"

Der Kurfürst sagte nichts, während der Kahn sich unter den kräftigen Ruderschlägen Raules vorwärts bewegte. Wie ein in bunte, silber= und goldgestickte seidene Lappen eingehüllter Klumpen schüttelte sich der Mohr im Vorderteil des Kahnes vor Frost und Kälte. Nur ab und zu erhoben sich seine glühenden

Augen nach dem Fährmann. Es waren Blicke der Angst, der Verzweiflung, des bösen Gewissens.

„Wohin soll ich Eure kurfürstliche Gnaden fahren?" fragte Raule.

Der Kurfürst deutete auf eine Steintreppe, die aus dem Wasser nach einem Landungssteg führte und von da in den Garten. Dahin richtete Raule den Kurs.

„Was ist das mit Eurem Arm da?" brach der Kurfürst sein Schweigen.

Raule sah nach der Stelle, es kamen am rechten Ellenbogen unter dem dunklen Gewande Blutflecken zum Vorschein.

„Ein guter Jagdhund gibt immer noch freudigen Laut zu seinem Herrn, wenn er auch schweißt. Ich habe mir beim Stopfen des Lecks den Arm ein wenig wund gerissen. Bah, was thut das! Ich gäbe all mein Blut für meinen gnädigsten Herrn dahin, und dafür sage ich meinem Schöpfer Dank, daß er mir noch vergönnt hat, in diesem Moment die Barke meines gnädigsten Herrn zu führen, wie ich sie und seine Sache immer geführt habe in treuem Dienste! O, wenn ich an den Tag von Rügen denke und an das Kommandoboot mit der Rotenadlerflagge, wie ich da noch meinen stolzen, großen Kriegsfeldherrn führen durfte, wo er mir noch ein gnädiger Herr war und jetzt, ach und jetzt und . . ."

In stummer Trauer ließ Raule das Haupt sinken; seine Stimme war voll tiefer Klage. Aber der Appell an das Herz des Kurfürsten schien ohne Wirkung zu bleiben. Dieser hatte nichts darauf erwidert, nur als der Kahn schon ganz nahe der Treppe war, fragte der Kurfürst plötzlich:

„Wie kommt ihr denn eigentlich hierher?"

„Ich kam, um meinen gnädigsten Herrn nur für eine Spanne Zeit um Gehör zu bitten. Man ließ mich dort am Schloßgitter nicht ein und so setzte ich mich ans Ufer und hatte nicht übel Lust, bei der großen, mächtigen Betrübnis meiner Seele mich dem Elemente hinzugeben, das mich durch's Leben getragen, das mich stolz und elend gemacht, wenn nicht ein einziger Gedanke . ." Nun übermannte ihn lautes Schluchzen und in diesem sagte er: „O Herr, mein armes Kind liegt zum Tode krank darnieder!"

Da wandte sich betroffen das volle Antlitz des Kurfürsten ihm zu, und ein weicher Ton war in dessen Rede zu spüren, als er fragte:

„Wieso kam denn solches?"

„Ach an jenem Abend meines höchsten Stolzes und meines tiefsten Sturzes draußen im Garten, wo dieser . . ."

Er machte eine nach dem Mohren hindeutende Gebärde, und seine Stimme bebte vor Erregung des Hasses und verhaltener Wut.

„Warum betrachtet Ihr ihn als Euren Feind, wie Ihr vorhin geäußert?"

„Weil er ein Schelm, ein Lügner, Beelzebub und Leviathan in einem schwarzen Menschengehäuse ist. Gnädigster Herr, jetzt wo ich Euch und diesen feigen Hund vor mir sehe, jetzt, wo mir alles wieder in die Erinnerung zurückflutet, flammt es plötzlich vor mir auf wie eine Leuchte auf einsamem Felsenriff. Herr, wenn es wahr ist, was er, was andere Leute durch ihn in Umlauf gebracht haben, wenn die Schiffe wirklich schlecht gebaut waren, da hätten sie doch die Fahrt hin nach Afrika nicht aushalten können. Aber sie sind doch hingelangt, denn sonst hätte der da nicht zurückkommen können. Und nun, wenn alles wahr sein sollte, was er oder seine Helfershelfer ausgesagt, daß auf der Heimfahrt der Kiel geborsten und alle im Seewasser ihr letztes Stündlein verlebt haben, dann ist es doch ganz wundersam, gnädigster Herr, daß nur dieser eine davongekommen sein sollte. Und gerade der unter den andern gut brandenburgischen Landeskindern! Da müßte unser Herrgott doch seinen besonderen Narren an ihm gefressen haben, und es ist kaum glaubbar, daß er sich gerade den als Noah von der Sündflut ausgesucht haben sollte. Nein, Eure kurfürstliche Gnaden, jetzt vor Eurem erhabenen Antlitz wird mir's immer klarer und heller. Er ist ein Lügner oder ein Kujon in anderer Weise gewesen! Halten zu Gnaden, da sind wir an der Treppe."

Raule hielt den Kahn an und reichte dem Kurfürsten die Hand, um ihm beim Aussteigen zu helfen. Aber ehe das geschah, bedeutete dieser dem Mohren, daß er zuerst aus dem Fahrzeuge gehen und im Schloß trockene Kleider sich suchen solle. Wie mit einem Katzensprung war Abba an der Treppe und zwischen den Gebüschen verschwunden. Dann stieg der Kurfürst aus und ging langsam wie in Gedanken die Marmor= treppe hinan.

Nach dem Garten vom Schloß her kam der Geheim= kämmerer in eiligem Schritt. Er hatte von der Freitreppe, die aus dem großen Saal nach der Gartenseite führte, gesehen, welches Unheil dem gnädigsten Herrn auf dem Wasser gedroht, und erzählte, wie sie alle in Todesangst gewesen seien, bis sie dann gesehen, wie ein Mann mit einer Zille —

Da sah er jetzt erst Raule, und das Wort blieb ihm im Munde stecken.

„Den Ihr vom Schloß wie einen Vagabunden hinweggewiesen," sagte Raule mit bitterem Tone.

„Vagabund? Ihr, Ihr, Herr Raule? So ein Wort!"

Raule wollte zur Klärung der Lage einiges entgegnen, aber Heidekam schnitt ihm die Rede schleunigst ab, indem er seinem Herrn meldete, daß von Potsdam aus eine Staffette angekommen; sie sei kurz nach dem Aufbruch des Kurfürsten von dort ab= gegangen und zu Lande vor einer Viertelstunde eingetroffen. Der Kurfürst gab ein Zeichen, daß der Kabinettsreiter vor ihm erſcheinen ſolle, dann ging er nach der Stelle, wo ein blühender Fliederſtrauch die Luft ringsum mit ſeinem Dufte erfüllte, und brach davon einen Zweig.

Der Geforderte kam und übergab ein Schreiben, das der Monarch ſogleich öffnete. Er überflog den Brief — las ihn noch einmal durch — dann wandte er ſeinen Blick mit dem Ausdruck unverkennbarer Überraſchung auf Raule und las aber= mals. Er ging dann einige Schritte weiter bis zu der Stelle des Fliederbuſches. Raule war in der Nähe geblieben, da, wo der Kurfürſt ihn verlaſſen. Dieſer winkte ihn zu ſich heran.

„Curieuſes Rencontre,“ ſagte er, mit ſeiner kleinen, vollen weißen Hand auf den Brief zeigend, „gerade da Ihr hier ſeid. Ja, es giebt ſolche Fügungen, die wir Sterbliche und Fürſten als Fingerzeig von oben hinnehmen müſſen. Denkt Euch, hier ein Schreiben meines Reſidenten in Hamburg. Der Kurprinz — entfärbt Euch nur nicht ſo, Herr Raule, es iſt kein ſchlimme Neuigkeit — der Kurprinz iſt vor drei Tagen reich beladen aus Weſtindien in den Hafen von Glückſtadt eingelaufen.“

Faſt wäre Raules Farbe nicht von ſeinem weißen Halstuch zu unterſcheiden geweſen. Anfänglich gab er auf dieſe Botſchaft keine Antwort. Nur einigemale atmete er tief auf, dann ſah er ſeinen Herren mit treuherzigem Blick an und beugte langſam das Haupt, als wollte er ſagen: Erkennſt Du nun, daß Du mir nicht umſonſt vertraut haſt! Er nahm das ihm von der Hand ſeines Herrn dargereichte Schreiben, er las die Meldung des kurfürſtlichen Reſidenten; jeder dieſer Buchſtaben war eine Widerlegung aller gegen ihn gerichteten Anklagen, wie keine glänzen= der, keine unantaſtbarer hätte ſein können. Seine Hand zitterte, als er das Papier zurückgab, und mit dieſer zitternden Hand wiſchte er die paar Thränentropfen hinweg, die darauf gefallen waren.

„Wenn auch der Mohrian nun verloren iſt, ſo trage ich doch keine Schuld dabei,“ war ſeine Rede. „Der Kurprinz führt

meine Sache, und wenn er mit allen Schätzen Indiens beladen
wäre — er hat etwas an Bord, was tausendmal schwerer wiegt:
meine Ehre, Herr! Hätte ich auf dem Buß= und Bittgang hierher
nicht alle Selbstüberhebung und Selbstgerechtigkeit, nicht allen
Hochmut eines Emporgestiegenen auf der Straße gelassen, ich
würde jetzt mit einer Anklage gegen meine Feinde vor Euch
gnädigster Herr, hintreten; aber nun, ich lasse ganz still meine
hohen Segel gerefft."

„Damit aber die Welt erkenne, daß Euer Herr Euch seine
Gnade nie abgewendet habe, so sollt Ihr heute zu unserem länd=
lichen Fest zu Caput bleiben, an meiner Seite sitzen, zwischen
mir und der Kurfürstin, die zu Wagen von Potsdam bald ein=
treffen wird."

Der also Geehrte schüttelte aber das Haupt und sagte fast
flehend:

„Laßt mich heim, gnädigster Herr, heim zu meinem Weib,
zu meinem Kind, dem sie gesagt haben, sein Vater sei ein
Schelm, und das sie getroffen damit bis zum Tode. Laßt mich
ihm sagen . . ." Er hielt inne. „Herr, wenn Ihr mir aber
eine Gnade erweisen wollt, schenkt mir den Fliederzweig da in
Eurer Hand; laßt mich den meinem Kinde bringen und ihm
sagen: „Das ist von Euch!", dann weiß Hanna genug."

Bewegt reichte ihm der Kurfürst den Blütenzweig und mit
ihm begab sich Raule auf den Heimweg.

Der Bauer und der Mohr.

Als einst der Kurfürst auf dem Land
Mit seinem Mohren sich befand,
Ging der, um sich zu amüsieren,
Am Abend in dem Dorf spazieren,
Die Tabakspfeif' in seinem Mund:
Das war noch keinem Bauern kund.
So sah denn auch ein Bauersmann,
In seine Thür gelehnt, sich an
Den schwarzen Mann mit großen Augen,
Mit größern noch sein Feuersaugen.
Wie das nun erst der Mohr bemerkt,
Hat er sein Qualmen noch verstärkt —
Begann drauf gar aus seiner Nasen
Zwei Strahlen blauen Dampfs zu blasen,
Worauf er dann ganz höflich nun,
Um auch mal einen Zug zu thun,
Dem Bauer bot sein Pfeifchen an,
Erschrocken ruft der Bauersmann:
„Herr Düwel, ne ick fret keen Für!"
Und schlug ihm zu die Oberthür.

O. F. Gruppe.

Die Brandenburger im Türkenkriege.

Mahom's Bekenner drängen ins deutsche Reich herein:
Auf, Leopold! auf, Kaiser! des Reiches Schild zu sein!
Der Kaiser rief das Reichsheer im ganzen deutschen Land,
Da hat der große Kurfürst zweitausend ihm gesandt.

Zweitausend nur, doch Männer, doch Märker voller Mark;
Aus einem Stück, ganz Eisen, an Herz und Händen stark:
Von all' den bunten Bannern aus heil'gem deutschen Reich,
Du Häuflein der Zweitausend, wer that es wohl dir gleich!

Bei der Abtei Sankt Gotthard, da war's ein harter Strauß,
Das ganze Asien schüttet die grimmen Völker aus,
Dem Sohn der heißen Wüste, wer hält im Sturm ihm Stand?
Das ist der Sohn des Landes — gehöhnt um seinen Sand!

Sie weichen keinen Stürmen, gleich Türmen stehn sie da,
Daß nie der stolze Moslem solch Stehn im Sturme sah:
Stehn wie ein Brandenburger! Das war der höchste Ruhm
In des Osmanen Munde seit jenem Heldentum.

Doch nicht nur stehn, sie bringen auch unaufhaltsam vor,
Das haben sie gezeiget dort in der Bresche Thor.
Die Bergesfeste Ofen, genommen muß sie sein,
Doch ohn' ein heißes Kämpfen wohl ging man da nicht ein!

Es schmettern Tod die Schlünde, der Türkensäbel mäht:
Zog Schöning seinen Degen, der rote Adler weht,
Und waren Brandenburger die ersten auf dem Wall,
Daß davon nie verklinget im Morgenland der Schall!

Zweitausend nur, doch Männer, doch Brandenburger — dort,
Uns haben sie gerettet der deutschen Ehre Hort,
Und ihre Söhn' und Enkel, die lerneten es auch,
Und war im Preußenlande nicht mehr ein andrer Brauch!

O. F. Gruppe.

Dorothe.
Von Willibald Alexis.

Aus dem XVI. Kapitel: Kurt von Burgsdorf.

Friedrich Wilhelm hatte Diplomaten, welche das Latein
vortrefflich sprachen und schrieben, die auch köstlich geredet hätten
vor dem Großmogul wie vor den Großwürdenträgern der
Republik; aber zu der Mission bedurfte er eines, der, wie
Mathes Horeck, überall zu Hause war, der die Hinterthüren
kannte, wo's not that, auch an der Küchenthür zuhörte, und,
wenn der Sessel, auf den man ihn nötigte, nicht karmoisin
gepolstert war, nicht in gerechtem Zorn ihn umstieß. An solchen
Männern war kein Überfluß in seinem Kabinett.

Das mochte sein sinnender Blick ausdrücken, als er sich
wieder aufrichtete: „Rufe ihn herein! Man muß alte Freunde
nicht zu lange warten lassen." — Wen? Die Handbewegung
konnte nur dem Burgsdorf gelten. Wollte er — den nach
Holland schicken? Das fragte Horeck nicht, aber sein Blick wies
auf die Wand drüben, und seine stumme Sprache war dahin
zu übersetzen: soll ich den Lauscher zuvor entfernen, denn das
Gespräch wird laut werden? Der Kurfürst besann sich, dann
rief er: „Nein! Es tagt, die Nacht ist überwunden; was ich
mit Kurt verhandele, mag die Welt hören. Sie soll es hören!"

Allerdings stand auf der Stirn des Eisgrauen nichts von
Unterwürfigkeit und Reue, und aus dem rotbraunen, mit der
Kruste des Alters überzogenen Gesichte starrten ein paar Augen,
denen man zutrauen mochte, daß sie von verhaltenem Grimm
noch aufglühen konnten. Wie er, auf den Stock gedrückt, den
Kopf neigte, daß der weiße Bart zitterte, überfuhr etwas den
Kurfürsten. So hatte er sich ihn nicht gedacht, den Genossen,
den Mentor seiner Jugend, den Kriegsmann, der dem Jüng=

linge den Schemel hingeſetzt, auf dem tretend er ſichren Fußes
die Sümpfe und Wüſten überſchaute, die der Vater ihm hinter=
laſſen, dann den eiſernen Landſtand, der faſt mit rebelliſchen
Worten ihm in den Arm fiel, als er die Sümpfe entwäſſern,
die Wieſen beſäen wollte. Unwillkürlich blickte ſein Auge in
den großen Spiegel an der Wand. Mein Gott! er, der am
Ziele ſeines Lebens, war im Vergleich zu dem — ein Jüngling
zwar nicht, auch nicht ein Mann, aber wie einer, der noch den
Atem dieſer Erde einſaugt, der noch durch tauſend Fibern und
Bande mit ihr zuſammenhängt, einem gegenüber, von dem alle
dieſe Bande abgeſtreift ſind. Wie einem, der ſelbſt in's Grab
ſteigen will, die Erſcheinung eines längſt Geſtorbenen aus der
Grube entgegenſteigt. Wie ſieht es da unten aus, mochte er
ihn fragen, und der Atem ſtockt; er erblickt ja nur ſeine eigene
Vergangenheit.

Sie ſahen ſich an eine Weile, als ſuche jeder im Auge des
anderen den Punkt der Erinnerung, an dem er ihn faſſen wolle.
Ach, wie viele Ereigniſſe, Jahre, andere Erinnerungen verdunkelten
ihn, wie Schleier und Vorhänge, die darüber fielen. Friedrich
Wilhelm legte die Hand dem Burgsdorf auf die Schulter:

„Setz Dich, Du wirſt müde ſein, Kurt! Ehedem legteſt
Du die Hand auf meine Schulter. Weißt Du noch, wenn Du
zu mir ins Zelt tratſt und mich: „Mein Junge Friedrich!"
titulierteſt?"

„Ehedem!" entgegnete Burgsdorf.

„Wer neunzig überſchritten, hat ein Recht zu ſitzen. Ich
ward auch müde."

„Nun, weil Du's ein Recht nennſt." Burgsdorf folgte dem
Kurfürſten, der ſich geſetzt. „Sonſt wer die Neunzig hinter ſich,
hat nur noch eines: zu liegen, da, wo die Väter liegen; wenn's
uns noch erlaubt wird."

„Wir haben uns lange nicht geſehen. Mich freut's, daß
19*

Du an mich gedacht, daß Du mich besuchst. Wirklich und wahrhaftig, Kurt. Bald wär's zu spät gewesen."

Burgsdorf schwieg.

„Dein Verstummen klagt mich an, daß ich die Schuld trage. Du magst recht haben. Der Welten Lauf, Kurt! Es ging nicht anders. — Wie geht's Dir in Blumberg?"

„Schlecht."

„Es fehlt Dir doch an nichts? Das will ich hoffen! Nur die Sonne der Gunst, und die konnte Konrad von Burgsdorf entbehren. Du hast einen berühmten Enkel; der junge Canitz buhlt mit hübschen Versen um die Gunst aller Welt, und man sagt mir, nicht umsonst. Nun, ich und Du, wir lesen keine Verse mehr. — Was kann Dir sonst abgehen? — Zwar, da entsinn ich mich, man sprach von Deiner Tochter, Canitz Mutter. Sie hat sich einen Franzosen zum Manne verschrieben —"

„So recht schon, Herr, deck' die Schande in meinem Hause auf, dann wird's mir leichter, von — von anderen Dingen zu sprechen."

„Aber der Pierre de Larrey soll ein artiger Kavalier sein. Auch mit seinem Schwiegersohn, dem Poeten, hat er sich gestellt, sagte man mir."

„Die Schande, Durchlaucht, kuppelt überall."

„Was führt Dich her, Kurt? Willst um etwas bitten? — Was ich gewähren kann, nur rasch; denn lange werde ich nicht mehr gewähren können. Und übermäßig wirst Du nicht fordern, wie damals, als meine Väter Schlösser und Güter um einen guten Trunk verschenkten. Zum Kommandanten meiner Festungen kann ich Dich nicht mehr ernennen, das ist jetzt des Schomberg's Departement. Laß Dir genügen, daß Du den Wallenstein vor Schweinitz schlugst, und daß Dein Name über den Thoren von Küstrin steht mit diamantner Schrift. Domprobst zu Halber= stadt bist Du ja geblieben, und Oberkammerherr wieder zu

werden, riete ich Dir nicht; die alten Beine halten das lange
Stehen nicht mehr aus."

Das mahnte den Alten, daß er schon zu lange gesessen;
als gelte es zeigen, daß er noch stehen könne, hatte er sich auf=
gerüttelt, und nur mit einer Hand faßte er an die Lehne:
„Durchlaucht, ich kam um was zu bitten — nein, bitten mag
ich's nicht nennen, fordern darf ich's nicht nennen — also mach
Dir das Wort selbst, wie Dir's gefällt. Aber nicht für mich —
darum wär' ich nicht aus Blumberg in die vertrakte Stadt
gekommen, — auch nicht für meine Kinder, die werden ohne=
dem in Ehren und Gerechtigkeit leben, nicht für mein Haus,
Familie, sondern für Dich, für's Land, für die Ehre Deines
Hauses, für die Prosperität Deiner Nachkommenschaft, Gott
strafe mich, ich kann nicht anders, es muß raus, geradraus!"

„Was!"

„Herr, mein Fürst, ich stehe hier für viele, denen das Herz
im Leibe blutet, wie Deine hochfürstliche Familie sich verblutet.
Das geht nicht mit rechten Dingen zu, so wahr Gott im Himmel
lebt. Deine gottselige Gemahlin Luise von Oranien, womit
hat sie's verdient, daß ihre Kinder eins um's andere sterben
müssen, und deren Kinder im Mutterleib verkommen! Ich war's,
der sie als Dein Brautwerber, aus Holland geholt, aber sie hat
mir's nicht vergolten, denn auf ihre Anklage war's, daß Du
mich zuerst verstießest. Aber, Gott strafe mich, wenn ich's der
Hochseligen nachtrüge, die ein so tugendhaft Weib war, daß
andere nicht wert sind, ihr die Schuhriemen zu lösen. Es geht
nicht mit rechten Dingen zu, das schreit das Land, Brandenburg
kann's nicht länger ansehen, darum steh' ich hier, die Stände
— nimm's, als wär ich ihr Abgeordneter —"

„Wen klagst Du an?"

„Herr, gnädigster Herr! An meinem Kopf ist nichts gelegen,
ich klage Dich an, alle, so die Augen zugedrückt, aus Furcht,

aus Bequemlichkeit, auch die, die schwiegen, wo sie reden sollten. Eine Kommission ward bestellt. Das kennt man. Den Firlefanz für den Pöbel und die Kanaille, die mag's glauben, wenn sie will, was die Kommission ihnen hinschmeißt. Wir vom Lande, der Adel, wir glauben's nicht, bis wir —"

„Wen klagst Du an?"

„Herr Jesus Christus, was muß ich's aussprechen — das heillose Wei —"

„Keinen Laut mehr, Kurt! Ich — Ich habe noch nichts gehört. — Aber auf die Gedanken, die an Deiner Stirn geschrieben sind, antworte ich Dir, nur Dir, als Dein alter Freund: Die Anklage ist falsch. Zum Zeugen dafür rufe ich einen, dem Du glauben mußt — Deinen Fürsten: Sie, die Ihr anzutasten wagt, ist nicht sträflicher als Du und ich. Gedankensünden richtet nur einer, und der ist kein weltlicher Richter. — Das ist abgemacht, Kurt. Kämst Du um sonst etwas?"

Burgsdorf schwieg.

„Eisgrauer Rebell! Hast Du nie in Gedanken gesündigt? Warst Du nie mit lästerlichen Worten ein Hochverräter an Deinem Herrn? Hast Du nie mir Pest und Unglück auf den Hals, nie den Tod gewünscht? Hast Du nie mein Haus, mein Geschlecht im Herzen verflucht? — Ach, Kurt, so jeder darum auf die Anklagebank gestellt würde, was er gedacht, wo finden wir auf Erden Richter?"

Der Burgsdorf meinte, er sei entlassen. Der Kurfürst meinte es nicht:

„Du klagst mich an, daß ich ungerecht gegen Dich war. Vielleicht war ich's, ich hätte Nachsicht haben können, um Deine Meriten. Ich will's wieder gut machen; ich will mich selbst vor Dir anklagen. Dessen Du sie bezüchtigst, hab' ich verbrochen. Mein stiller Wunsch, es ward oft ein gar heftiger: daß mein Erstgeborener nicht der Erstgeborene wäre! Er hat nicht meinen

Sinn, der Philipp schlachtet nach mir, so mein' ich wenigstens. Von Herzen hätt' ich ihm den Kurhut gegönnt. Es wurden sogar böse Träume, recht böse — der Himmel sei gepriesen, es blieben Träume, die der Morgendunst verscheuchte. Ich arbeitete und betete; nun ist's überwunden. Es waren meine Lieblings= gedanken, nun hab' ich sie längst zu Grabe getragen. Wie der Herr mir verzeihen möge, so verzeih' ich Dir. — Nun kein Wort mehr davon. Alles ist vergessen. — Setz' Dich wieder, Kurt. Laß uns von anderm plaudern. — Wie? Darum allein wärst Du doch nicht aus Deinem lieben Blumberg hergekommen, wo Du, ein Bär an seinem Fette, an Deinem Ingrimm zehrst. — Ist's auch verdrießlich Böses, verhalte nichts! In die andere Welt darfst Du, als guter lutherischer Christ, den Groll nicht mitnehmen. — Nun will ich alles anhören, alles — nur von Weibern nichts. Die Stunde kommt nicht wieder, Burgsdorf. Die Stände schicken Dich auch noch um anderes?"

„Herr, sie sagen, daß Du wieder große Dinge sinnst." —

„Daß ich große Dinge sinne! Sagen sie das? — Das freut mich von meinen Ständen; sie hatten sonst nur Ohr' und Aug' für die kleinen."

„Solche, die dem Lande teuer zu stehen kommen müßten." Es leuchtete in dem Gesichte des Greises auf. Sein Blut hatte sich erwärmt. — „Durchlaucht, wir sitzen nun endlich im Trocknen, nachdem wir durch all die Strudel durchgemacht, was willst Du noch einmal den Kahn ins wilde Meer stoßen lassen? Du bist alt, wir alle sind alt."

„Alle!"

„Die Welthändel sind und werden nichts sein für uns."

„Das verhüte Gott."

„Kriegen wir Pommern wieder, wenn Du mit dem Oranier Dich alliierst? Hat uns schon nur einer nach all den Kriegen die Kriegskosten bezahlt? Wuchsen die Steuern nicht nach jedem uns über den Kopf, damit wir nur die alten Schulden bezahlten. Und die Armee wuchs auch, und immer kamen neue Steuern auf, und wo noch etwas frei war, eine Sache, ein Stand, da fanden Deine Geldmänner einen Vorwand, Zoll und Geschoß darauf zu legen. Bis wohin soll das?"

"Bis wohin?" wiederholte der große Kurfürst, und schaute vor sich in die blaue Luft, die, vom Sonnenlicht durchglüht, frühlingswarm ins Zimmer schien. "Wer das sagen kann! Wir bauen auf die Zukunft."

"Ist das an uns?"

"An Euch? Das ist eine Frage, auf die mögen Eure Kindeskinder antworten. An mir ist's, denn ich bin dazu gerufen. — Es muß doch einen deutschen Mann, einen deutschen Stamm haben, dieses deutsche Volk und Land, an den es sich in seinen Nöten hält, daß nicht der Fremde rechts und links, oben und unten ein Stück um's andere abreißt, daß es sich nicht selbst trostlos zerwühlt und zerreißt."

"Dazu waren doch andere gesetzt!"

"Weil die anderen aber nur an sich denken, weil sie, wenn sie vorgeben für Deutschland zu handeln, nur ihren hispanischen, italienischen, ungarischen Vorteil im Auge haben, darum ging die Mission auf die über, die über sich hinaus an ein großes, deutsches Vaterland denken. Wer sie begriff und wer sie ergriff, die neue Mission, der war im Rechte. Ich, Konrad Burgsdorf, habe aber noch eine andere. Mein großer Oheim von Schweden hinterließ sie mir. Als ich in Stettin an der Leiche des Heldenkönigs kniete, hat ich's ihm als Knabe gelobt, die schwere Nachfolge in seine große Erbschaft. Du bist ein guter Protestant, und kannst nicht murren, wenn Branden= burg eine gute protestantische Sache aufnimmt."

"Wenn Rom und der Antichrist ins Land fielen, säh' ich den letzten Thaler und den letzten Knecht nicht an. Aber wenn er nicht 'rein kommt, warum ihn anderwärts aufsuchen! Das heißt ins Wespennest stechen."

„Wie Du's verstehst. Die Welt, Europa, ward ein großer Körper mit einem Blutlauf. Was das eine Glied schmerzt, empfinden die andern mit. Wer das eine kurieren will, muß an den ganzen Leib denken. — Noch etwas, Konrad Burgsdorf, sage das auch denen, die Dich abgesandt. Kirche und Religion führt der Feind im Munde, aber eitel weltliche Hoffahrt und Ehrgeiz ist die Triebfeder. Nach einem Weltreich streckt der übermütige Ludwig seinen Arm aus. Wird Englands Monarch sein Satrap, wird Holland niedergeschlagen, dann steht der Fußschemel fest, von dem er auf Europa schon wie auf sein Eigentum niederblickt. Die alte Freiheit der Stämme, Nationen und Reiche ist gefährdet, wir, im Schoße der germanischen Erde, wir, deren Väter der alten ausgelebten Welt neues Leben, die neue christliche Ordnung und Sitte brachten, sind bestimmt zu Unterthänigen, Sklaven, Heloten der Mischvölker oder der Fremden. Das soll nicht, das darf nicht sein. Dagegen rebelliert mein deutsches Blut, mein deutsch Vaterland halt' ich zu beßrem bestimmt, es zu hindern, wenn Gott nicht mehr gönnt, für die Mission des Hohenzollerngeschlechts."

„Das, Herr, sind mir zu hohe Dinge; ward drauf als Soldat und Edelmann von meinem Präzeptor nicht zugerichtet. Ich denke so, Du bist vor allem Markgraf und Kurfürst von Brandenburg; darum denke ich, Du hast zuerst zu sorgen für die Kurmark und dann für die anderen Marken, und dann kommt erst Westfalen und Preußen, und Magdeburg und Halberstadt, und dann das deutsche Reich, und wenn Du noch was übrig hast, dann meinethalben für die ganze Welt."

Der große Kurfürst lächelte: „Mein Brandenburg ist ein Roß von guter Art, nicht von gar zu gestreckten Gliedern, wie die Rassen der Steppe, aber von starker Lunge und dauerhaltig in Froft und Hitze. Doch sein Herr macht es erst zu einem guten Renner und Schlachtroß."

„An Deiner Zucht haft Du's nicht fehlen laffen, das weiß der liebe Gott im Himmel."

„Und das Roß möchte sich bäumen, willst Du sagen, und den Reiter abwerfen. Das wird's nicht thun, Kurt, es ist ein gut, folgsam Roß, wenn's der Reiter nicht selbst verdirbt. Bin des Vertrauens, meine Jungen werden auch gute Reiter, und die werden ihn wieder dazu ziehen."

„Sind wir doch nicht Tartaren. Willst Du's zum Tier der Steppe aufziehen?"

„So wenig als zum Ackergaul. Dazu taugt das schlechteste Pferd. Ich halte Euch für beffer als Ihr selbst. Als meine Väter aus Franken kamen, haben sie Eure Väter gestriegelt. Ihr murrt noch darüber. Wollt Ihr aber tauschen mit Eurer Wüstenei von damals? Euch Herren vom alten, eingeborenen Abel frag' ich. Sehnt Ihr Euch danach, wieder auf Euren einsamen Lehmhäusern zu sitzen, zum Zeitvertreib wegelagernd, mit den Städten stets Fehde führend, Euch selbst in wüster Roheit zur Last, von Gott und Welt verlassen, verspottet und verachtet von denen, die ritterlicher Sitte draußen pflogen? Euch fehlte ein Fürst, der Eure wilden Begierden zügelte, ein Hof, wo Ihr eble Sitte saht. Sehnt Ihr Euch nach der Freiheit zurück?" —

„Unfern Vätern gehörte das Land, und sie waren im Rechte."

„Im Rechte wart Ihr, ja, wie sie's drüben in Polen sind, und wären meine Väter nicht gekommen, dann hättet Ihr die=selbe Freiheit. Lüftet Euch nach der Junkerrepublik mit tausenden von Sklaven unter Euch, und über Euch mit einem gehorsamen Diener, den Ihr aus Kourtoisie Euren Fürsten oder König nenntet. Was wär' von Brandenburg geblieben, was aus dem Schutt' und Brand des breißigjährigen Krieges gerettet worden, ohne einen Willen, der stärker war, als Ihr und Euer Recht? Und der Wille war ich!"

„Warum nahm aber, was der eine Arm gab, der andere wieder?"

„Als Isaak Kracht mir die Thore von Berlin verschloß, Hermann Golbacker Peitz, und Moritz Rochow in Spandau sich verschwor, lieber die Festung in die Luft zu sprengen als seinem Kurfürsten zu gehorchen — Wenn die Zeiten wiederkehrten, das gefiele Euch wohl! Mein Arm riß die gesperrten Thore auf."

„Kurfürstliche Gnaden haben vielleicht vergessen, daß damals ein märkischer Edelmann in der Festung Küstrin —"

„Die Treue hielt, er allein — damals! ich vergaß es nicht, Kurt Burgsdorf, obgleich er's vergaß, zehn Jahre drauf, beim Landtag. Der Moritz Rochow ging nach Wien und schwor seinen Glauben ab, der Mann von Küstrin ging nach Blumberg, und wer mehr auf seinen Kurfürsten gegrollt und geschimpft hat, weiß nur Gott im Himmel."

Während der Kurfürst sich unmerklich ereiferte, behielt der Burgsdorf seine Ruhe: „Wir wollten damals nicht und jetzt nicht keine polnische Republik; nach draußen mochtest Du agieren, wie Dich gelüstet, aber was unser war, und auf Pergamenten und in Satzungen steht, das hatte kein Fürst ein Recht uns zu nehmen, so lang' Gesetze auf der Welt gelten."

„Gesetze wollt Ihr für die andern, für Euch Eure Privilegien, das sind Eure Gesetze."

„Sie sind's, Herr, und jeder darf für sein Recht stehen bis auf's letzte."

„Und ich für das, was Gott mir gab. Der Mensch ist ein Kind des Staubes, sind seine Satzungen ewig?"

„Aber nicht Kinderspielzeug, daß der nächste Beste, dem sie nicht behagen, sie zerreißen mag!"

„Ihr rieft das Recht des Starken an, als die alten Fürsten schwach wurden, da kam der Stärkere, meine Ahnen, mit dem-

selben Recht; denn herrenlos gewordenes muß wieder einen
Herren finden, das ist das Gesetz der Natur. Es giebt noch
andere, von denen Euer Pergament nichts weiß, die am Sternen=
himmel geschrieben stehen, und denen folge ich. Salus rei-
publicae suprema lex! — O über Eure Rechte! Der Fuchs
hat Rechte, so lange die Welt steht, der Wolf auch, und der
Bauer fängt den Fuchs, die Jäger hetzen den Wolf zu Tode,
so lange die Welt steht. Auch das Unkraut hat ein Recht,
ein uralt Erbrecht; die Nessel, Bilsenkraut und Schierling
blühen, reifen und streuen ihren Samen aus seit Jahrtausenden,
und doch reutet der Gärtner sie unbarmherzig aus. Ein solcher
Gärtner bin ich. Wenn die Privilegien ein Unkraut sind, das
das Wachstum hindert, fort damit! Und ihr Wehegeschrei, daß
sie tausendjährige Wurzeln haben, kümmert mich nicht. — Ihr
klagt über die hohen Steuern. Was klagt Ihr nicht auch, daß
es unter meiner Regierung Euch möglich ward, sie zu zahlen;
unter den vorigen hättet Ihr's nimmer vermocht! Ihr klagt,
daß man Euch heranzieht, wo vordem nur der Bauer und
Bürger zollen mußte! Die Klage klingt mir wie ein Loblied.
Ihr fragt, warum Steuern ausschreiben, ohne mit Euch beraten
zu haben? Da antwort' ich Euch: weil Ihr geraten hättet, sie
nicht zu zahlen, und ich brauchte Euer Geld, nicht Euren Rat.
Denn was ich anfang zu des Landes Bestem, dünkte Euch un=
nötig. Die Truppen, mit denen ich die Räuber und Blutsauger
aus dem Lande jagte, die Armee, um Brandenburg Respekt zu
verschaffen, denn ohne Respekt nach dem Ausland, ist kein Ge=
deihen im Inland, und Eure Lehnsfolge, die krank war oder
lahm, wenn man sie aufrief, und auf die Ihr pocht, wenn ich
sie nicht fordere, ward ein Mantel mit Rissen und Löchern, im
Winter zu kalt, für den Sommer zu warm. Zu Straßen, um durch
Wald und Heide zu bringen, zu Kanälen für die Schifffahrt,
um Eure Luche und Moräste zu trocknen, hätten die Stände

nie die Pfennige und Groschen im Säckel gehabt. Ich fand die Gulden und Thaler, als ich anklopfte. Hätt' ich Euch gar bitten und warten müssen, bis Ihr für die Schulen, die Universität, die Bibliothek, für meine Armada, Geld bewilligt, für die Fabriken, für Kunst und Wissenschaft, und daß gelehrte Männer ins Land gezogen werden! O, was hättet Ihr da für Ausreden gehabt! Weil Ihr tapfere Soldaten seid, denen keine Schanze zu fest, sollte ich darum die Feldherren abweisen, die, von unserm Ruf gelockt, ihre Talente Brandenburg anboten und unsern Ruhm an die Sterne versetzt haben? Kultiviert die Wissenschaften, pflegt die Talente, wie sie's verdienen, so soll's Eurem Fürsten zur Freude sein, seine Führer und Obersten nur aus seinen Brandenburgern zu wählen. — Bis dahin, Ihr Herren, bis Ihr gelernt habt, an's Allgemeinwohl zuerst denken, und dann an Euch, erlaubt, daß ich allein daran denke. Für's zweite, Eure Privilegien, braucht ihr keinen Vormund, da denkt Ihr allein."

„Wenn Du nun falsch denkst?"

„Konrad Burgsdorf!"

„Hast Du's nicht oft, wenn Du für Deine Alliierten durch dick und dünn gingst, weil Du glaubtest, auf die könntest Du wie auf Felsen bauen. Weißt Du, ob alle die, welche jetzt um Dich schwänzeln, und Du hast sie in Deinem Schoß genährt, Dein Ohr nicht betrügen?"

„Ich traue einem, außer dem höchsten, mir selbst. Mein Wille und meine Entschlüsse —"

„Sind tugendhaft, meinst Du, aber wenn's Experimente sind, und das Land den Schaden zu tragen hat."

„Nur, wer einsetzt, kann gewinnen. Was Dir Schaden, bringt Deinen Enkeln Vorteil. Die Steuern und Zinsen, unter denen Ihr stöhnt, werden ein Kapitalsstock. An seinen Früchten werden Eure Nachkommen speisen."

„Wenn nun aber die nach Dir —"

„Sie werden wie ich dem Lande nicht mehr aufbürden, als seine Kraft ist."

„Das thut der Jude auch; er nimmt nicht mehr Zinsen, als er kriegen kann. Du willst auf die nicht hören, die ein Recht mitzusprechen haben, Du willst auf keinen hören, als auf Dich selbst. Gut, Du hast die Macht, und Du bist ein starker Herr. Werden Deine Nachfolger auch so stark sein, alle? Wird nicht eine Zeit kommen, wo sie wieder schwach werden und ratlos, und wo sind dann die, auf die sie sich stützen konnten?"

„In meinem Stamme ist ein Mark, das noch lange grüne Äste treibt. Der Zuversicht bin ich, Kurt."

„Und ich, Durchlaucht, hab' eine andere; wenn Du auch unsere Stämme gebrochen, aus den Wurzeln schlägt's wieder aus. Der Wind wird nicht immer so scharf gehen, und die Junker kriegt Ihr nicht klein; sind schon mal zäher Natur wie unsere Kiefern. Vielleicht haben's unsere Kinder vergessen, aber im Blut bleibt's. Was einem mal gehört hat, will er wieder haben, und Recht ist Recht."

„Recht ist Recht!" wiederholte der Kurfürst und schaute mit untergeschlagenen Armen zum Fenster, wo die Sonne sich auf die Dächer senkte. Jetzt noch waren die Kuppen, Giebel und Firsten blutrot und jetzt, wo der Ball versunken, entfärbte sie der Abendduft. Es war der Friede des Abends, die Schwalben flatterten um die Fenster; der Kurfürst hatte sich beruhigt, er sprach das Folgende mehr für sich als für den Burgsdorf: „Was ist Recht! — Fiel's, auf Pergament geschrieben, vom Himmel? Steht's auf den Felsen der Gebirge verzeichnet, was von Anbeginn gelten soll bis heute? Schoß ein Sonnenstrahl herab und zeichnete den Völkern die Grenze zwischen dem Mein und Dein? Nichts auf dieser Welt ist ewig; ihr Leben, ihre

Geschichte ist ein Wandel, im Wandel hat sich der Herr der Heerscharen den Völkern und Geschlechtern offenbart und beglückt der, dem der Herr einen Lichtstrahl schickte, daß er über das Heute hinaussieht auf das Morgen. Weh' aber dem, der in das Weltrad mit verwegener Hand eingreifen, es stille halten will, und auf einen Fetzen vermodert Pergament schlägt: so war es einmal ehedem, so soll es bleiben für immerdar! — Das heißt Gott versuchen." — Zum Burgsdorf sich umwendend, entfuhr's ihm rasch: „Walte Gott, daß Eure ihn nicht so versuchen. Sie sprächen sich selbst das Gericht."

Den Burgsdorf bewegte es nicht: „Sie sagen, je mehr die Väter ausgeben an Stärke und eignem Willen, um so schwächer werden die Kinder. Durchlaucht, auch Dein Haus kann einmal auf zwei Augen stehen und schwach werden."

„Wann mein Fürstenhaus zu Ende gehen soll, das ist Gottes Wille. Wie kein Reich für die Ewigkeit erbaut ward, hat kein Herrscherstamm über seine Zeit hinaus geherrscht. Lieber wünschte ich, daß es wie Karthago fällt, als wie Byzanz ausstirbt. 's ist ein Menschenwunsch, Kurt! Ist's, soll es sich hinschleppen in Ohnmacht und Schwäche, sollen die Schlingpflanzen an den Ruinen zerren und reißen, soll das große Hohenzollernwerk untergehen unter dem Wühlen der Rechthaberischen, der Kurzsichtigen und Kleinen — nun, dann ist's auch Gottes Wille. Wir haben gelebt, und andere lösen uns ab. Mehr kann keiner von sich rühmen, der vom Staube geboren ist. Und wir haben doch nicht umsonst gelebt."

Nun war Konrad Burgsdorf entlassen. Als hätten sie beide sich doch noch was zu sagen, standen sie da.

„Herr," sprach der Greis, „'s ist doch gut von der Vorsehung gemacht, daß man nicht über das Morgen und Übermorgen hinaussieht."

„Auf morgen blick' ich mit Freude," sagte der Kurfürst;

„mein Friedrich ist mein Nachfolger. Auf übermorgen blick' ich mit Trost und noch viel weiter. Weißt Du nicht, wenn wir recht schwach uns fühlten, wenn alle uns aufgaben, und wir uns selbst, dann sprang der Funke aus dem Stahl, und wir wurden frei und groß. Lebe wohl."

Er rief ihn noch einmal von der Thür. „Ohne einen Handschlag werden Kurt Burgsdorf und sein Junge Friedrich sich doch nicht trennen, bis — bis wir uns wiedersehen. — Einen Rat noch. Ich halte Euch für besser, als Ihr Euch selbst, sagte ich. Ich wiederhol's. Wir haben Beide schlimme Feinde, die im Finstern schleichen; das Reich des Emporkömmlings, das angefangene neue Reich, das dasteht ohne Traditionen, in selbst= eigener Kraft, es durchschauert sie ein Unbehagen; der helle Schein, den es ausströmt, blendet die Nachteulen; es könnte andere anstecken: Sie müssen's hassen, und sie werden bohren, wühlen, verketzern, erniedrigen. Desto besser. So lange wir kampfgerüstet, einig, Fürst und Volk bewußt sind, was es gilt, sind wir stark. Aber sie schicken ihre Sendlinge in aller Gestalt zu uns, uns vor uns selbst scheu zu machen. Das werden sie, so lange wir bestehen. Gelingt's ihnen endlich, glauben wir ihnen, werden wir irr an unsrer Mission — Kurt sage denen, die Dich schicken, sie sollen sich nicht bethören lassen von den Sendlingen. Helfen sie ihnen, sei's aus Angst, sei's Geiz, Habsucht, geben meine Brandenburger ihren gesunden Verstand gefangen unter die Lehren derer, die die Welt zurückschrauben wollen zur alten Sklaverei der Finsternis und des Aberglaubens, dann Kurt — Nun Gottes Wille geschehe, und nichts geschieht ohne ihn. Aber sie thäten besser, offen und ehrlich die Fahne der Rebellion wie am Tage von Kremmen! — So sähe ich sie lieber — auf Wieder= — auf Wiedersehen dort, — wo die Wahrheit, wo kein Streit ist."

Die Schützlinge des großen Kurfürsten
von Max Ring.

Aus Kapitel V.

Bei einem Feste, welches der Kurprinz veranstaltete, fiel auch dem Kurfürsten und besonders der Kurfürstin Dorothea, seiner zweiten Gemahlin, die schöne Arbeit auf, so daß sie sich nach den näheren Umständen erkundigten. Dabei verfehlte nicht der ebenfalls anwesende Ober-Stallmeister, Graf Louis de Beauvau die Kunstfertigkeit seines französischen Landsmanns zu rühmen und die ihm bekannten Thatsachen den hohen Herrschaften mitzuteilen.

Infolge dieser Empfehlungen erhielt der bisher unbeachtete Goldschmied zahlreiche Aufträge und Bestellungen. Selbst die Kurfürstin ließ ihn eines Tages nach dem Schlosse rufen und vertraute ihm einen kostbaren Schmuck an, den er nach ihren Angaben neu fassen sollte.

Bei dieser Gelegenheit zeigte sie ihm auch die sorgsam gehüteten, in ihrem Zimmer verwahrten Kronjuwelen und forderte ihn auf, dieselben abzuschätzen. Während dieser Beschäftigung ließ sich der Kurfürst, der grade einen heftigen Gichtanfall hatte, auf seinem Krankenstuhl in das Gemach rollen.

Nicht wenig überrascht, in den Händen eines ihm fremden und gänzlich ihm unbekannten Mannes die so kostbaren Kronjuwelen zu sehen, konnte er einen leichten Vorwurf über eine solche Unvorsichtigkeit nicht unterdrücken.

„Mein Gott!" sagte die Kurfürstin. „Der Herr ist ein Réfugié, der Goldschmied Roussel —"

„Derselbe," versetzte der Kurfürst, „der das Tafelgeschirr des Kurprinzen gearbeitet hat und den uns der Graf Beauvau empfahl. Das ist etwas anderes. Ich freue mich, einen so wackern und geschickten Mann zu sehen."

„Und ich," erwiderte der Goldschmied mit einer tiefen Ver=
neigung, „fühle mich glücklich, Eurer kurfürstlichen Gnaden für
die mir und meinen Glaubensgenossen erwiesenen Wohlthaten
meinen unterthänigsten Dank abstatten zu können."

Mit der ihm eigenen Huld und Herzensgüte erkundigte sich
der Kurfürst nach den Verhältnissen der Familie und ließ sich
alle Einzelheiten der von ihr erlittenen Verfolgungen und ihrer
Flucht berichten, welche in hohem Grade seine Teilnahme und
sein Mitleid zu erregen schienen. Ebenso verlangte er eine
genaue Auskunft über die jetzige Lage und Aussichten des Gold=
schmieds, über den Geschäftsbetrieb und die ihm aufgetragenen
Arbeiten, indem er ihn wiederholt seines Schutzes und Beistandes
versicherte.

„Ich wünsche nur," fügte er freundlich hinzu, „daß Ihr
in Eurer neuen Heimat gedeiht und sie mit der Zeit so lieb
gewinnt, wie Euer früheres Vaterland. Was ich dazu thun
kann, soll geschehen."

„Gott segne Eure kurfürstliche Gnaden," rief der Gold=
schmied begeistert, „und vergelte tausendfach, was Sie bereits an
uns gethan haben und noch thun werden."

Kurze Zeit nach diesen so glücklichen Ereignissen fuhr der
Kurfürst, der unterdessen von seinem Gichtanfall wieder genesen
war, mit seiner Gemahlin durch die von dieser begründete und
nach ihr genannte Dorotheenstadt, um die daselbst entstandenen
neuen Bauten zu besichtigen.

Als sie in die Nähe der seit kurzem erst vollendeten
Kirche kamen, bemerkte der Kurfürst ein kleines Haus, das ihm
besonders durch seinen sorgfältig gepflegten Garten und den
reichen Blumenflor auffiel. Da er selbst ein großer Blumen=
freund war, ließ er den Wagen halten und sich durch den
Lakaien erkundigen, wem der schöne Garten gehörte.

„Dem Goldschmied Pierre Roussel," antwortete die vor der Thür stehende Perette.

„Das trifft sich ausgezeichnet," bemerkte die Kurfürstin, „da ich ohnehin wegen meines Schmuckes mit ihm reden wollte. Wenn Euer Liebden gestatten, so wollen wir den Meister rufen lassen."

„Wir können ja absteigen," versetzte der Kurfürst, „und in dem Garten warten, bis er kommt."

Zugleich gab er dem Diener den Befehl, den Goldschmied zu benachrichtigen, während er selbst mit der Kurfürstin in den freundlichen Garten trat, der ihm bei jedem Schritt besser gefiel und ihn immer mehr interessierte. An leichten Spalieren rankte der Wein, indem er schattige Lauben bildete, und an den Wänden des Hauses breiteten sich Aprikosen= und Pfirsichbäume mit ihren fruchtbeladenen Ästen aus.

Die zierlichen Beete waren mit Buchsbaum eingefaßt, mit bunten Aurikeln, Anemonen und Stiefmütterchen bedeckt, zwischen denen die schönsten und seltensten Rosen in allen Farben blühten, wie sie damals in der Mark nur selten oder gar nicht gesehen wurden.

Ein anderer Teil des Gartens war mit Arzneigewächsen und Küchenkräutern bepflanzt, mit wohlriechender Münze, Kresse, jungen Schoten, Endiviensalat und den in Berlin noch nicht bekannten Artischocken, welche die Auswanderer aus Frankreich mitgebracht hatten und die jetzt die höchste Aufmerksamkeit und Bewunderung des Kurfürsten erregten.

„Artischocken!" rief er überrascht. „Das hätt' ich nicht für möglich gehalten. Unser Gärtner behauptet, daß sie in unserm Sande nicht fortkommen. Da will ich gleich mich erkundigen, wie es die Franzosen anfangen."

In diesem Augenblick erschien in der Gartenthür Gabriele, welche von der Anwesenheit eines so hohen Besuches keine

Ahnung hatte, um ihre Blumen mit frischem Waſſer zu verſehen.
Ein breiter Strohhut bedeckte das liebliche Geſicht und in ihren
Händen hielt ſie die Gießkanne und den Rechen, die Kleider
trug ſie hoch aufgeſchürzt, daß die kleinen, zierlichen Füße mit
den weißen Strümpfen und den roten Korbuanſchuhen ſichtbar
waren. Bei dem unerwarteten Anblick der vornehmen Gäſte
machte ſie ihnen eine verlegene, anmutige Verbeugung.

„Sieh' da!" rief der Kurfürſt gut gelaunt. „Die Nymphe
des Gartens, ein reizendes Kind! Sie wird uns ſagen können,
woher die ſchönen Roſen kommen."

„Aus Frankreich," verſetzte ſie, ſichtlich bewegt.

„Und die Artiſchocken?"

„Eben daher. Wir haben ſie zum Andenken an die ver=
laſſene Heimat mitgenommen."

„Ich wundere mich nur, daß ſie in dem ſandigen Boden
ſo gut gedeihen."

„Der Boden iſt nicht ſchlecht," erwiderte ſie dreiſt, „man
muß ihn nur fleißig bearbeiten und ordentlich begießen, die
jungen Pflanzen vor dem Froſt bewahren und ihnen die nötige
Sonne geben, dann werden ſie auch hier Wurzel ſchlagen,
wachſen, blühen und die Mühe lohnen."

„Bei Gott!" verſetzte der Kurfürſt freundlich, „Du biſt ein
kluges Mädchen und eine treffliche Gärtnerin. Wir wollen auch
Deinem Rat folgen und die fremden, uns anvertrauten Bäume
und Blumen pflegen und warten, damit ſie in unſerem Lande
feſt wurzeln und gute Früchte tragen, wie in Deinem Garten."

Dabei ſah er ſie mit den hellen, ſcharfen Adlerblicken ſo
eigentümlich an, daß ſie unwillkürlich einen ehrfurchtsvollen
Schauer empfand und es ihr war, als müßte ſie vor dem
fremden Herrn niederknieen und ihm die wie zum Segen ausge=
ſtreckte Hand küſſen.

Gabriele wagte erſt wieder aufzublicken, als ihr unter=

deſſen benachrichtigter Vater mit Raoul herbeleilte, um den Kurfürſten und die hohe Frau zu begrüßen und nach ihrem
Begehren zu fragen. Während die Fürſtin mit dem Gold-
ſchmied wegen des Schmuckes ſprach und ihm noch einige Aufträge gab, unterhielt ſich der Kurfürſt huldvoll mit Gabriele
und dem jungen Arzt, an den er verſchiedene Fragen richtete,
welche dieſer zur Zufriedenheit beantwortete.

Beſonders ließ ſich der Kurfürſt den Nutzen und die
Wirkung der verſchiedenen im Garten angepflanzten Arznei-
gewächſe erklären, wobei Raoul Gelegenheit fand, ſeine botaniſchen
Kenntniſſe und ſein ärztliches Wiſſen zu zeigen.

„Wie ich von Eurem Vater hörte," ſagte der hohe Herr,
„ſollt Ihr ein guter Arzt ſein und ſchon einige glückliche Kuren
in Frankreich gemacht haben. Solche Leute können wir hier
brauchen."

„Leider," verſetzte Raoul mit trübem Lächeln, „ſcheinen die
Berliner anderer Meinung als Eure kurfürſtliche Hoheit zu ſein."

„Ihr dürft nicht den Mut verlieren. Auch will ich Euch
zur Praxis verhelfen, ſo Ihr Luſt habt, in meine Dienſte zu
treten."

„Mit tauſend Freuden! Ich würde mich glücklich ſchätzen —"

„Dann meldet Euch morgen bei dem Grafen Chriſtoph
Dohna, dem Oberſt unſerer Grands Mousquetaires."

„Wie!" rief Raoul einigermaßen enttäuſcht. „Wenn ich
Eure kurfürſtliche Gnaden recht verſtanden habe, ſoll ich Soldat
werden —"

„Nicht um Wunden zu ſchlagen," erwiderte der Kurfürſt
lächelnd, „ſondern um ſie zu heilen. Graf Dohna wird Euch
auf meine Empfehlung die Stelle eines Regimentschirurgen
geben. Seid Ihr zufrieden?"

„Das iſt mehr, als ich je zu hoffen wagte. Wie kann ich
für ſolche Gnade danken?"

„Indem Ihr mir meine Leute gefund macht und mir treu dient."

„Das will ich," rief Raoul begeiſtert, „ſo wahr mir Gott helfe!"

Während dieſer Zeit hatte Gabriele unbemerkt aus den ſchönſten weißen und roten Roſen zwei zierliche Blumenſträuße gebunden, welche ſie beim Abſchied dem hohen Herrſcherpaar ſchüchtern, mit der ihr angeborenen Anmut überreichte, worüber beſonders der Kurfürſt erfreut war.

„Ich danke Dir, mein liebes Kind," ſagte er huldvoll, „für die ſchönen Roſen, die mich an die holde Gärtnerin und an meine Pflicht erinnern ſollen. Wir wollen Beide unſern Garten pflegen und fleißig darin arbeiten, wenn auch der Boden ſandig iſt. Der Segen wird mit Gottes Hülfe nicht ausbleiben."

Im Fortgehen wendete ſich der Kurfürſt noch einmal um, als ob er etwas vergeſſen hätte.

„Wenn die Artiſchocken gut geraten," fügte er freundlich hinzu, „ſoll mir die Kleine einen Korb nach dem Schloſſe bringen, damit unſer Gärtner ſieht, was unſere arme Mark hervorbringt, wenn man Fleiß und Mühe nicht ſcheut. Dafür will ich mich noch beſonders bei der klugen Gärtnerin revanchieren."

————

Aus Kapitel VI.

Nicht ſo reſigniert und ruhig wie Agnes und Raoul ertrugen Hans und Gabriele die Hinderniſſe, welche ſich ihrer Verbindung entgegenſtellten. Die lebhafte und praktiſche Franzöſin wollte nicht ein ſo großes Opfer annehmen und zugeben, daß der Geliebte ihre Hand mit dem Verluſt ſeines halben Vermögens erkaufen ſollte. Nicht minder bekümmerten ſie die Schwierig= keiten, auf welche ſeine beabſichtigte Niederlaſſung ſtieß, indem die Zunft auf ſeine wiederholten Geſuche ihn abſchläglich beſchieden hatte.

Keck und resolut, als eine echte Französin, faßte Gabriele
den Plan, die ihr versprochene Gnade des Kurfürsten anzurufen
und sich seinen Beistand persönlich zu erbitten. Ohne Hans
davon zu sagen oder ihre Eltern zu fragen, traf sie die nötigen
Vorbereitungen zu dem von ihr beabsichtigten Gang.

Zu diesem Zweck nahm sie die schönsten und größten
Artischocken aus ihrem Garten und legte sie sauber in ein zier=
liches Körbchen, welches sie mit frischen Weinblättern bedeckte.
Sie selbst zog ihr bestes Kleid von blauer Seide mit silbernen
Schleifen an und hüllte sich in den dunklen Mantel, aus dessen
Kapuze ihr liebliches Gesicht wie der helle Mond aus mächtigen
Wolken hervorschaute.

So ging sie frisch und dreist nach dem alten, später viel=
fach umgebauten Schlosse, vorüber an der Trabantenwache,
welche das Mädchen für eine der kurfürstlichen Kammerfrauen
hielt und darum nicht weiter aufhielt. Leicht und behend
schlüpfte sie durch die hohen Gänge und Galerien die breite
Steintreppe hinauf, bis sie in einen prächtigen Saal trat, wo
der alte Kammerdiener Kunkel sie nach ihrem Begehren fragte.

„Ich bringe dem Herrn Kurfürsten frische Artischocken,“
versetzte sie, auf ihr Körbchen zeigend.

„Gebt sie nur her; ich werde sie hineintragen.“

„Das geht nicht. Ich muß ihn selbst sprechen.“

„Was fällt Euch ein! Man spricht nicht so mir nichts
dir nichts mit dem hohen Herrn.“

„Sagt ihm nur, daß ich die Tochter des französischen
Goldschmieds Pierre Roussel bin. Der Herr Kurfürst kennt mich
schon und wird mich vorlassen.“

Ihr resolutes Wesen und ihre Schönheit, besonders aber
der Umstand, daß sie eine Französin war, imponierte dem alten
Kammerdiener dermaßen, daß er dem Kurfürsten ihre Ankunft
meldete.

„Draußen steht ein französisches Mädchen, die Tochter des Goldschmieds Roussel, die Eurer kurfürstlichen Gnaden einen Korb mit Artischocken bringt und durchaus Eure Hoheit selbst sprechen will."

„Laß sie nur eintreten," erwiderte der Kurfürst lächelnd. „Ich kenne sie."

Mit vor Aufregung pochendem Herzen folgte Gabriele dem Kammerdiener in das anstoßende Gemach, in welchem der Kurfürst in einem hohen, braunen Lehnstuhl saß. Vor ihm stand ein großer Stuhl, der mit verschiedenen kostbaren Seidenstoffen, Hüten, Handschuhen und gewirkten Strümpfen bedeckt war, welche der Kurfürst mit sichtlichem Vergnügen zu betrachten und aufmerksam zu prüfen schien.

Es waren dies die Erzeugnisse der ersten französischen Fabriken, welche die Réfugiés in Berlin mit Hülfe des Kurfürsten gegründet und deren gelungene Proben sie ihm grade heute gebracht hatten, worüber er im höchsten Grade erfreut war, so daß er sich augenblicklich in bester Stimmung befand.

„Tritt näher, mein Kind, nur näher!" sagte der Kurfürst zu Gabriele, die schüchtern in der Nähe der Thür stand. „Ich freue mich, daß Du die Artischocken mir selbst gebracht und Dein Versprechen gehalten hast. Setze den Korb nur auf den Tisch zu den schönen Sachen, die mir heute Deine Landsleute überreicht haben. Ich danke Dir und als Revanche sollst Du Dir hier den Stoff zu einem Kleide wählen. Was meinst Du zu dem weißen Atlas mit den rosa Streifen oder gefällt Dir der geblümte Samt mit den Goldfäden besser?"

„O!" erwiderte Gabriele. „Das ist viel zu prächtig für mich und paßt nicht für die Tochter eines Goldschmieds, sondern für eine vornehme Dame."

„So nimm es zu Deinem Hochzeitstage und trage es bei Deiner Trauung."

„Da müßte ich noch lange warten," versetzte sie traurig lächelnd, „wenn Eure kurfürstliche Gnaden mir nicht helfen."

„Mein Gott!" scherzte dieser. „Ich kann Dir doch keinen Mann verschaffen, den mußt Du Dir schon selbst besorgen."

„Das verlange ich auch nicht, da ich bereits einen Bräutigam habe, mit dem ich ganz zufrieden bin."

„Einen Franzosen?"

„Nein, einen echten Deutschen."

„Das freut mich. Aber was kann ich da noch thun? Warum heiratet Ihr Euch denn nicht?"

„Weil er die Hälfte seines Vermögens verlieren soll, wenn er mich nimmt, und weil die Zunft ihn nicht Meister werden lassen will."

„Das begreife ich nicht. Willst Du mir nicht sagen, wie das zusammenhängt."

„Aber Eure Hoheit dürfen mir nicht zürnen, wenn ich Ihnen mit meinen Herzensangelegenheiten lästig falle, und nicht verraten, was ich Ihnen anvertraue, sonst schäme ich mich zu Tode."

„Das verspreche ich Dir."

Durch das huldvolle Lächeln des Kurfürsten beruhigt und aufgemuntert, teilte ihm Gabriele die Geschichte ihrer Liebe und ihrer Leiden mit, welche der hohe Herr mit herablassender Teilnahme anhörte, ohne sie zu unterbrechen.

„Wenn Eure Hoheit uns nicht helfen," schloß sie ihren Bericht, „so verliert der arme Hans die Hälfte seines Vermögens und er kann nicht Meister werden. Darum bitte ich Euer kurfürstliche Gnaden, uns beizustehen, damit wir uns heiraten können."

„Das will ich gern thun," versetzte der Kurfürst freundlich, „aber die Sache ist nicht so leicht, wie Du Dir vorstellst. Kenne den Meister Lieberkühn, der einen so dicken und eigensinnigen

Schädel besitzt, wie ihn nur meine Märker haben. Auch wird sich die Zunft auf ihre alten Satzungen und Privilegien berufen, gegen welche sich schwer etwas ausrichten läßt."

„Ich glaube, daß Eure Hoheit nur zu befehlen brauchen, so müssen alle gehorchen. Dafür hat der Fürst die Macht."

„Das verstehst Du nicht, mein Kind. Höher als die Macht steht das Recht, das auch der größte Fürst nicht ungestraft ver= letzen darf. Ich kann den Zunftmeister nicht zwingen, seine Einwilligung zu geben und die Gesetze nicht umstoßen."

„Dann weiß ich nicht," erwiderte Gabriele, nur mit Mühe ihre Thränen zurückhaltend, „was aus uns werden soll?"

„Beruhige Dich, mein Kind!" entgegnete der Kurfürst ernst. „Ich will mit dem Zunftmeister sprechen, die Sache mit dem Testament untersuchen lassen und der Innung aufgeben, Deinen Verlobten als Meister aufzunehmen, wenn er die vorgeschriebenen Bedingungen erfüllt. Mehr kann ich für Dich nicht thun."

„Dann zweifle ich nicht, daß alles noch gut werden wird," versetzte sie unter Thränen lächelnd und die ihr dargereichte Hand des Kurfürsten küssend.

„Geh' mit Gott!" sagte er gnädig. „Und zu Deiner Hochzeit werde ich Dir das Kleid schicken."

Kurze Zeit, nachdem Gabriele mit freudestrahlendem Gesicht den Kurfürsten verlassen hatte, meldete der Kammerdiener den General von Derfflinger, der sogleich angenommen wurde. Trotz seines hohen Alters war der berühmte Held von Fehrbellin noch immer eine stattliche Erscheinung, stramm und fest, ein echter Soldat, wie aus Erz gegossen. So stand er jetzt vor dem Kurfürsten, der freundlich den ehrerbietig vertraulichen Gruß des Generals erwiderte.

„Hast Dich lange nicht sehen lassen," sagte er sichtlich erfreut. „Nimm Dir einen Stuhl und sage mir, was Dich zu mir führt."

„Mein Abschied," entgegnete Derfflinger ernst und förmlich, „um den ich Eure Hoheit wiederholt gebeten habe."

„Davon will ich nichts hören. Habe Dir schon oft gesagt, daß wir uns nicht trennen wollen, bis einer von uns beiden stirbt. Nachdem wir mit einander Süßes und Saures genossen, mit unserem Schweiß und Blut den Boden bestellt und den Samen in Wind und Wetter ausgestreut, wollen wir auch die Früchte mit einander in Frieden teilen und genießen bis zu unserem Tod."

„Ich bin aber alt und schwach geworden und der Ruhe bedürftig."

„Bin auch nicht mehr der Jüngste, habe obendrein das Zipperlein und sehne mich wie Du nach der Ruhe, darf und will aber den mir anvertrauten Posten nicht verlassen, bis es meinem Herrn und Gott gefällt, mich abzulösen."

„Eure Hoheit sind ein großer Fürst und dem Lande un= entbehrlich, mich aber wird man nicht vermissen und ich werde leicht zu ersetzen sein, zumal an Generalen kein Mangel ist."

„Das weißt Du besser. Einen Derfflinger findet man nicht alle Tage und seinesgleichen giebt es nicht wieder. Lieber verlöre ich eine Hand, ein Stück von meinem Leben, als einen solchen alten treuen Freund."

„Hoheit werden sich zu trösten wissen und an Ersatz wird es nicht fehlen. Graf Schomberg —"

„Das also ist der Grund!" entgegnete der Kurfürst, den General scharf anblickend. „Bist eifersüchtig auf den Grafen und es ärgert Dich, daß ich ihn herberufen. Ein Herr braucht viele Diener und der Mensch hat verschiedene Gliedmaßen, die er benutzt. Was der Kopf thut, vermag das Herz nicht zu ver= richten und was die Hand vollführt, nicht der Fuß zu leisten, und doch ist jedes in seiner Art ihm zum Leben nötig und ihm wert und teuer."

„Dagegen habe ich nichts, aber es schmerzt mich, daß Eure Hoheit einen Fremden mir vorziehen und diese Franzosen mit Gunst und Gnade überhäufen, worüber nicht ich allein, sondern auch Ihre Unterthanen klagen.".

„Sie verstehen es nicht besser, doch von Dir hätt' ich am wenigsten einen solchen Vorwurf erwartet. Bist Du nicht auch ein Frember gewesen und aus Ober=Österreich zu uns gekommen? Hab' ich darnach gefragt und hast Du darum minder Deine Pflicht und Schuldigkeit bei Fehrbellin gethan? Verdanke ich Dir nicht meinen schönsten Sieg? Hast Du Dir nicht ein Heimats= recht mit Deinem Blut erkauft und Dir unsterbliche Verdienste um Dein neues Vaterland erworben? Auch meine Vorfahren waren Fremde; die Burg der Hohenzollern liegt in Schwaben und sie kamen von Nürnberg nach der Mark, die wir stark und groß gemacht, aus einem verfallenen, wüsten Land zu einem mächtigen Reich erhoben haben."

„Unsere Vorfahren waren gute Deutsche, keine Franzosen."

„Darnach darf ein Fürst nicht fragen, so wenig wie es den Gärtner kümmert, woher die Bäume stammen, die ihm Früchte tragen. In unserem Lustgarten hinterm Schloß gedeihen ungarische und rheinische Reben, italienische Feigenbäume und Pomeranzen, Pfirsiche aus Asien und selbst Erdbirnen (Kartoffeln) aus Amerika neben märkischen Äpfeln und Pflaumen. Sieh! diese kostbaren Seidenstoffe, welche hier auf dem Tisch liegen, haben französische Fabrikanten in Berlin gearbeitet und diese Artischocken hat eine hübsche Französin im hiesigen Boden gezogen. Soll ich mich darum weniger freuen."

„Davon verstehe ich nichts," brummte Derfflinger verächtlich, „und halte auch nichts von solchem Frauentand."

„Du sprichst wie ein Soldat, der die Arbeit des Bürgers nicht kennt und achtet, welche ihn ernährt. Diese Seidenstoffe erhöhen den Wohlstand des Landes und werden mit der Zeit

meine Einnahmen um Tausende vermehren. Durch die Ver=
treibung der Hugenotten hat Frankreich mehr als eine halbe
Million seiner fleißigsten und wohlhabendsten Einwohner, ein
unschätzbares Vermögen verloren und ich habe durch ihre Auf=
nahme hunderttausend tüchtige Arbeiter und einen unberechen=
baren Schatz gewonnen. Aber das Geld ist es nicht allein,
sondern die Bildung und Kenntnisse, die feineren Sitten und
der höhere Geist, welche die Réfugiés mitbringen und in meinem
Lande verbreiten."

„Ist alles ganz schön und gut, aber es fragt sich nur, ob
diese Bildung und die feinen Sitten ein Segen für uns sind.
Mir und noch vielen anderen guten Leuten will es scheinen, daß
das französische Wesen uns mehr schadet als nutzt, daß die
deutsche Einfachheit, Zufriedenheit, Ehrlichkeit und Treue darunter
leidet und daß durch solchen Zusatz das Volk eher schlechter als
besser wird. Auch traue ich den Franzosen nicht, sie werden nie
gute Deutsche werden und unsere Wohlthaten mit Undank lohnen;
zumal Eure Hoheit ihnen eine eigene Verfassung, besondere
Gerichtsbarkeit und Privilegien bewilligt haben, die sie in dem
Wahn bestärken, daß sie etwas Apartes und Besseres seien,
als wir."

„Kann Deine Befürchtungen alleweil nicht teilen," ent=
gegnete der Kurfürst, „glaube vielmehr, daß die Réfugiés ebenso
gute Unterthanen sein werden, wie meine Brandenburger. Wer
so treu seinem Glauben anhängt und der Religion so große
Opfer gebracht hat, wird auch treu seinem Fürsten und Vater=
lande bleiben. Bin auch überzeugt, daß die Franzosen mit den
Deutschen nach und nach verschmelzen, sich mit ihnen verbinden
und verschwägern werden, was beiden nur Vorteil bringen
kann. Das wird eine gute Mischung geben, deutsche Kraft und
Festigkeit mit französischer Leichtigkeit und Elastizität, Ehrlichkeit
und Zuverlässigkeit mit Feinheit und Liebenswürdigkeit,

Gediegenheit und Gemütlichkeit mit Esprit und Witz gepaart. Habe selbst Lust, mir einen Kuppelpelz zu verdienen und ein solcher Ehestifter zu werden."

„Ich glaube nicht, daß Eure Hoheit gute Geschäfte machen werden, sintemalen die Berliner keine Freunde der Franzosen sind und von ihnen nichts wissen wollen."

„Kenne meine Berliner besser als Du. Müssen über alles raisonnieren, meinen es aber nicht so böse und sind von Herzen gut, gerade so, wie Du. Bist ein alter Brummbär und doch mein bester Freund, der mich nicht verlassen wird und von dem ich mich nicht trennen will. Schlag ein, Derfflinger, wir bleiben die Alten und zusammen, so lange wir beide noch leben."

Länger vermochte der General nicht den herzlichen Worten und den freundlichen Blicken der hellen Ableraugen zu widerstehen. Tief bewegt, ergriff er die ihm dargereichte Hand, auf die er sich niederbeugte, als ob er sie küssen wollte.

Aus der Dichtung:

Das doppelte Leben

von Gertrub Mollerin.*)

(S ch l u ß.)

Der große Friedrich Wilhelm lebt!
Und in den höchsten Freuden schwebt!
Denn wie die Tugend nimmer stirbt
Und auch im Tode nicht verdirbt,
So muß Sein heiliges Gebein
Und Ruhm auch unverweslich sein;
Es ruft Sein Königliches Blut,
Es ruft Sein großer Heldenmut,
Es ruft was nach der Tugend strebt:
Der große Friedrich Wilhelm lebt!

Auf den Tod des grossen Kurfürsten.

Non moritur Christi merito qui vincere mortem
In terris didicit, verum post funera vivit.
Non moritur quemcunque mori vetat inclita virtus
Post cineres superans, nec non post fata superstes.
Non moritur quisquis numerosa prole beatus

---

*) Gertrub Mollerin, geb. Eiffler, in Königsberg war eine Kaiserl. gekrönte Dichterin und Mitglied des Blumenordens (Mornille), sie verfaßte außer Gelegenheitsdichtungen, geistliche und weltliche Oden (1675), welche den besten der Zeit gleichgesetzt werden.

Vivit, et in natis complurima saecula complet.
Haud ergo occubuit Princeps, qui spicula mortis
Elisit vicitque fide servatque coronam.
Vivit, et illius succumbere nescia virtus
Perdurat, nomenque sacrum per aethera fertur.
Vivit in augusta prole invictissimus heros,
Quam summum servet numen per Nestoris annos!

publicos inter luctus, devotum
hisce affectum testatur
Daniel Christophorus Beckherr,*)
Ph. & Med. D. P. P.

Übersetzung.

Nimmer vergeht, wen Christi Verdienst den Tod zu besiegen
Schon auf Erden gelehrt, er lebt, und wär' er gestorben.
Nimmer vergeht, wen über das Grab hell strahlende Tugend
Hebt, triumphierend entsteigt er der Gruft und bezwinget das
Schicksal.
Nimmer vergeht, wer lebt in der Kinder blühendem Nachwuchs,
Noch Jahrhunderte weit mit herrlichen Enkeln erfüllend.
Also starb mit nichten der Fürst, deß Glauben des Todes
Pfeile zerbrach, er gewann den Sieg und errang sich die Krone.
Wahrlich, er lebt! Sein mächtiger Geist, der nimmer gewichen,
Dauert, die Räume des Äthers durchfliegt sein heiliger Name.
Wahrlich, er lebt, der gewaltige Held, im erhabenen Sprossen,
Dem die Gnade des Himmels des Nestors Jahre beschere!

---

*) Beckherr, ein damaliger Professor an der Universität in
Königsberg; er und seine Kollegen haben auf den Tod des Kurfürsten
lateinische Dichtungen herausgegeben (vgl. Anhang).

Die am Begräbnistage
Ihres
Großen Friedrich Wilhelms wehklagende Durchlauchtigste Dorothee, Kurfürstin zu Brandenburg.
Den 12. September 1688.

O unerbittliches Verhängnis meiner Jahre!
Du Stifter meiner Not und dieser Totenbahre!
Vollbringest Du nunmehr den allerletzten Neid?
Und was noch übrig war an meiner Traurigkeit?
Mein Friedrich Wilhelm starb! Du hast ihn mir entrissen;
War es Dir nicht genug, daß ich's erleben müssen?
Hast Du, sein Grab zu sehn, mich leider auch bestimmt!
Das, wie Du lebendig, mir ihn gestorben nimmt.
Ach nein! ach nein! zu viel der kläglichen Beschwerde!
Zu viel, daß zweimal ich durch ihn zur Witwe werde!
Durch seinen Tod zuvor, und nun durch diesen Stein,
Der seinen Aschen auch verbeut bei mir zu sein!
In meiner Finsternis, da ich bisher gesessen,
Da Ohnmacht, Herzeleid und Angst mich abgefressen,
War dieses noch mein Trost bei meinem Ungemach:
Daß es mir meinen Tod auf diesen Tag versprach.
Glückselig mein Geschick, wenn Du es vollenzogen!
Wenn meine Hoffnung nicht mißgünstig mich betrogen,
Die meinen welken Leib zu der verlangten Nacht,
Zum Schatten und Gerippt', zur Leiche nicht gemacht!
Ich muß mich in mir selbst der trägen Schwachheit schämen:
Daß ich nicht stark genug, zu Tode mich zu grämen,
Daß auch vor bloßem Schmerz ich nicht ersterben kann,
Nachdem Du solchen Riß an meiner Brust gethan.
Armsel'ge Dorothee! wozu bist Du erkoren?
Du weißt, was Brandenburg, doch mehr, was Du verloren;

Ein Vaters gleicher Sohn ersetzt ihm den Verlust;
Nur Dir stirbt ganz und gar, was Du beweinen mußt.
Ich klage nicht die Macht, die Hoheit und das Glücke;
Das alles läßt mein Fürst mit Friedrich mir zurücke.
Ich klage meinen Herrn; nicht seinen Fürsten=Saal,
Nicht das gekrönte Haupt: nur bloß mein Eh'gemahl,
Mein wertstes Eh'gemahl, des Treue mich erlesen,
Der auch so liebreich war, als groß er ist gewesen.
Erwäget, welch ein Schatz des Friedrich Wilhelms Herz,
Und messet denn darnach der Dorothee Schmerz!
Ach ließ der Himmel ihn nur einzig wieder leben;
Und hätt' er sonsten nichts, als sein Gunst zu geben,
Wie glücklich würd' ich sein, auch sonder Glanz und Thron
Bei seiner einzigen geliebtesten Person!
Ach hätt' ich, da er ja die Welt verlassen wollen,
Für ihn, ist es zu viel? mit ihm erblassen sollen!
So wär ich in der Gruft auch seine Folgerin,
Wie ich hier ungetrennt von ihm gewesen bin.
Allein der Himmel spielt mit meinen heißen Zähren,
Und will mir meinen Wunsch nach keiner Art gewähren.
Es scheint, er habe mich zu dieser Qual versehn;
Wohlan, so will ich denn auch recht zu Grabe gehn.
Ich will mich aus der Welt mit dieser Leiche tragen;
Mein Leben soll nichts sein, denn ein verlängtes Klagen.
Den Purpur werf' ich heut zu ihm in dessen Grab.
Und sterbe, wie er stirbt, der ganzen Erde ab.
Mein Zimmer will ich nun zum Todes=Tempel machen,
In welchem ihn und mich mein Jammer soll bewachen,
Wo mein entseelter Leib in meinen Schmerzen lebt,
Und täglich meine Pein mich neben ihm begräbt.
Hier soll mein Kummer ihn und sein Gedächtnis ehren;
Ich klage nicht, um Trost von jemand zu begehren.

Mich tröstet, daß mein Herz sich in sich selbsten frißt;
Und stets dahin gedenkt, wo mein Verlangen ist.
Ihr Zeugen meiner Eh', ihr Prinzen und Prinzessen,
Auch Euch muß ich nunmehr bei diesem Fall vergessen!
Geburts= und Namensfest*), das zu ergötzen pflag,
Du bist nun umgekehrt, wie mein Begräbnistag —
Ich will, so oft Du kommst, nur Tod und Sterben nennen,
Man soll aus meiner Trau'r die reine Treu' erkennen.
Daß, wie ich in der Welt nur meinen Held geliebt,
Mich auch bei dem Verlust nur sein Verlust betrübt.
Nun, Leich' und Bahre fährt, ich werde nachgeführet!
Ein Königlich Gepräng' wird um und um gespüret,
So Friedrichs Frömmigkeit dem großen Vater weiht;
Welch' Denkmal aber setzt ihm mein bethräntes Leid?
Ihr heiligen Gebein', die ich allhier begrabe,
Ich schwöre: Daß ich euch in meinem Herzen habe,
Wo nicht dem Körper nach, dennoch nach meinem Weh:
Ein lebendiges Grab ist Eure Dorothee!

v. Besser.**)

---

*) Der 6. Februar.

**) Johann von Besser († 1729) hat als Hofpoet unter dem großen Kurfürsten und Friedrich I. in Berlin und in Dresden unter August II. zu den verschiedensten festlichen Gelegenheiten Dichtungen verfaßt, die sich durch ihre saubere und gewählte Form auszeichnen.

Das Testament des großen Kurfürsten.
Von Gustav zu Putlitz.

———

Aus Akt V. Szene V.

Friedrich (hat das Testament genommen, ist damit in den Vordergrund getreten und hat es entfaltet).

Das ist des Vaters Unterschrift und Siegel,
Wie greifen diese Züge mir in's Herz.
Er teilt sein Reich — Er schreibt's mit eig'ner Hand,
Er, der die Größe Brandenburgs geschaffen,
Zerbricht sie hier mit einem Federzug. —
Und weshalb sollt' er nicht? — Es ist sein Werk,
Er schuf es, und zerstört's — zerstört's vielleicht,
Weil er zu schwer die Last für meine Schulter,
Zu weich mein Herz für ihre Sorgen hielt!
Wer's nicht erwerben kann — wie soll der's wahren?
Spricht, dünkt mich, sein verklärter Geist zu mir.
Kannst Du's erwerben, was bedarf's des Erbes?
Und kannst Du's nicht, was frommt Dir sein Besitz?
Das ist es ja, das ist des Rätsels Lösung,
Und wie ein Stachel bringt sie mir ins Leben!
                    (zu Dorothea)
Frau Mutter, Euch gehört das Testament,
Euch und den Brüdern, und hier nehmt es hin.
                Derfflinger (zu Sophie Charlotte).
Er wird doch nicht des Teufels sein, der Herr,
Er wär's im Stand.
                Sophie Charlotte.
                    Laßt seinen Weg ihn nehmen,
Schon einmal fand er besser ihn, als wir!

Dorothee (noch zögernd).

Ihr laßt den Inhalt?

Friedrich.

Tief im Grund des Herzens
Steht er mit ehr'nen Lettern eingeprägt.

Dorothea.

Wie nehm' ich dieses Wort! Von Frieden spricht's
Und freundlicher Verheißung, will mich dünken?
Und doch versteh' ich nicht, wie Ihr es meint.

Friedrich.

Wie ich es meine? Steht's nicht deutlich hier?
Hier ist zu meinen nicht, nur zu gehorchen!

Dankelmann.

Beruft den Staatsrat, eh' Ihr Euch entschließt.

Friedrich.

Des großen Vaters Wille ist mir heilig,
Und keinen Rat bedarf's, ihn zu erfüllen.

Sophie Charlotte.

Was hör' ich?

Philipp.

Er erkennt den Willen an,
So sind wir eingesetzt in unsre Rechte.

Albrecht.

Hört Ihr es denn? — O dankt ihm doch, Frau Mutter.

Dorothea.

Er könnte, wollte? — Nein, ich faß' es nicht —

(für sich)

So leicht aufgeben seines Vaters Erbe!
Denkt so ein Fürst, so Friedrich Wilhelms Sohn?
Mich freuen sollt' ich, und vor Unmut schwillt
Vor Zorn und Scham, statt seiner, mir die Seele.

Derfflinger.

Nun ist's vorbei! Nun, Brandenburg, gut' Nacht!

Pfalzgraf (zu Friedrich, der indes gedankenvoll auf und
ab gegangen).

Erlaubt ein Wort, wie ich die Sache sehe,
War dies des Kaisers Meinung eben nicht;
Drum bitt' ich, eh' Ihr Euch entscheidet, hört
Des Kaisers Rat —

Friedrich.

Das Vaters Willen hör' ich
Und mein Gewissen! — Was bedarf's noch mehr?

Page (kommt meldend).

Marquis Gravelle und der Starost Bielinsky.

Derfflinger (für sich).

Die fehlten noch!

Sophie Charlotte.

Ihr werdet sie nicht jetzt
Empfangen wollen! Laßt sie später, laßt
Sie morgen rufen —

Friedrich.

Daß sie heute kommen,
Verkündet, was sie bringen, und, bei Gott!
Sie kommen mir erwünscht, die Herrn Gesandten
Von Frankreich und von Polen. Laßt sie vor.

Dorothea.

Sie kommen ihm erwünscht? Was soll das sagen?

Page (öffnet die Thür).

Friedrich.

Seid mir gegrüßt, Ihr Herren!

(Die Gesandten treten ein.)

Sechste Szene.

Die Vorigen. Marquis Gravelle. Starost Bielinsky.

Bielinsky.

Durchlauchter Herr!
Ein unerhört Ereignis! (Er sieht den Pfalzgrafen und stutzt.)

Friedrich.
Das wir kennen.
Ihr haltet inne. Laßt uns weiter hören.
Bielinsky.
Vermählt, so sagt man, ist Markgräfin Ludwig,
Und brach dadurch ein feierlich Verlöbnis,
Verbrieft und unterschrieben, mit dem Prinzen
Jakob Sobiesky, meines Herren Erben.
Für diesen Wortbruch fordr' ich Rechenschaft.
Gravelle.
Nicht minder ich im Namen meines Königs.
Friedrich.
Von wem, doch nicht etwa von uns, Ihr Herren?
Die Akte war mir fremd, von der ihr sprecht.
Gravelle.
Wir fordern Lösung des verbrieften Worts
Von Ew. Durchlaucht.
Bielinsky.
Wenn man die Traktate
Am Hofe von Berlin so wenig ehrt,
So fühlt sich Polen auch an die Verträge
Von Wehlau nicht gebunden mehr, und wird
Der Fürstin Güter, die in Polen liegen,
Einziehen, als der Krone heimgefallen.
Friedrich.
Ei, was Ihr sagt —
Gravelle.
Mein Herr und König tritt
Der Ansicht Polens bei, und bringt zugleich,
Ew. Durchlaucht, auf die längst geforderte
Auslieferung der Réfugiés, die hier
Aufnahme finden um des Glaubens Willen,
Und droht im Weig'rungsfall sie zu erzwingen.

Friedrich.
So, darauf dringt der König?

Derfflinger (nicht mehr seiner mächtig, halb leise).
Und er hört das
So lächelnd an und wechselt nicht die Farbe.

Bielinsky.
Zudem beliebt mein Hof sich höchst entschieden
Für Aufrechthaltung eines anderen
Höchst wicht'gen Dokumentes zu erklären.

Gravelle.
Desselben wohl, an das auch mein Gebieter,
Durchlauchter Herr, mich Euch erinnern heißt,
Und das er allen Ernstes ohne Aufschub
Und bis auf's Wort vollzogen wissen will —
An des höchstsel'gen Vaters Testament.

Friedrich.
Der Mahnung braucht's nicht mehr! — Ich werb's vollstrecken.

Bielinsky.
Vollstrecken?

Gravelle.
Wie, Ihr wollt —?

Friedrich.
Ich will's vollstrecken.
Nicht dies geschrieb'ne nur, das Land und Leute
An meine Brüder mich verteilen heißt,
Das größ're, ungeschrieb'ne auch, das deutlich
Des Vaters leuchtend Beispiel mir diktiert.
Und das, Ihr Herrn, verordnet mir: Zum Ersten
Auch nicht ein Jota vom Traktat zu Wehlau
Abbringen mir zu lassen; dann zum Zweiten
Nicht aufzuopfern drohender Verfolgung,
Wer Zuflucht nahm in diesen meinen Marken
Um seines Glaubens willen; und zum Dritten

Als frei selbstständ'ger Fürst des deutschen Reiches
Mich zu gehaben, und auswärt'ger Mächte
Unziemlich Drohen zu verachten! — Das
Verordnet jenes Testament, und das
Vollstreck' ich allen Ernstes, ohne Aufschub
Und bis auf's Haar, — das melbet Euern Höfen.

Sophie Charlotte.

Mein Herr und Gatte —

Derfflinger.

        Märkisch weht's mich an,
Das war, bei Gott, ein Hohenzollern=Wort!

Dorothea (für sich).

Der Geist des Vaters liegt auf dieser Stunde.

Friedrich (zu den Gesandten).

Habt Ihr noch weiteres, Ihr Herrn, zu sagen?

Gravelle.

Nur eins, durchlauchter Herr! Gedenkt der Pfalz!

Bielinsky (boshaft).

Und auch noch dies vielleicht: Wenn Ihr des Vaters
Geschrieb'nes Testament vollzieht, und also
Der Kurhut und die Mark Euch nur verbleiben,
Womit, durchlauchter Herr, gedenkt Ihr wohl
Das and're ungeschrieb'ne zu vollstrecken?

Friedrich.

Womit, Ihr Herrn? — Mit diesem meinem Schwert,
Und meines Vaters sieggewohntem Heer,
Mit seinem Beispiel und mit Gottes Hülfe,
Mit festem Willen und mit frischer That.
Was auch des Vaters Testament mir nimmt,
Sein Leben hat den Weg mir vorgezeichnet,
Der Brandenburg zu Macht und Größe führt,
Und den werd' ich verfolgen, ob allein,

Verlaſſen erſt, ich werde Helfer finden!
Ich werd', ein deutſcher Fürſt, nie Deutſchland's Ehre
Preisgeben fremdem Übermut, nie dulden,
Daß Gräuel, wie die Pfälzer, ſich erneuern;
Ich werde jenem Teſtament zum Trotz
Des Vaters Werk vollenden — oder ſterben!
Das will, das werd' ich! — Richtet Euch danach.

Pfalzgraf.

Dem Kaiſer bring' ich dieſes Euer Wort:
Noch hält in Ungarn ihn der Türken Schwert
Und Deutſchland's Not erfüllte ihn mit Sorge.
Der Sorge Nacht verſcheuchte Euer Wort
Und ſteigt für Deutſchland auf wie Morgenſonne,
In der ich glänzen ſeh' die Banner Öſt'reichs
Und Brandenburgs.

Friedrich.

Vereint zu Deutſchlands Schutz;
Der Schild ſei Öſt'reich, Brandenburg das Schwert;
Und keinen Feind hat Deutſchland dann zu fürchten.

Philipp (ſchon lange mit ſich kämpfend, plötzlich vortretend).
Bei Gott, ſtellt mich im Kampf an Eure Seite!
Hier huldg' ich Euch als erſter Unterthan
Im ungeteilten Reiche meines Vaters,
Das ſei mein Erbe.

Albrecht.
Fort das Teſtament.

Ja, fort! Ich hab' es längſt gefühlt, ich bin
Ein Brandenburgiſch Kind und will kein Erbteil,
Das meines Vaterlandes Größe ſchmälert
Und meines Bruders Macht zerſplittert.

Dorothea.
Halt!
(Nach einer Pauſe vortretend.)

Ich liebe meine Kinder, wie Ihr sagt,
Durchlauchter Herr, und lebte nur für sie
Und ihre Wohlfahrt, seit ich sie geboren.
Und weil's so ist, und weil ich fürchtete,
Es werd' dereinst in seines Erben Hand,
In Eurer Hand — jetzt darf ich's offen sagen —
Des Vaters Schöpfung, Brandenburg, zerfallen,
Und stürzend meine Kinder mit verderben,
Darum bestürmt' ich meines Gatten Herz:
Er möchte, ihr Geschick von Eurem sondernd,
An sie verteilen, was sein Schwert erwarb.
So that ich, ja! Und darum hinterließ
Der große Kurfürst diesen letzten Willen.
Nicht Groll und Haß, kein tückisches Gelüst,
Das Land, das mich verkannte, zu verderben,
Mich trieb zu solchem Schritt, ich kann's beschwören,
Nur bange Sorge für der Kinder Wohl.
Mir schien es Pflicht, ich glaubte mich im Recht,
Und glaubt' es heut noch, ja in dieser Stunde!
Ich glaub' es jetzt nicht mehr! Nicht weil Ihr heut'
Verteidigend an meine Seite tratet,
Nicht weil, nach langen Jahren der Verblendung,
Erst heut' ich redlich Euer Herz erkannt.
Ich glaub' es jetzt nicht mehr, weil, tief beschämt
In dieser Stunde prüfender Entscheidung,
Dem edlen Menschen, den mein Herz verehrte,
Sich auch mein Geist als großem Fürsten beugt.
Ich glaub's nicht mehr, weil furchtlos kühner Mut,
Weil männlicher Entschluß und Selbstvertrauen
Des großen Vaters würdig Euch beleben.
Ich glaub's nicht mehr, weil laut mein Herz mir sagt:
In Eurer starken Hand ist Brandenburg,

Bin ich, sind meine Kinder treu beraten,
Und wohlgeborgen jetzt und immerdar.
Mit meinem Glauben aber stirbt mein Recht!
Nie, weiß ich, hätt' mein Gatte, sah er Euch
Nur einmal so wie ich in dieser Stunde,
Nie hätt' er dieses Testament geschrieben!
Und also schrieb er's nicht! — Hier liegt's zerrissen!

Friedrich).

Frau Mutter!

Sophie Charlotte.

Großes Herz!

Derfflinger.

Das ist ein Tag,

Da sprießt, wie grünes Laub in Frühlingssonne,
Rings Heil und Segen auf für Brandenburg.

Dorothea.

Und nun nicht Feindin mehr. Nicht mehr die Wittwe
Des Vaters nur, als Eure wahre Mutter
Nehmt mich und diese Eure Brüder hier
In Euren Schutz, in Eure Liebe auf.
Denn mütterlich schlägt Euch mein Herz entgegen,
Und sehnt sich, seines Irrtums schwere Schuld
Durch Liebe Euch versöhnend abzutragen.

Friedrich (empfängt Dorothea in seinen Armen).

So fühl' ich denn, o längst vergess'nes Glück,
Ein Mutterherz an meinem Busen schlagen!

(zu Sophie Charlotte)

Tritt nicht zurück, Du teiltest meine Sorgen.
Mein Glück ist Deines!

(Sophie Charlotte stürzt an seine Brust.)

Meine Hand, Ihr Brüder,

Ich nehm' Euch nichts von Eurer Mutter Liebe

Und Vatersorge füg' ich nur hinzu.

(Zu dem Gesandten.)

Ihr Herren aber meldet Euren Höfen,
Was Ihr hier sah't! Sagt Ihnen, Brandenburg
Sei einig, stark und mächtig. Vorwärts, treu
Und mutig sei sein Wahlspruch, wie er's war,
Und wird es bleiben jetzt und immerdar!

Das Pferd Friedrich Wilhelms auf der Brücke zu Berlin.

Ihr bleibet vor Verwundrung stehn
Und zweifelt doch an meinem Leben?
Laßt meinen Reiter mir die Ferse geben:
So sollt Ihr sehn!

G. E. Lessing.

Friedrich Wilhelm dem großen Kurfürsten, dem Gründer Preußens.

Dein Dank, o Hellas, schuf zu Göttersöhnen
Die Helden all', die deine Kraft entzündet,
Auch ihm, der Roma's ew'gen Ruhm gegründet,
Ließ Stadt und Volk einst Festgesäng' ertönen.

Nie darf ein Land dem Gründer sich entwöhnen,
Der seines Strebens höchstes Ziel verkündet;
Nur wenn in ihm sich jedes Herz verbündet,
Wird seinen Kampf der Tag des Sieges krönen.

So Preußen, denke stets der goldenen Worte,
Die Friedrich Wilhelm's Thatendrang umschweben,
Und deinen Heros schau in seinem Bild.

Erschlossen hat er Dir des Ruhmes Pforte:
Zur Krone Deutschlands wollt' er Dich erheben,
Und wo Du kämpfest, trägt er Schwert und Schild!

F. A. Märcker.

Aus der Dichtung:

Des großen Kurfürsten
Runde und mitternächtige Heerschau

Eine Legende
von Friedrich Förster.

Der Kurfürst seitwärts in dem Saal
Hinaus ritt durch das offne Portal,
Da sieht er gegenüber stehn
Drei Kriegergestalten groß und schön.
„Feldmarschall Vorwärts! zu dieser Frist
„Seid allerschönstens von mir gegrüßt.
„Ihr hieltet vordem die Wacht allein,
„Jetzt, seh' ich, steht ihr hier zu drei'n.
„Wer sind die beiden Kriegskameraden,
„Die Ihr Euch zum Geleit geladen?" —

Drauf Blücher: „Euer Durchlaucht zu Befehl,
„Zwei wackere Degen, hab' deß kein Hehl.
„General Graf York zu meiner Rechten,
„Das Kühnste wagt' er durchzufechten,
„Als bei uns teuer war guter Rat,
„War er der Mann entschloßner That,
„Riß fort uns zum Kampf, gewaltig groß.
„Das Volk stand auf, der Sturm brach los,
„Der Sturm, der sich nicht eher gelegt,
„Bis wir den Feind aus dem Lande gefegt.
„Zur linken mein braver Gneisenau,
„Alle Welt kennt seinen Ruhm genau.
„Als man mich einst zum Doktor kreierte,
„Hab' ich sogleich, wie sich's gebührte,
„Zum Apotheker ihn ernannt;
„Wie Euer Durchlaucht schon bekannt,
„Der Gneisenau hat die Pillen gegossen,
„Der Blücher hat sie mit Glück verschossen." —
Jetzt treten herzu zwei hohe Gestalten,
Gehüllt in Marmormäntelfalten,
Sie melden sich wie im Dienst der Brauch,
Bei seiner Durchlaucht, bei Blücher auch.
Scharnhorst, dem Preußen die Landwehr dankt,
Bülow, der nie in der Schlacht gewankt.
Der Kurfürst heißt sie freundlich willkommen,
Hat à la suite sie aufgenommen,
Und alsobald ist sein Begehr:
„Herr Marschall, wenn's gefällig wär'!"
Er winkt ihm zu: herabzusteigen,
Doch will sich Blücher nicht willig zeigen,
Zeigt mit der Hand auf seine Sporen,
Als wär' er am Boden festgefroren.

Der Kurfürst lächelnd spricht: „Fürwahr!
„Daran erkenn ich den alten Husar,
„Ist nie sein Lebtag zu Fuß marschiert,
„Solch wackerem Reiter ein Pferd gebührt."
Er winkt.   Sogleich herbei vom Schlosse
Die Pferdebändiger bringen zwei Rosse
Am Zaum geführt im gestreckten Lauf.
„Jetzt, Herr Feldmarschall, sitzet auf;
„Als Adjutant mag auf dem zweiten
„Der tapfre Apotheker reiten." —
Der Kurfürst ohne weitre Rast
Zieht hin zu des Königs bescheid'nem Palast,
Und wie er näher reitet vor,
Sein munt'res Roß spitzt klug das Ohr,
Es bäumt und schäumt das edle Tier,
Erhebt ein freudiges Gewieh'r:
Da tönt von drüben die Antwort her,
Als ob dort gute Bekanntschaft wär',
Die Rosse wiehern sich froh entgegen,
Wie sie's beim Wiedersehen pflegen,
Da ruft der Kurfürst aus: „Beim Himmel!
„Der alte Fritz auf seinem Schimmel!
„Auch seh' ich Braunschweigs Ferdinand,
„Den Prinzen Heinrich, mit Ruhm genannt,
„Seydlitz, den kühnsten im Reiterkorps,
„Der Zieten kommt aus dem Busch hervor,
„Den alten Dessauer, den Grafen Schwerin
„Seh' ich in des Königs Gefolge zieh'n.
„Wer alle sollt' beim Namen nennen,
„Kein Ende würd' er finden können."
„„Der König kommt!"" Alle treten zurück
In Ehrfurcht vor Friedrichs Feuerblick.

Er zu dem Kurfürsten freundlich gewandt:
„„Ew. Durchlaucht, bon soir!"" und reicht ihm die Hand.
„„Ihr machtet lang schon keine Runde,
„„Wir treffen uns heut zur guten Stunde."" —
„Zur guten Stund' und am rechten Ort!"
So nahm der Kurfürst jetzt das Wort.
„Von ganzem Herzen bin ich erfreut,
„Ew. Majestät zu begrüßen heut,
„Vereint mit Euch ein „Prosit Neujahr!"
„Zu bringen unserm Urenkel dar:
„Dem Könige Wilhelm und seinem Haus,
„Was wir begannen, er führt' es aus." —
„„Mich anzuschließen bin ich bereit,""
Spricht Friedrich, „„mit meinem Gefolge heut,
„„Wollen Euer Durchlaucht nur genehmen,
„„Vor Euch die Parade abzunehmen.""

Friedrich der Große am Sarge des großen Kurfürsten.

Aus des alten Domes Grüften
Trug hinüber man die Särge,
Daß im neu erbauten Dome
Man der Ahnen Reste berge.

Auch die Leiche Friedrich Wilhelms
Wollten sie hinübertragen,
Der gepriesen ward der Große
Schon zu seines Lebens Tagen.

Da trat hin mit dem Gefolge
König Friedrich und begehrte,
Daß des Fürsten Sarg man öffne,
Den er hoch vor allen ehrte.

Eingehüllt im Purpurmantel
Ruht der Kurfürst, wohlerhalten,
Über seinen edlen Zügen
Majestät und Hoheit walten.

Lange schaut ihn an der König
Ehrfurchtsvoll in tiefem Schweigen,
Seines Herzens tiefe Rührung
Seine Thränen still bezeugen.

Und er ruft mit hellen Blicken,
Drin man die Begeistrung spüret,
Zum Gefolge hingewendet:
„Großes hat der Held vollführet!“

Er ergreift des Ahnherrn Rechte
Und gelobet ihm im stillen,
Was der Tote einst begonnen,
Kühn und mutig zu erfüllen.

W. Martin.

L'Art de la Guerre.
(Chant III.)

Sortez de l'Elysée, ombre illustre et chérie,
Quittez pour nous des cieux l'immortelle patrie,
D'un regard paternel voyez vos descendants,
De l'art qui vous fit vaincre instruisez vos enfants.

Enfants de ce héros, je vous donne pour maîtres,
Non des guerriers obscurs, mais vos propres ancêtres.

Électeur généreux, c'est donc vous que je vois!
Vos peuples sont encor tout pleins de vos exploits;
C'est à leurs cris touchants, c'est à leur voix plaintive
Que, du Rhin tout sanglant abandonnant la rive,
L'Elbe vous vit soudain voler à leur secours.

L'État était en proie aux tigres, aux vautours,
Les fiers enfants des Goths ravageaient nos contrées,
Ils brûlaient nos cités, au pillage livrées;
Wrangel, fier d'un succès qui n'avait rien coûté,
S'endort dans son triomphe avec sécurité;
La foudre le réveille au bord du précipice,
Un dieux vengeur paraît, un dieu pour nous propice:
Venir, voir, triompher, fut l'ouvrage d'un jour;
Le Suédois, consterné par ce subit retour,
Surpris dans ses quartiers par ce nouvel Alcide,
Veut en vain s'opposer à sa course rapide.
O champs de Fehrbellin! temoins de ses hauts faits,
Vous vites les Suédois attaqués et défaits.
Tel jadis du Trés-Haut exerçant la vengeance,
D'un peuple, dans ses camps, punissant l'arrogance,
L'ange exterminateur frappa les Philistins:
Tel, et plus grand encore en ses heureux destins,
Guillaume, dans ce jour au-dessus de sa gloire,
Exerce la clémence au sein de la victoire;
Il pardonne à Homburg, dont l'imprudente ardeur
Engagea le combat, séduit par la valeur;
Il fait grâce aux captifs, à ces bandes altières,
De l'État désolé cruels incendiaires.

22*

Mais s'il sait pardonner à ceux qu'il peut punir,
Des bords qu'ils ravageaient ardent à les bannir,
Il fait fuir devant lui leur troupe épouvantée
Vers les flots de la mer qui l'avait apportée.

Ces exploits sont suivis par des exploits nouveaux.
La Prusse à son secours appelle ce héros;
Les rigueurs de l'hiver, le flots couverts de glace,
Au lieu de l'arrêter, secondent son audace,
Et Thétis, étonnée au bruit de ces récits,
Voit transporter des camps sur ses flots endurcis.
Il vient, et son nom seul, qui répand l'épouvante,
Confond des ennemis la fureur insolente;
Il vient, il est vainqueur, tout fuit devant ses pas,
Et sans même combattre il venge ses États.

Ce héros, qui jouit d'une gloire immortelle,
Doit, nourrisson de Mars, vous servir de modèle.
Sans cesse étudiez, comme cet électeur,
Les différents pays où vous guide l'honneur.
Digérer vos projets, c'est remplir votre attente,
L'imagination souvent est imprudente.
Ne comptez jamais seul, et sachez supposer
Tout ce que l'ennemi pourra vous opposer;
Vos desseins sont manqués, si par votre prudence
Vous n'avez point pourvu pour votre subsistance.
Ce roi qui des destins éprouva les excès,
N'eût point perdu le fruit de neuf ans de succès,
Si, dans de champs déserts conduisant son armée,
Le Czar ne l'eût battue, affaiblie, affamée.

Que le foudre, en secret enfermé dans les airs,
Sur l'ennemi surpris tombe avec les éclairs;

Toujours prêt, toujour prompt, mais jamais téméraire,
Croyez que rien n'est fait, tant qu'il vous reste à faire,
Et ne soyez content de vos plus beaux succès
Qu'autant qu'un plein effet répond à vos projets.
 Ainsi, lorsque de Dieu la sagesse profonde
Du ténébreux chaos eut arraché le monde,
Il trouva l'univers, par son souffle animé,
Conforme au grand dessein qu'il en avait formé.

Frédéric II.

Aus der Übersetzung von C. von Reinhard.

Hochherz'ger Kurfürst, Dir ertönt mein Sang,
Dein Name lebt im letzten Deines Volkes.
Zur Elbe rief vom blutgetränkten Rhein
Der Hülferuf Dich der zerstörten Marken.
Gleich Tigern, Wölfen hausten blutig dort
Der Schweden zügellose Räuberhorden.
Stolz eines wenig kostenden Erfolges
Ruht Wrangel aus auf leicht errungenem Lorbeer:
Da weckt der Blitzstrahl ihn an Abgrundsrand.
Ein Rachegott erscheint dem Vaterlande.
Ein Tag sühnt allzulang ertragne Schmach.
Vergebens wirft der Schwede seine Scharen
Erschreckt entgegen dem Gewittersturm,
Du, Fehrbellin, warst dieses Tages Zeugin,
Dein Feld sah unsrer Feinde Untergang.
So übte einst ein Rachebote Gottes,
Der Würgeengel, am Philistervolk
Des zürnenden Jehovahs Strafgerichte.
Doch Wilhelms Herz schloß auch die Milde ein,
Homburg verzeiht er, dessen Jugendhitze

Vor dem Signal sich in die Schlacht gestürzt;
Er schenkte Gnade den gefangnen Räubern,
Die seinen Staat Mordbrennern gleich verheert.
Doch nicht verzeihen nur, er kann auch strafen:
Beseelt vom Wunsche, aus des Landes Mark
Der Schweden Heere völlig zu vertreiben,
Die schon zu lang' von seinem Blut gezehrt,
Verfolgt er sie bis an des Meeres Küsten,
Gönnt keine Rast sich, bis das Werk erfüllt:
Und ohne Schwertstreich rächt er alte Wunden.
Ihm strebe nach, Du jugendlicher Held,
Begeistre Dich an seiner Thaten Größe;
Wie er erringe die Unsterblichkeit.
Bereite vor Dich in der Zeit des Wartens,
Die schnelle That ist leichtlich unbedacht.
Lern Deine Staaten kennen und die Länder,
In welche Dich der Ehre Stimme ruft.
Bedenke stets des Feindes möglich Handeln;
Die Macht und Stärke schützet nicht den Thron,
Wenn nicht die Weisheit sich ihr zugesellet.
Neun Jahre reich an Siegen und Erfolg
Bewahrten Karl*) einst nicht vor schlimmem Ende,
Als er sein Heer in Wüstenei'n geführt,
Wo ihn der Hunger und der Zar bezwangen.
Stets schnell bereit, doch niemals unbedacht,
Steck nicht Dein Schwert zurück in seine Scheide,
Bis Deine ganze Absicht Du erreicht;
Nicht eher ruhe aus von Deinen Siegen,
Du thatest nichts, bevor Du alles thatest.

———————

*) Karl XII. von Schweden.

1684 und 1884.

Wie drängten sich und gafften die Leute in Berlin!
Ein Wunder galt's zu schauen, wie's nimmer noch beschten
Die brandenburg'sche Sonne: in's alte Fürstenschloß
Kohlschwarze Männer zogen mit gabenreichem Troß.

Die Könige der Neger sind von Guineas Strand
Durch Glut und Flut gekommen zum öben, märkischen Sand;
Und was sie suchten, fanden sie einzig in Berlin:
Den mächtigsten Fürsten der Erde, den Helben von Fehrbellin.

Sie grüßten niederknieend den Hohenzollernaar
Und brachten ihre Gaben von Tacarari dar;
Sie schwuren, ihre Waffen Acobas Schutz zu weihn,
Dem Friedrichsburger Häuptling gehorsam stets zu sein.

Der große Kurfürst nickte und strich sich froh den Bart:
„So hat auch hier bewähret sich brandenburger Art;
Den Friedrich von der Gröben hab ich auf Raules*) Rat
Vergebens nicht entsendet zu kühner Waffenthat.

„Mit zween Kriegesschiffen und einer Kompanie
Hat der Major bewiesen Kourage und Genie.
Der Goldstaub, den die Schwarzen zu Füßen mir gelegt,
Sei in kurbrandenburg'sche Dukaten ausgeprägt!"

Zweihundert Jahre rollten die Wogen an den Strand;
Fast war zur Mähr geworden das märkische Tropenland;
Doch was mit seinem Raule der Kurfürst einst erdacht,
Der erste deutsche Kaiser mit Bismarck hat's vollbracht.

Germania hat die Träume Kurbrandenburgs erfüllt,
Es weht Alldeutschlands Banner, von starker Faust enthüllt
Beim Donner der Kanonen und jubelndem Hurraschrei,
Fern an Guineas Küste und an der Walfischbai.

---

*) Benjamin Raule, ein Holländer, war Admiral des großen
Kurfürsten und dessen Ratgeber in Kolonisationsangelegenheiten.

Und ob der britische Löwe sich neidisch widersetzt,
Und ob er ränkesüchtig auf uns die Schwarzen hetzt,
Wir trotzen der Krämermißgunst, und, bei Germanias Ehr',
Die Flagge, die wir hißten, wir streichen sie nicht mehr!

Dank Dir, Du Gott der Deutschen, daß unser Kaisergreis
Dies Werk noch krönen durfte! daß unter'm Wendekreis
Des Steinbocks sich erfüllte, was zu Versailles im Schein
Der Waffen er gelobte: Mehrer des Reichs zu sein!

Und Heil Dir, großer Kanzler, Du Meister schneidiger Kunst,
Die Klinge Deines Geistes thut keinen Schlag umsunst!
Was sonst von unserm Volke sich in der Fremde verlor,
Am afrikanischen Strande bleibt's deutsch nun wie zuvor!

Das ist der strömende Segen der schnellen Reckenthat,
Daß in die Zweifel sie wirbelt, wie in das Gras die Mahd!
Trotz der Philister Nergeln und trotz des Kleinmuts Fluch,
Auf beiden Hemisphären weht deutsches Fahnentuch!

Gerhard von Amyntor.

Prolog
zur zweihundertjährigen Gedächtnisfeier des Ediktes von Potsdam.

Zweihundert Jahre, daß wie hier zu Land
Ein Obdach fanden, Freistatt für den Glauben,
Und Zuflucht vor Bedrängnis der Gewissen.
Ein hochgemuter Fürst, so frei wie fromm,
Empfing uns hier, und wie der Fürst des Landes
Empfing uns auch sein Volk. Kein Neid ward wach,

Nicht Eifersucht, — man öffnete die Thür
Und hieß als Glaubensbrüder uns willkommen.
Land=Fremde waren wir, nicht Herzens=Fremde.
So ward die Freistatt bald zur Heimatsstätte,
Drin schlugen Wurzel wir und was seitdem
Durch Gottes Ratschluß dieses Land erfahren,
Wir lebten's mit, sein Leid war unser Leid
Und was es freute, war auch unsre Freude.
Wohl pflegten wir das Eigene, der Gemeinde
Gedeihn und Wachstum blieb uns Herzenssache,
Doch nie vergaßen wir der Pflicht und Sorge,
Daß, was nur T e i l war, auch dem G a n z e n biene.
Mit fleiß'ger Hand, in allem wohl erfahren,
Was älterer Kultur und wärmrer Sonne,
Daheim entsproß und einem reichren Lande —
S o wirkten wir. Und Gottes Segen krönte
Der Hugenotten redlich Mühn, daß reich
Und glücklich manch' Geschlecht dahier erblühte
Als eine Zierde unsrer neuen Heimat.
Sy, Godet, Humbert, Matthieu, Bourgignon,
Roux, Jordan, Erman, Rousset, Michelet,
Sarre, Névir, Reclam, Naubé, Cabanis,
d'Heureuse, Plantier, Charton, Lancizolle —
Und hundert andere, die ich nennen könnte
Gleich guten Klanges, ja berühmter noch.
Verschieden all, in E i n e m aber einig:
Von Herzen treu dem Land, dem Fürstenhause,
Das, treu des Ahnherrn edelstem Vermächtnis,
Von Fürst zu Fürst uns gnädiglich beschützte —
Dem hocherhabnen Haus der Hohenzollern.
Doch nicht zu rühmen ist, was heut uns ziemt,
Heut ziemt uns nur zu huldigen, zu danken,

Und dieser Dank, was lieh' ihm größre Kraft
Und Inbrunst, als ein Rückblick auf das Leid,
Das unsre Väter aus der Heimat trieb. —
Erklinge denn Musik und führ' herauf,
Im Widerspiel zu dieser Stunde Glück,
Uns Bilder aus der Zeit der Hugenotten! —

Theodor Fontane sr.

Aus dem Festspiel von Theodor Fontane jr.

Pierre.

Voll Freuden bring' ich meinen Glückwunsch dar;
Denn was schon längst mein stilles Hoffen war,
Die Schwester und den Freund vereint zu sehn
Zum Bund für's Leben — das ist nun geschehn. —
Jetzt laßt uns goldne Zukunftspläne schmieden!
Zunächst — wohin gedenkt Ihr Euch zu retten?
Im Bund der Dritte — seid Ihr es zufrieden —
Möcht' ich mein Schicksal an das eure ketten!

Tochter.

Pierre! Dachtest Du, wir würden uns je trennen?
— Sonst, trefft Ihr Männer nur die Wahl allein;
Da, wo ich meinen Glauben darf bekennen
Und wo Ihr seid, soll meine Heimat sein.

Pierre.

Ich möchte Holland Euch in Vorschlag bringen,
Ein geistig, strebsam, mutig Volk lebt dort.
Das Land, das einst konnt' Spaniens Macht bezwingen,
Gilt heut noch als der Protestanten Hort.

Drum heißt mein Rat jetzt: Auf, nach Hollands Gau'n,
Dort winkt uns Heil, dort laßt uns Hütten bau'n!

René.

Mein Rat dagegen lautet: nach Berlin,
Der Hauptstadt Brandenburgs, laßt uns entfliehn! —
Schon mancher Hugenott, der dorthin floh
Noch vor der Dragonaden Schreckenszeit,
Fand Beistand beim Graf Louis de Beauveau,
Der viel beim Kurfürst gilt und stets bereit
Ist, für der Brüder Wohl sich zu verwenden. —
Ist die Gemeinde zwar vorerst nur klein,
So wird sie kräftig wachsen und gedeihn,
Wenn Fürst und Volk ihr ferner Liebe spenden.

Pierre.

Warum so weit von hier im fernen Osten
Die Heimat suchen, die uns näher winkt!

René.

Weil König Ludwigs Zorn so weit nicht bringt;
Er läßt — glaub' mir's — sein Racheschwert nicht rosten.

Pierre.

Gleichviel! — Doch mag der Vater uns vergleichen!
Ob Holland — ob Berlin! — entscheide er!
(Will sich zu Morand hinbegeben, wird aber durch dessen auffälliges
Gebahren festgehalten.)

Vater (in der Vision).

Hell wird mein Aug'! hell wird es um mich her!
Seid mir gegrüßt, Ihr trauten Zukunftszeichen!

René.

Was ist dem Vater? —

Pierre.

Er spricht irr'! — ich will —

Tochter (unterbrechend).

Nein, nein, sein Traum kehrt wieder; laß ihn! still!

Vater.

Ich schau vor mir ein fernes, frembes Land
Voll büstrer Heide und voll Bruch und Sand
Und doch zu hohen Dingen ausersehn!
Hell leuchtet über ihm der Zukunft Stern.
Aus dieses unscheinbaren Landes Kern
Wird einst ein allgewaltig Reich erstehn!
Ein edler Fürst herrscht über jene Marken;
Er heilt die Wunden, die der Krieg einst schlug,
Er ließ sein Land erst wieder neu erstarken,
Dann aber kühn das Siegspanier er trug,
Ein grimmer Leu, dem norb'schen Feind entgegen
Und stürzt' sich selber in den Kampf verwegen. —
Er beugt mit harter Faust der Feinde Hauf'
Und nimmt doch — weich beim Anblick fremden Weh's —
Die vaterlandvertrieb'nen réfugiés
In seinen Staat als seine Kinder auf!
Wie herrlich sind die Früchte dieser That! —
Fast scheint's, als ob in seinem weisen Rat
Der ew'ge Gott es so beschlossen hätte,
Daß jene Flücht'gen, wie sie Heil empfingen,
Auch ihrerseits nun sollten Segen bringen
In die bald traute, neue Heimatsstätte.

Die Hinterbekoration verschwand und es erschien ein lebendes Bild, welches darstellte:

Der große Kurfürst empfängt in Gegenwart seiner
Gemahlin, der Kurfürstin Dorothea, und seines Hof-
staates eine Deputation der Réfugiés.

(Motiv der Musik: Komposition des Herrn Steffens.)

Nachdem sich der Vorhang wieder geschlossen hatte, fuhr der Vater fort:

Und langsam ein Jahrhundert sich verliert
Im Strom der Zeit. Ein neues Bild erglänzt:

Wo einst der große Kurfürst hat regiert,
Herrscht nun der große König ruhmbekränzt.
Auch er, von Gottes Gnad' ein Schlachtenheld
Gleich seinem Ahn, rückt tapfer kühn ins Feld,
Tritt mutig ganz Europa stolz entgegen
Und schwingt zum Sieg drei Mal den Königsdegen.
— Im Krieg voll Mut — ist er voll weisen Rats,
Wenn es im Frieden gilt, sein Land zu heben.
Sein großes Herz erfüllt nur das Bestreben,
Zu sein der erste Diener seines Staats.

Die Hinterdekoration verschwand wieder und es erschien ein
lebendes Bild, welches darstellte:

König Friedrich II. begrüßt den gelähmten General
de la Motte Fouqué im Garten zu Potsdam.
(Motiv der Musik: der Hohenfriedberger Marsch.)

Nachdem sich der Vorhang wieder geschlossen hatte, fuhr der
Vater fort:

Und wieder hundert Jahre sind entflohn. —
Zum weiten Reich erwuchs der Marken Land.
Ein Heldenkaiser folgt jetzt auf dem Thron.
Fürwahr, Gott hat aus seiner Vaterhand
Ein Gnadenfüllhorn auf ihn ausgestreut,
Das unerschöpflich neuen Segen beut'. —
Wie ebenbürtig ist er seinen Ahnen!
Auch er muß drei Mal, seinen Vätern gleich,
Im heißen Kampf verteidigen sein Reich,
Doch stets zum Siege wehen seine Fahnen.
(mit erhöhter Begeisterung)
Seht, wie ihn jubelnd Volk und Fürsten grüßen,
Sein Silberhaar die Lorbeerkrone schmückt
Und gottbegnadet schaut er hochbeglückt
Auf ein geeintes Volk zu seinen Füßen,
Mit ihm sich sonnend in des Herrschers Glanz

Und dankerfüllten Herzens gegen Gott
Stimmt der längst deutsch gewordne Hugenott
Aufjauchzend an: „Heil Dir im Siegerkranz!"

Bei diesen Worten öffnete sich die Hinterdekoration und es
zeigte sich, von elektrischem Lichte beleuchtet, die

Apotheose.

Von der Kaiserkrone überragt erschien, beschattet von den
Fittichen des schwarzen Adlers, auf goldenem Grunde das Relief-
bild des großen Kurfürsten. Daneben die Kolossalbüsten des
Kaisers und der Kaiserin, umgeben von den Büsten der preußischen
Könige, zu den Füßen des großen Kurfürsten der brandenburgische
Adler.

Gedenk, daß Du ein Deutscher bist.

„Gedenk, daß Du ein Deutscher bist!"
Hat Friedrich Wilhelm einst gesprochen,
Als durch der Fremden Macht und List
Des deutschen Reiches Kraft gebrochen.

Als von der Lieb' zum Vaterland
Nur wenig Funken noch zu spüren,
Da wagt' es seine kühne Hand
Die heil'ge Flamme neu zu schüren.

Wie stritt er fest vor aller Welt
Für wahre Gleichheit, freie Lehre!
Wie ritterlich focht unser Held
Für Deutschlands tief geschmähte Ehre!

Wie stark hat er und löwenkühn
Mit Polens stolzer Macht gerungen!
Wie tapfer dann bei Fehrbellin
Der Schweden Übermut bezwungen!

Als alles zagte feig und scheu
Bei Ludwigs Länderraub, dem frechen,
Wagt' er's, dem Vaterlande treu,
Allein ihn mit dem Schwert zu rächen.

Und als der Türk' von Süden droht'
Mit seinen wilden, rohen Scharen,
Da half er wehren dieser Not,
Das Reich vor Plünderung bewahren.

Er kann der Deutschen Vorbild sein,
Ein treuer Gatte, edler Vater,
Und tapfer, standhaft, fromm und rein,
Der Hilfsbedürftigen Berater.

Und jenes treue, wahre Wort
In seinem Haus ist's nicht verklungen,
Die Enkel haben fort und fort
Für Deutschlands Ruhm und Ehr' gerungen.

„Gedenk, daß Du ein Deutscher bist!"
Die Mahnung gilt noch unsern Tagen,
Daß nicht durch ew'gen Zank und Zwist
Die deutsche Einheit wird zerschlagen.

Halt fest am neu erstandnen Reich
Und schirm es selbst mit Leib und Leben!
Von auß' und innen allzugleich
Gar viele Feinde sich erheben.

Acht' deutscher Sprache reines Wort
Und deutscher Bildung reichen Segen,
Es ist Dein stärkster, bester Hort;
Ihn sollst Du stets mit Liebe hegen.

Dein Herz soll immer froh erglühn
Für deutsche Treue, deutsche Sitten!
Ehr' Deine Helden groß und kühn,
Die für des Reiches Ruhm gestritten!

W. Martin.

Anhang.

Nachdem ich in der Einleitung und Sammlung gezeigt, wie die bedeutsamsten Momente im Leben des großen Kurfürsten durch zum Teil recht hervorragende Dichtungen dargestellt sind, so dürfte es vom litterar=historischen Standpunkte wünschens= wert erscheinen, die Stellung des Kurfürsten zu der Dichtung und den Schriftstellern seiner Zeit und den allmählichen Verlauf der poetischen Darstellung seiner Thaten noch zu besprechen. — Infolge der schrecklichen Verwüstungen des dreißigjährigen Krieges hatte er, um die bringendste Not des Volkes zu lindern und die Wohlfahrt seiner Unterthanen zu fördern, zunächst viel wichtigere Aufgaben zu erfüllen, als daß er sich für Litteratur und Dichtung hätte eingehender interessieren können. Auch in der Folgezeit war er teils mit vielen Regierungsgeschäften überhäuft, teils wurde seine Zeit und Kraft durch die Ständekämpfe und die Kriege bald mit Polen und Schweden, bald mit Franzosen und Schweden in Anspruch genommen. Es waren also nur Ruhepausen in seiner Thätigkeit, wo er der Dichtung größere

Aufmerksamkeit schenken konnte. Sinn und Verständnis besaß
er auch für die Kunst und, wie den Gesang und die Musik, so liebte
er auch die Poesie. Auf seinen Geschmack hatte der Aufenthalt
in den Niederlanden und seine Studienzeit in Leyden veredelnd
eingewirkt. Denn dort blühte sowohl die neulateinische Dichtung,
die der antiken, als auch die nationale, die der modernen
italienischen und französischen Dichtung nachstrebte. Den Einfluß
der antiken Bildung, die er genossen, merkt man an seinem Stile,
der sich durch Lebendigkeit, Kraft, Bestimmtheit und verhältnis=
mäßige Reinheit vor der damaligen schwerfälligen, schwülstigen,
mit Fremdwörtern überladenen Ausdrucksweise vorteilhaft aus=
zeichnet. In der Dichtkunst hat er sich, so viel mir bekannt,
niemals versucht. Jedoch las er mit Wohlwollen und Interesse
die Gelegenheitsdichtungen, die ihm übersandt wurden. Sie
waren und besonders die ersten oft recht geschmacklos, wie z. B.
das Begrüßungs=Gedicht des Niclas Peucker bei seinem Einzug
in die Mark:

Willkommen schönster Tag, an dem es soll geschehen,
Willkommen Augenblick! Das Schwesterpaar der Städte,
Berlin und Cöllen, schickt viel Seufzer und Gebäthe,
Mit welchen sie das Churvermählte Paar empfängt.
Die Harfe, die bisher am Weidenbaum gehenkt,
Ganz Ton= und Sattenlos, wird wiederum gehöret: —
Mein Paukenschlag, den mich die Dichtkunst lehret,
Will auch nicht letzter sein, das „bum bi bi bi bum“
Erklingt, läßt solches gleich was närrisch und was dumm,
Doch hat hier keinen Platz das Kalbfell der Soldaten;
Ich schlag ein ander Spiel, Gott laß es wohl geraten! u. s. w.

Auf Bittschriften in poetischer Form erteilte der Kurfürst
zuweilen eine scherzhafte Antwort. Als er z. B. am 12. Dezember
1671 eine Jagd im Grunewald angestellt hatte, wandte sich
eben jener Peucker an ihn mit einem „allerunterthänigsten

Supplicatum um eine wilde Sau." Dies seltsame Gedicht
lautet:

Durchl. Großmächtigster Kurfürst! Gnädigster Herr!
Gestern hab' ich angesehen, Grosser Nimrod! Deine Jagt,
Die Du bey dem Grunen-Wald anzustellen hast behagt,
Und gefiel mir trefflich wohl, weil ich zuvorhin dergleichen
All mein Tage nicht geschaut. Wär' ich einer von den Reichen,
So vermöcht' ich auch so viel, daß ich mir ein hauend Schwein,
Eine Sau, und solt es auch endlich nur ein Frischlein seyn,
Schaft in meiner Küch und Hauß; aber was ist hier zu sagen?
Gibt nicht Friedrich Wilhelm mir auch einmal von Seinen Jagen
Etwas ab, so krig ich nichts von Wild-Braten in den Mund.
Gott erhalte, Kurfürstin! Dich zuvörderst nur gesund,
Da Du Fürstlichschwanger bist und ein Prinzchen mit Dir gehet,
Oder eine Prinzessin! Ach! daß doch mein Wunsch bestehet!
Des Groß-Gewaltigen Jägers, das ist Ew. Kurfl. Durchlaucht
Allerunterthänigster
N. P.

Hierauf erfolgte ein „Allergnädigstes Decretum, welches der
Autor auf allergnädigsten Befehl Sr. Kurfl. Durchlaucht aber-
mal reimweise entworfen und zur gnädigsten Unterschrift übergeben müssen."

Der Grosse Nimrod gibt Befehl:
Actäon, das ist, der von Oppen
Soll Niclas Peuckern seine Kehl
Mit einem wilden Schweine stoppen;
Er wird dafür, wann Dorothe,
Die Kurfürstin, nach Kindesweh
Sich wohl und glücklich wird befinden
Ein Wiegen-Lied zusammenbinden.

Friedrich Wilhelm.

Dieser gnädige Bescheid erregte viel Aufsehen und der

Sekretär Jacob Klein in Königsberg dichtete darauf folgendes ergötzliches Sonett.

Vor ein Duzzend Verß' ein Schwein! Traun! das Tichten ist gelungen.

Wie viel hundert Reim' hab' ich wol mein Lebelang erdacht?

Wie viel Lieder hab' ich nicht einem hier, dem bar gemacht.

Und zur Freud' auch offt zum Leib, meiner einfalt nach gesungen:

Aber meine Poesie hat noch keinen so bezwungen,

Daß man von der Fischerey oder auch von einer Jacht

Mir das allergringste wo hatt' in meine Küch' gebracht:

Nur ein Tönnlein Ließker=bier bohrt man einmahl meiner Zungen.

Das ist alles! Peucker, scheint's, ist hierin ein glücklich Mann,

Der mit seinen Versen kann ganze wilde Schweine faßen.

Doch mein Reim bezeigt darob ihm kein Neiden auch kein Haßen;

Sondern wünscht: Sein NIMROD sey endlich mein VESPASIAN,

Welcher Niemand unerhört hat von seinem Trohn gelaßen.

Auch sonst bewies sich der Kurfürst wohlwollend und frei=gebig gegen Dichter und Gelehrte seines Landes. So weit seine Mittel reichten, besserte er die Professoren=Gehälter auf, wofür die Dankgedichte noch vorhanden sind, und zeichnete hervorragende Talente aus. Mit richtigem Takte erkannte er in Simon Dach den bedeutendsten Dichter der damaligen Zeit. Das schöne Talent, die gebildete und zierliche Ausdrucksweise, der echt christliche Sinn, die ungeheuchelte Liebe für das Kurfürstliche Haus, die aufrichtige Verehrung und treue Ergebenheit dieses Dichters gegen den Kurfürsten insbesondere, den er als den bedeutendsten Herrscher seiner Zeit von Herzen bewunderte, hatten ihm die Zuneigung desselben erworben. Mit Wohlwollen nahm er seine Dichtungen entgegen und gewiß ist manches, wie die schöne und sinnige Auslegung des Symbolum des Kurfürsten ganz in dessen Sinn und Geist gedichtet. Nachdem bereits sein

Vater, der Kurfürst Georg Wilhelm ihn trotz des Widerstrebens der Königsberger Universität zum Professor der Dichtkunst befördert hatte, verlieh Friedrich Wilhelm ihm nach wiederholten Gesuchen in Prosa und Poesie ein kleines Gut von 10½ Hufe zu Kuykeim im Amte Caymen. Eine dieser Bittschriften zeichnet sich durch ein naives, doch nicht unberechtigtes Selbstbewußtsein aus. Sie lautet:

Unterthänigste Flehschrift an Seine Churfürstliche Durchlaucht
umb einigen Unterhalt in meinem schwachen und unvermögenden Alter.

Held, zu welches Herrschaft Füßen
Länder liegen, Ströme fließen,
Die ich auch nicht zähle schier,
Welchen ehren und anbeten
Samt den Dörfern und den Städten
Auch die wild- und zahmen Tier.

Von dem großen Teil der Erden
Laß ein kleines Feld mir werden,
Welches mir erteile Brod,
Nun die Kraft mir wird genommen,
Und auf mich gedrungen kommen
Beides, Alter und der Tod.

Hat ein Pferd sich wohl gehalten
Und zuletzt beginnt zu alten,
Und nicht mehr taugt in die Schlacht,
Es muß fressen, bis es stirbet!
Ja, kein alter Hund verdirbet,
Der uns treulich hat bewacht.

Laß auch mich nun Futter kriegen,
Bis der Tod mich heißt erliegen,

Bin ich deſſen anders wert,
Hab ich mit berühmter Zungen
Deinem Haus und Dir geſungen,
Was kein Roſt der Zeit verzehrt.

Phöbus iſt bei mir daheime,
Dieſe Kunſt der deutſchen Reime
Lernet Preußen erſt von mir,
Meine ſind die erſten Saiten,
Zwar man ſang vor meinen Zeiten,
Aber ohn Geſchick und Zier.

Doch, was iſt hiervon zu ſagen?
Fürſten ſchenken nach Behagen,
Gnade treibet ſie allein,
Nicht Verdienſt, das ſie thun ſollen,
Nein, ſie herrſchen frei, und wollen
Hie auch ungebunden ſein.

Thu, o Churfürſt nach Belieben.
Such ich Huben zehnmal ſieben?
Nein, auch zwanzig nicht einmal.
Andre mögen nach Begnügen
Auch mit tauſend Ochſen pflügen,
Mir iſt gnug ein grünes Thal;

Da ich Gott und Dich mag geigen
Und von fern ſehn aufwärts ſteigen
Meines armen Daches Rauch,
Wenn der Abend kömpt gegangen.
Sollt' ich aber nichts empfangen,
Wol, Herr, dieſes gnügt mir auch.

Eine beſonder Vorliebe ſcheint der große Kurfürſt für die
geiſtliche Liederdichtung gehabt zu haben. Wie er in ſeiner

Jugendzeit mit Luise von Oranien, seiner späteren Gemahlin, die Psalmen Marots zusammen las, so brachte er auch später der deutschen geistlichen Liederdichtung, welche die sinnigsten und schönsten Blüten der damaligen Dichtung enthielt, ein offenes Herz entgegen und erbaute sich zusammen mit seiner Gemahlin an ihnen in mancher schweren Stunde seines Lebens. Daß er recht von Herzen und demütig gebetet hat, beweist ein noch (im Hohenzollernmuseum) erhaltenes Gebet, welches er eigenhändig aufgezeichnet hat. Es lautet folgendermaßen:

„O Almächtiger Herr, Herr, Alle deine Straffen undt Züchtigungen, so ich von deiner vatterlichen Handt empfangen, seindt nur alle Zeichen deiner gnade gegen mich, den ein Vatter, so sein Kind liebet, züchtiget selbiges; verlei mir die gnadt, da ich Sie auch also erkenne undt aufnehme, das Du dadurch recht Dein vatterliches Hertze gegen mich erweisset undt prüffest, auf das ich mich ahn Dich desto fester in inbrünstiger liebe, Ver- trauen und Hofnung zur Volführung deines heilligen Willens halte, und gewis des Ewigen lebens und Seligkeit versichert sein und in Ewigkeit genissen möge. Amen!"

Von dieser wahren und aufrichtigen Frömmigkeit beseelt mag er einen lebhaften Anteil an der Liederdichtung seiner ersten Gemahlin genommen haben. Sehr treffend hat dies innige, auf Liebe und Frömmigkeit beruhende Zusammenleben die Königin Luise mit folgenden Worten geschildert: „O mein Gott, welch ein Ehepaar! Er, der große Kurfürst, ein Held im Kriege, im Frieden, im Glauben; ein vollendeter Mann, groß im Leben und im Tode; Sie, die Kurfürstin, voll Geist, Anmut und Liebe, in frommer Hingabe an Gott und den Erlöser; — Beide ein Herz und eine Seele. Mich erfreut und erhebt es unaussprechlich, daß so wie der König von allen Seinen Ahn- herren mit dem Kurfürsten in tiefer Verehrung vorzüglich sym- pathisiert, so mich die Kurfürstin am meisten anzieht; über nichts sprechen wir mit einander lieber. Noch vor kurzem habe ich die köstliche Urkunde über die Gründung des Waisenhauses zu Oranienburg mit wahrer Erbauung gelesen; und es ist, als ob ihr Gebet und Segen fortwährend auf dieser ihrer frommen Stiftung ruhete. Mich umgiebt ihr Geist, so oft ich in dem lieben Städtchen Oranienburg bin, das ihren teuren Namen trägt. Und nun vor allem die von ihr verfertigten köstlichen Lieder! Man hat gezweifelt, ob das Lied: „Gott, der Reichtum Deiner Güte", und das, welches mit den Worten anfängt: „Ein andrer stelle sein Vertrauen auf die Gewalt und Herrlichkeit" u. s. w. von ihr selbst herrühren. Aber gewiß ist sie die Ver= fasserin des Liedes: „Ich will von meiner Missethat zum Herren mich bekehren" u. s. w. und des vortrefflichen, allbekannten: „Jesus, meine Zuversicht und mein Heiland ist im Leben" u. s. w. Dies köstliche Lied namentlich hat in unserer Kirche und in allen christlichen Familien ein volles Bürgerrecht erhalten, und der segenvolle Einfluß desselben auf fromme Gemüter ist nicht zu berechnen. Es liegt in demselben eine belebende, wunderbare Kraft. Es hallt fort durch der Zeiten Räume und Wechsel von Jahrhundert zu Jahrhundert; so oft man es in der Kirche, an Sterbebetten, an Särgen und Gräbern hört, ist es immer wieder neu, in dem Troste und dem Frieden, den es in sich trägt und giebt. Welch ein Verdienst, ein solches Lied verfertigt zu haben, das Millionen Segen gebracht hat, täglich bringt, und ewig bringen wird! Nur einem kindlich gläubigen Herzen, wie dem ihrigen, konnte es so rein, wahr und an= sprechend entquillen!" — Wie die Kurfürstin, schätzte auch der Kur= fürst die poetischen Leistungen Paul Gerhards sehr hoch und infolge dieser wohlwollenden Anerkennung und der Fürbitte der Kurfürstin verfuhr er so gelinde und nachsichtig gegen ihn. Denn er hätte gern diesen vortrefflichen Dichter und Geist= lichen seiner Gemeinde erhalten. — Auch der dramatischen

Dichtung, die sich nach dem dreißigjährigen Kriege wieder zu regen anfing, gestattete er in seiner Residenz freien Spielraum und verlieh dem Schauspieler Hans von Stockfisch, der schon vor seinem Vater gespielt hatte, das Privilegium für Kölln und Berlin mit einer Schauspielertruppe dramatische Aufführungen zu veranstalten. Gelegentlich wurden auch bei Hoffesten und Feierlichkeiten sogenannte „Wirtschaften", bei welchen mythologische, historische und allegorische Personen Verse hersagten, Schäferspiele und ballettartige Dichtungen aufgeführt, z. B. ein von Professor Röling verfaßter Balletttext in 15 Aufzügen, den er zum Geburtstage des Kurfürsten 1669 dichtete. So hat der große Kurfürst durch Wohlwollen, Anerkennung und Auszeichnung die vorhandenen Talente gefördert und einer weiteren Entwickelung die Bahn geöffnet. — Einen größeren Einfluß aber haben seine Thaten, seine kühnen Bestrebungen und sein edler Charakter auf die gleichzeitigen Dichter ausgeübt und auch die Dichter der späteren Zeit zur poetischen Darstellung angeregt. Denn er gehörte zu den bedeutendsten und begabtesten Fürsten seiner Zeit und rief durch seine Siege bei Warschau und namentlich bei Fehrbellin allgemeine Bewunderung in Deutschland, ja in ganz Europa hervor. Cromwell und der Zar Fedor Alexiewitsch drückten ihm durch Gesandtschaften ihre Hochachtung aus und auch die Franzosen sprachen von ihm als dem Grand Electeur. In Deutschland aber war er, da er den Fremden, die so lange unser Vaterland gemißhandelt hatten, siegreich entgegentrat, nach jenem großen Unglück des dreißigjährigen Krieges der erste volkstümliche Held. Ein öffentlicher Aufruf von ihm und seine Siege weckten und hoben das nationale Bewußtsein. Wie deutsch er dachte und fühlte, mögen einige Worte aus jenem Weck= und Mahnruf beweisen: „Edler Deutscher, Dein Vaterland war leider bei den letzten Kriegen unter dem Vorwande der Religion und Freiheit jämmerlich zugerichtet. Wir haben unfer Blut, unfere Ehre und unfern Namen dahingegeben und nichts damit ausgerichtet, als daß wir uns zu Dienstknechten, fremde Nationen berühmt, uns des uralten hohen Namens fast verlustig, dagegen die= jenigen, die wir vorhin kaum kannten, damit herrlich gemacht haben. Was find Rhein, Weser, Elbe, Oberstrom nunmehr anderes, als fremder Nation Gefangene. So denke jeder, was er für die Ehre des deutschen Namens zu thun habe, um sich gegen fein eignes Blut und gegen fein vor allen Nationen diefer Welt berühmtes Vaterland nicht zu vergreifen. Abieu! Gedenke, daß Du ein Deutscher bist!" — In Norddeutschland befonders war er als Schirmherr der beiden protestantischen Konfessionen und als edelmütiger Beschützer der Hugenotten an die Stelle des Schwedenkönigs Gustav Adolf getreten, hatte sich alle Herzen gewonnen und viele zum Gesange begeistert. In der poetischen Darstellung der Thaten und der Persönlichkeit des großen Kurfürsten können wir drei Perioden unterscheiden. Die erste umfaßt die Gelegenheitsdichtungen der mannigfaltigsten Art und beginnt etwa mit feinem Regierungsantritt und endet mit feinem Tode. Die zweite ist die Zeit der volkstümlichen Sagenbildung und reicht von feinem Tode bis zu Friedrich dem Großen. In der dritten, die sich von diesem Könige bis auf unfere Tage erstreckt, find die schönsten und wertvollsten Dichtungen entstanden, die auf gründlichen historischen Studien beruhen und nach höheren ästhetischen Grundfätzen entworfen und ausgeführt find. — Die Gelegenheitsdichtungen find vor= zugsweise lyrisch, nur felten dramatisch, wie die holländische Dichtung von Clefmann, und haben auf die verschiedensten Momente in feinem Leben Bezug. Ein großer Teil find Glück= wunschgedichte zu feinen Geburtstagen, andere beziehen sich auf feine Vermählungen, die Geburt feiner Kinder, den Tod feiner ersten Gattin und mehrerer Prinzen, andere wurden ihm bei der Huldigung in Königsberg und Magdeburg, ferner auf seinen Reisen zur Begrüßung und Verabschiedung überreicht; andere sind Sieges- und Einzugslieder, wieder andere Bittgesuche und Dankgedichte für Auszeichnungen und Gehaltserhöhungen; endlich kommen dazu noch die Totenklagen. Besonders hervorhebenswert sind die Embleme mit poetischen Unterschriften. Der große Kurfürst liebte es bekanntlich, hervorragende Ereignisse in seinem Leben in Medaillen darstellen zu lassen und im Hohenzollern-Museum giebt es noch eine ziemlich große Sammlung derselben, die sich meist durch künstlerische Vollendung auszeichnen. Dem entsprechend sind von einigen Dichtern zu Emblemen, die medaillonartig ausgeführt sind, Unterschriften verfaßt worden. Ich erwähne die sinnigen Embleme und Devisen von dem hinterpommerschen Arzte Krüger und außerdem französische, welche wahrscheinlich von einem Hugenotten herrühren. Der erstere hat zu jedem Buchstaben des Namens des großen Kurfürsten „Friedericus Wilhelmus" ein Medaillon entworfen, dessen Bild die Gestalt des Buchstaben hat, und ein dem ersteren entsprechendes Reimpaar hinzugefügt. Es ist eine sinnige, fein durchgeführte Arbeit. Mit einem recht tief empfundenen Gedichte übersandte er sie dem Kurfürsten zum Neujahr 1686. Die zweite Arbeit veranschaulicht Charakterzüge und bedeutende Momente aus dem Leben des Kurfürsten in Medaillons, in denen der Adler als Sinnbild des Kurfürsten mit Vorliebe angewendet ist, und erläutert sie durch geistreiche poetische Devisen. Es ist eine feine, recht beachtenswerte Arbeit. — Die Gelegenheitsdichtungen sind in deutscher und lateinischer, zuweilen in französischer und holländischer und einmal in italienischer Sprache abgefaßt. Die lateinischen zeigen oft eine recht gewandte Versifikation meist in Hexametern und Distichen, zuweilen in jambischen Versen, selten in Odenform. Vereinzelt findet sich auch ein Gedicht in gereimten lateinischen Versen. Was ihren ästhetischen Wert anlangt, so sind sie meistens für unseren Geschmack ungenießbar, oft außerordentlich breit, mit mythologischen und historischen Reminiszenzen ausgeputzt, schwülstig und unbeholfen. Man darf aber nicht vergessen, wie sehr überhaupt die ästhetische Kultur damals zurückgegangen war. Doch zeigt sich auch hier ein Fortschritt, wenn man das Begrüßungsgedicht eines Peucker mit dem frischen, lebendigen, von frohem Jubel erfüllten Liede des Heinrich Hoffmann von Greiffenpfeil auf den Sieg über die Schweden und mit den sinnigen, tief empfundenen Dichtungen Simon Dachs und den wohlgefeilten Versen eines Besser und Kanitz vergleicht.

Wie allbeliebt der Kurfürst schon damals geworden, beweist der Umstand, daß auch die Volksdichtung ihn als Helden und Sieger feierte und daß sich frühzeitig die Sage seiner Gestalt bemächtigte und manches in seinem Leben vollständig umdichtete. In dem Theatrum Mundi (hist. Volkslieder v. Ditfurth S. 29) rühmt sich Preußen seiner Selbständigkeit und vorteilhaften Stellung. In einem frischen, lebendigen Liede ist der Sieg bei Fehrbellin besungen. Es lautet (S. 46):

Schlacht bei Fehrbellin.

In der Melodey: „Diana den Jäger erfreuet In Feldern und Wäldern allzeit."

He lustig, es krachen Kartaunen,
Des Martis sein Mahlzeit beginnt!
Wir wollen nicht länger mehr saumen.
Marschieren herzu geschwind.
Soldaten sind herzhaft zum Streite,
Sind allezeit lustig im Feld;
Da giebt es rechtschaffene Beute,
· Wenn man den Sieg erhält.

Hör' Schwede, laß Dir was sagen:
Wir wollen bei Fehrbellin

Dir jetzo an Deinen Kragen,
Sollst Du ganz blutig entfliehn.
Dein Sengen, Brennen und Morden,
Dein Rauben, Plündern im Land
Als wie die Türkenhorden,
Das macht Dir ew'ge Schand'.

Frisch auf, ihr Kameraden!
Unser Kurfürst, der reitet vorauf,
Er muntert uns tapfre Soldaten
Zu einem Siegeslauf.
Ihr Räuber, ihr thätet wohl hoffen,
Ihr schösset ihn tot mit dem Blei:
Ist aber falsch abgeloffen,
Er reitet dort offen und frei.

Itzt laufen wir euch die Köpfe
Mit Kolben, wie's Narren gebührt,
Zerschmeißen euch Mäuler und Kröpfe,
Daß euch vergolten wird.
Ihr müsset ja rennen und laufen
Im Dreck durch dick und durch dünn,
Dürft nicht einmal verschnaufen
Von hier bis nach Demin.

Itzt haben wir wieder gewonnen,
Was eure Räubershand,
Mit Stehlen und Plündern genommen
Allhier im Brandenburger Land.
Der Kurfürst von Brandenburg soll leben!
Er ist ein tapfrer Held,
Thut seine Feinde erlegen,
Steht allezeit wohl im Feld. —

Auch die Einnahme Stettins ist und zwar in dialogischer Form besungen worden (S. 53):

Capitulatio Stetini.

Nach der Melodey: „Amarillis, sage mir, Warum willst du dich nicht geben?"

Kurfürst.

Sage mir nur, mein Stettin,
Warum willst du dich nicht geben?
Stehet doch nach dir mein Sinn,
Daß ich nicht ohn' dich kann leben.

Stettin.

Schweiget nur davon ganz still!
Ich bin eine Jungfrau reine,
Die sich nicht so geben will,
Weil ich's treu mit Carol meine.

Denket Ihr, der werde mich,
Da ich ihn so sehr geliebet,
Jetzo lassen in dem Stich,
Daß er mir den Abschied giebet?

Kurfürst.

Ei, Carolus ist zu schwach,
Kann dir itzo nichts mehr nützen!
Ob schon seufzest Weh und Ach,
Er wird dich doch lassen sitzen.

Schau, wie deine Häuser all,
Deine Türme, Kirchen, Straßen,
Seynd gekommen schon zu Fall,
Vor der Stücken schrecklich Rasen.

Deiner Kinder viel auch tot,
Liegen da in Blut erschlagen,
Und darzu Pest, Hungersnot,
Kannst du dich zu halten wagen?

Stettin.
Ach, was frag' ich diesen nach?
Kann gleichwolen noch bestehen;
Schauet, daß Ihr selbst nicht schwach
Aus dem Spiele müsset gehen!

Eilet wiederum nach Haus,
Denn Carolus kommt gegangen;
Der wird Euch, statt Liebesschmaus
Mit dem scharfen Schwert empfangen.

Kurfürst.
Still, mein allerliebster Schatz!
Darmit bist du arg betrogen,
Wenn du hoffest auf Entsatz,
Dieses eitel ist erlogen.

Denn Carolus, mein Stettin,
Kann sich nicht zu Felde wagen,
Weil ich ihn bei Fehrbellin
Also hab' auf's Haupt geschlagen.

Aber mir zur Seite ist
Christianus noch gekommen;
Wenn du nun nicht willig bist,
Wirst Du gleich mit Sturm genommen.

Drum stell dein Besinnen ein,
Komm in meine Liebesarme!
Heute giebt's noch Hochzeitsreihn,
Morgen find'st du kein Erbarmen.

Stettin.

Wie! Ist Carol ungetreu,
Hat mich also schwach verlassen?
Da bin ich auch von ihm frei,
Und darf gehen meiner Straßen.

Weil denn falsch nun ist sein Sinn,
Will ich von ihm ab mich kehren,
Euch als Schatz mich geben hin,
Und hinfüro angehören.

Kurfürstliche Artollerie.

Spielet auf, Konstabler all,
Mit die groß und kleinen Stücken,
Gebet einen Freudenschall
Dieser Jungfrau vor ihr Glücke! —

Auch in dem zweiten Theatrum Mundi (S. 58) tritt der
Kurfürst auf; er ergreift zu Gunsten des Oraniers das
Schwert, spricht aber später seinen Unwillen aus, daß ihn alles
im Stiche läßt.

O der Schmach und ew'gen Schande,
Daß mich alles so verläßt,
Und ich geben soll die Lande,
Die ich tapfer hielte fest.
Wenn nur Holland fest geblieben,
Hätt's dem falschen Ludewig
Zeigen wollen, was getrieben,
Statt, daß nun verlier den Stich.

Hoffe, daß der Tag werd' kommen,
Da ich lehre dem Franzos,
Wie sein Trutz in Kur genommen,
Und mein Schwert geh' auf ihn los.

Jetzo muß der Stärke weichen,
Und mich fügen ins Geschick;
Aber trügen nicht all Zeichen,
Kehrt einst größer her das Glück.

In der „Sulbans Krankheit" (S. 117) erscheint unter anbern der Kurbranbenburgische Medicus und verordnet folgende Medizin:

Ein Arcanum hab bei Handen
Von Granaten, Pulver, Blei,
So ich bracht aus meinen Landen,
Weiß, daß es burchtringend sey;
Das purgiert, Wie probiert,
Daß kein Glied davon steht frei.

Enblich wird in einem Volkslied auf die Eroberung Ofens (S. 138) auch die Tapferkeit der Brandenburger hervorgehoben:

Kurbranbenburg thät auch wacker brein zechen,
Und stellte bei biesem Spiel reblich sich ein;
Mit Trumpfen und Püffen ließ tapfer braufstechen,
Der Stockfisch muß g'schlagen und klopfet wohl seyn;
Beherzte Solbaten, heroische Sachsen,
Die bleiben nit hinten, seynd jedem gewachsen.

Was die Sagenbilbung betrifft, so sind die Beziehungen des Kurfürsten zu Ludovika Hollanbine in derselben vollständig umgestaltet; denn ber Kurprinz erscheint hier als ein Knabe, der einem Räuber die geraubte Ludovika mutig abringt und ihn selbst gefangen nimmt. Ebenso ist, wie wir bereits sahen, das Verhältnis des Kurfürsten zu Paul Gerhard ganz verändert. Mehrere Sagen beziehen sich ferner auf den Sieg bei Fehrbellin. Vor bemselben erscheint ihm, zuerst in Kindesgestalt in der Wiege, ein Engel, der ihm den Sieg verheißt; in der Schlacht tauscht Froben mit ihm das Roß und stirbt für ihn den Opfertod eines treuen Unterthanen; nach der Schlacht bedroht der Kurfürst den Prinzen von Homburg wegen seines Ungehorsams mit dem Tode, während nach der geschichtlichen Überlieferung die Verstimmung zwischen beiden wegen des Kriegslohns und der Beute entstand. Die Sage vom zersprungenen Würfel*) erinnert an das alte Volkslied von der Maid, die zwei Buhlen hat, und ihr trauriges Ende. Auch an sein Standbild knüpfen sich Sagen: Schlüter, der es geschaffen, soll sich wegen eines kleinen Fehlers, des fehlenden Hufeisens am rechten Vorderfuße, in die Spree gestürzt haben. Das Kind von Fehrbellin erscheint oft auf dem Rosse sitzend. In der Neujahrsnacht dreht sich der Kurfürst auf dem Postamente um und reitet durch die Stadt. Unter dem Sockel sind große Schätze verborgen, die man aber nur, wenn Preußen in die größte Not gerät, angreifen darf. —

Durch diese Sagen lebte der große Kurfürst in dem Gedächtnis des Volkes fort, aber auch in der Litteratur wurde er nicht vergessen, wenn er auch zunächst ein wenig hinter seinen Nachfolgern, besonders Friedrich dem Großen, zurücktrat. Aber gerade der letztere war es, der sein Gedächtnis wieder erneuerte und seine Bedeutung nicht bloß in jener denkwürdigen Szene am Sarge seines Ahnherrn hervorhob, sondern auch in seiner „Kunst des Krieges" seinen Ruhm verkündete, und ihn als sein Vorbild hinstellte. Hundert Jahre nach der Schlacht bei Fehrbellin fing man an diese bedeutende That zu dramatisieren. 1775 gab Blum sein „befreites Rathenau" heraus, welches manche gute Stellen und schöne Züge enthält; dagegen ist die Dichtung von Rambach, „der große Kurfürst vor Rathenau" 1795, ohne Wert. Diese dramatischen Bearbeitungen im acht=

---

*) Ein solcher Würfel befindet sich im Hohenzollern-Museum.

zehnten Jahrhundert sind nur schwache Versuche. Erst in unserem Jahrhundert glückte die Dramatisierung und die bedeutendsten Momente in seinem Leben wurden in einer Reihe meist schöner und geschmackvoller Schauspiele dargestellt. 1821 erschien (im Druck) „Der Prinz von Homburg" von H. von Kleist; 1848 „Der Feldmarschall Derfflinger" von einem Unbekannten; 1850 „Die tartarische Gesandtschaft" von Franz Kugler; 1857 „Der große Kurfürst" von H. Köster; umgearbeitet 1864; 1869 „Der große Kurfürst und der Schöppenmeister" von E. Wichert; 1876 „Der Kurprinz" von H. Herrig; 1877 „Das Testament des großen Kurfürsten" von Gustav zu Putlitz. 1885 „Das Fest-spiel" des Theod. Fontane; 1888 „Die Brandenburg" von H. v. Festenberg-Packisch. — Auch in der Romandichtung sind das Leben und die Thaten des großen Kurfürsten wiederholentlich dargestellt worden. So viel mir bekannt, ist der erste Versuch, „Der Kurfürst und der Schöppenmeister", 1852 von M. Ring veröffentlicht worden, der auch den Roman „Die Schützlinge des großen Kurfürsten" herausgab. 1856 erschien „Dorothe" von Alexis; 1864—65 der elfbändige Roman der Mühlbach, ein seltsames Gemengsel von historischen Notizen und Anekdoten, greulichem Klatsch und widriger Phantasterei; nur wenige Partieen sind darin einigermaßen ansprechend und lesbar. 1871 veröffent-lichte L. Schneider den „bösen Blick", 1885 A. Hobrecht den Roman „Fritz Kannacher", G. Hiltl „Wetterwolken", 1886/87 E. Wichert den „Großen Kurfürsten in Preußen", und um dieselbe Zeit Horn den „Mohren von Berlin". — Außerdem erschienen etwa seit dem Anfange unseres Jahrhunderts eine große Anzahl von balladen-artigen Dichtungen und Erzählungen von Üchtritz, Blomberg, Gruppe, Hesekiel, Wichert, Wagner, Lüttringhaus, Curtius, Serenius, Lehmann u. a. Noch besonders erwähnenswert sind die Jugendschriften: „Der große Kurfürst" von Nitschmann, „Der alte Derfflinger und seine Dragoner" und „Der große

Kurfürst" von Hiltl. — Im ganzen beläuft sich die Gesamtzahl
der auf den großen Kurfürsten bezüglichen Dichtungen, so viel
ich ermitteln konnte, auf etwa 370 von ungefähr 135 Dichtern
und Dichterinnen. Ich habe sie in der folgenden Übersicht
nach dem biographisch=chronologischen Prinzip geordnet.

Übersicht.

(L U. R. = Königliche Universitätsbibliothek zu Königsberg. R. B. B. = Königliche Bibliothek zu Berlin. H. Z. M. = Hohenzollern-Museum.)

I. Periode: Jugendzeit 1620—1647.

In Kriegszeiten. Von Paul Gerhard.

Wehruf. Von Ortlepp.

Brandenburgs Not. Von F. v. Üchtritz.

1633. Prophezeihung und Gelübde. Von Wilh. Martin.

In des Lebens Mai. Kinderszenen aus der Geschichte
der Hohenzollern. Bild II: Das Seegefecht. Von
Johanna Balz.

1634—40. Der junge Kurfürst. Roman von Luise Mühlbach.

1638. Der Kurprinz, Drama. Von H. Herrig.

Die Flucht des Kurprinzen. Von Blomberg u. v. Hesekiel.

Der böse Blick oder die Oucixe in den Jahren 1538,
1638, 1738, 1838, hist. Roman in vier Abteilungen.
Zweite Abteilung: Vor 200 Jahren. Von
L. Schneider.

Zwei lateinische Disticha auf einem Medaillon aus dem
Jahre 1638. Vergl. Leben und Thaten Friedrich
Wilhelms des großen Kurfürsten. Von G. Dan.
Seyler. Danzig 1730. S. 7. H. Z. M.

Lateinisches Begrüßungsgedicht. Von Simon Dach. K. U. K. Pb. 13.

Deutsches Begrüßungsgedicht bei der Ankunft des Kurfürsten Georg Wilhelm und des Kurprinzen. Von
S. Dach.

1641. Die Huldigung in Warschau. Von Wilh. Martin.

Acht lateinische Bewillkommnungsgedichte bei der Ankunft
in Königsberg. K. U. K. S. 104. Vgl. auch Seyler
S. 13.

Deutsches Einzugslied, zwei Sonette, ein Lied beim
Aktus in der Universität. Von S. Dach.

Holdowna Klio. Von Krzysztoph Kaldenbach.
K. U. K. S. 104.

Ein lateinisches Begrüßungsgedicht. Von Sophianna
Korbiniani, ebenda.

Vier deutsche Gedichte im Anschluß an latein. Reden, ebenda.

Schwarzenberg. Von F. O. Gruppe.

Einladung des Herrn Obersten v. B. an seinen Herrn
Bruder. Von F. O. Gruppe.

Hie Brandenburg! Von H. v. Festenberg=Packisch.

1643. Glückwunschgedichte am 8. Januar: ein deutsches von
S. Dach; zwei lat. Distichen von Joh. Behm;
drei lat. Distichen von Mich. Behmius; deutsches
Gedicht von Joach. Sigism. v. Bock; acht lat.
Distichen von Albert Otto Faber; ein deutsches von
Abraham Faber. K. U. K. S. 104.

Geleitsgedicht, als der Kurfürst nach der Mark zurück-
reiste. Von S. Dach.

Sehnliche Klage des Herzogtum über obhandener Abreise
Sr. Durchl. Von S. Dach.

Unterthänigste Glückwünschung beim oratorischen Akt,
gesungen v. S. Dach.

Gedicht auf ben 16. und 18. Februar 1643, um welche Zeit S. Kurf. Durchl. an den Grenzen der Mark angelanget. Von Friedr. Manhart. K. B. B.

1644. Nachtruppe auf die Glückwünschungen, so gleich jetzo vor einem Jahre von treuen Unterthanen überreicht worden. Von Friedr. Manhart. Berlin bei Georg Runges Erben. 7 Geb.

Auf Sr. Kurf. Durchl. hochheiliges Symbolum. Von S. Dach.

Herzliches Gebetlied um ferneren Aufwuchs des Kurf. Hauses. Von S. Dach.

Aeternae memoriae seculi primi a Borussorum academia feliciter peracti. Von Joh. Sandius.

1645. Begrüßungsgedicht bei der Ankunft des Kurfürsten. 13 Hornung. Von S. Dach.

1646. Zwei Geburtstagslieder. Von S. Dach.

Schuldigste Seufzer und Wünsche bei der Abreise. Von S. Dach.

1647. Lateinisches Geburtstagsgedicht. Von Stephanus Müller. K. U. K. Oe. 14.

Ode gratulatoria. Von Val. Thilo. K. U. K. Oe. 14.

II. Periode: Von der Vermählung mit Luise Henriette bis zu ihrem Tode.

1647. Christliches Lied zur Vermählung und ein Sonett. Von S. Dach.

Der große Kurfürst und sein Volk. Roman von Luise Mühlbach.

1648. In myrobalanum Brandeburgicam des V. Thilo, ein lat. Gedicht von Christ. Tinctorius. K. B. B. St. 5880.

1648. Auf die Geburt des ersten Kindes; ein deutsches und zwei lat. Gedichte. Von S. Dach.

Lateinisches Glückwunschgedicht. Von Steph. Müller. K. U. K. Oe. 14.

Epigrammata latina et Gallica (6 Ged.). Von Ezech. Spanhem. K. B. B. St. 5880.

Lied auf die Verkündigung des Friedens. Von Paul Gerhard.

1649. Lat. Geburtstagsgedicht. Von S. Dach. K. U. K. Oe. 14.

1649. Ein lat. und ein deutsches Trauergedicht auf den Tod des Prinzen. Von S. Dach.

Eine holländische und eine lateinische Grabschrift. Von M. van Boxhorn. K. B. B. St. 5880.

Drei lateinische Epigrammata auf den Tod des Prinzen v. Rotgerus von Bergen, vgl. Seyler S. 27.

In mortem filii primogeniti v. A. Thysius. K. B. B. St. 5880.

1650. Bewillkommungsgedicht bei der Ankunft des Kurf. Paares in Berlin. Von Niklas Peucker.

1. Luise Henriette. Von F. O. Gruppe.

2. Kurfürst und Kurfürstin. Von W. Martin.

Die Tulpenzwiebeln. Von W. Martin.

1652. Deutsches Geburtstagsgedicht. Von S. Dach.

1653. Deutsches Geburtstagsgedicht. Von S. Dach.

Lat. Geburtstagsgedicht. Von Bal. Thilo. K. U. K. Oe 14.

1654. Deutsches Geburtstagsgedicht. Von S. Dach.

Lat. Geburtstagsgedicht. Von Bal. Thilo. K. U. K. Oe 14.

1655. Deutsches Geburtstagsgedicht. Von S. Dach.

Unterthänigste Glücksvermutung bei der Taufe Karl Ämils und 3 Sonette. Von S. Dach.

Begrüßungsgedicht bei der Ankunft in Preußen. Von S. Dach.

Unterthänigste Pflicht u. f. w., Huldigungsgedicht für Luise Henriette. Von S. Dach.

1656. Deutsches Geburtstagsgedicht. Von S. Dach.

Theatrum mundi: Ditfurth, hist. Volkslied S. 29.

Die Schlacht bei Warschau: 1) Von Georg Hesekiel. 2) Von O. F. Gruppe. 3) Der große Kurfürst. Von E. Wichert.

1657. Deutsches Geburtstagsgedicht. Von S. Dach.

„Liebreiches Schreiben" an Karl Ämil und Luise Henriette. Von S. Dach.

Zwei Glückwunschgedichte auf die Geburt und Taufe des Prinzen Friedrich. Von S. Dach.

Ein lateinisches. Von Bädecker.

Gedicht, mit welchem Fr. Abersbachin in ihrem Garten den Kurfürsten anredet. Von S. Dach.

Drei Abschiedslieder an den Kurfürsten, die Kurfürstin, die Prinzen bei der Abreise. Von S. Dach.

1658. Deutsches Geburtstagsgedicht, an den Kurfürsten und Karl Ämil gerichtet. Von S. Dach.

Gedicht zur erstjährigen Geburtsfeier des Prinzen Friedrich. Von S. Dach.

Unterthänigste Flehschriften an Sr. Durchlaucht um einigen Unterhalt in meinem schwachen und unvermögenden Alter. Von S. Dach.

1660. Lat. Gedicht auf den Frieden von Oliva. Von Brandt.

Der große Kurfürst und der Schöppenmeister, hist. Roman. Von M. Ring.

Der große Kurfürst und der Schöppenmeister, historisches Schauspiel. Von E. Wichert.

Der große Kurfürst in Preußen, hist. Roman. Von E. Wichert.

Fritz Kannacher, hist. Roman. Von Arthur Hobrecht.

1681. Auf die Aufstellung der Bücher im Schlosse. Von F. O. Gruppe.

1662. Deutsches Geburtstagsgedicht. Von Röling, mit Musik von Sebastiani. K. U. K. Oe. 14.

Prosphonema. Von Röling.

Lat. Geburtstagsgedicht. Von Val. Leitzmann, K. B. B. St. 5880.

Lat. Gedichte. Von Bibermann, Ölven und Woseginius.

Deutsche Gedichte. Von Riesen und Fr. Schermann. K. B. B. St. 5880.

Begrüßungsgedicht beim Einzug in Preußen. Von Röling, mit Musik von Sebastiani. K. U. K. S. 44.

1663. Geburtstagsgedicht. Von Röling. K. B. B. St. 5886.

Glückwunschgedicht bei der Huldigung. Von Hagemann. K. U. K. S. 24.

Ein Herzenswunsch auf glückliche Reise. Von Hagemann. Ebenda.

1664. Glückwunschgedicht zum Geburtstag. Von Röling.

Glückwunschgedicht zur Geburt der Prinzessin Amalia und des Prinzen Heinrich. Von Röling.

1666. Holländische Verse auf Medaillons, von dem berühmten Medailleur Müller angefertigt. Seyler S. 75.

Zwei deutsche Geburtstagsgedichte. K. U. K. Oe. 14.

Zwei deutsche Gedichte. Von Sahmius. K. B. B. St. 5890.

Palma Electoralis Brandenburgica. Von Joh. Raue. K. B. B. St. 5886.

Mensa et conclave instructa Natalibus Dom. Frid. Guil. Von demselben, ebenda.

Paul Gerhard. Von Schmidt v. Lübeck.

Singvögel. Von Wilh. Martin.

Der Würfel des großen Kurfürsten. Von W. Martin.

Glückwunschgedicht zur Geburt des Prinzen Ludwig. Von Röling.

1667. Geburtstagsgedicht. Von Prof. Wolber. K. U. K. S. 14.

Unterthänigstes Dankopfer für die Unterstützung der Studierenden der Universität Königsberg.

Herzempfindliche Klag= und Trostschrift an den Kurfürsten wegen des Todes der Kurfürstin Luise Henriette, aufgesetzet von der Akademie zu Königsberg. K. U. K. S. 44.

Zwei Klagelieder. Von Röling, mit Musik von Sebastiani. K. U. K. Oe. 14.

Herzliche Klagelieder. Von Konrad Wiggart, 25 kleinere Gedichte an den Kurfürsten und die Prinzen gerichtet. K. B. B. St. 5890.

Der Kurfürst vor Luise Henriettens Bilde. Von Wilh. Martin.

III. Periode: Von des Kurfürsten Vermählung mit Dorothea von Holstein bis zu seinem Tode. 1668—1688.

Der große Kurfürst und seine Kinder. Roman von Luise Mühlbach.

1668. Geburtstagsgedicht. Von Röling. K. B. B. St. 5890.

24. Juni. Glückwunschgedicht zur Vermählung mit Dorothea. Von Röling, mit Musik von Sebastiani.

Gedicht zur Begrüßung beim Einzuge des Kurfürstlichen Paares in Königsberg. Von Röling.

Bewillkommnungsgedicht. Von Hagemann. K. U. K. S. 24.

Littauische Freudenpforte. Von Ernst Ditzeln. K. B. B. St. 5890.

1669. Neujahrswunsch. Von Hagenmann. K. U. K. S. 24, bestehend aus 7 St.

Geburtstagsgedicht. Von Wolber. K. U. K. S. 24.

Lat. Geburtstagsgedicht. Von Joh. Hertel. K. B. B. St. 5890.

Deutsches Geburtstagsgedicht. Von Röling.

Ein Ballet in 15 Aufzügen. Von Röling.

Herzlicher Reisewunsch. Von Hagemann. K. U. K. S. 24.

Die Tafel im Flußbett. Von F. O. Gruppe.

1670. Geburtstagsgedicht. Von Röling.

Glückwunsch zur Geburt der Prinzessin Maria Amilia. Von Röling. K. U. K. Oe. 14, ebenso von Klein. K. U. K. S. 24.

1671. Geburtstagsgedichte. Von Hagemann. K. U. K. S. 24 und von Röling. S. 44.

Niklas Peuckers allerunthänigstes Supplikatum um eine wilde Sau.

Ein darauf bezügliches Sonett von Jakob Klein.

1672. Glückwunschgedicht, als die Kurfürstin eines Prinzen genesen. Von Hagemann. K. U. K. St. 24.

1673. Zehn lat. Glückwunschgedichte zur Geburt des Prinzen Philipp. Von Johann Georg v. Götzen, Ernst v. Wallenrodt, Sigismund v. Wallenrodt, Georg Friedr. v. Kalnein, Otto Friedr. v. Osten, Friedr. Wilh. v. Olschnitz, Christ. Friedr. v. Polentz, Christ. Heinr. Fink v. Finkenstein, Casim. Stanisl. v. Königseeg, Andreas v. Leßgewang. K. U. K. Od. 591.

1674. Geburtstagsgedicht. Von Röling. K. U. K. S. 44.

Glückwunsch zur Geburt einer Prinzessin. Von Röling.
K. U. K. S. 44.

Edle Rache. Von J. D. Lüttringhaus und von Hesekiel.

1675. Lat. Gedicht auf den Tod des Prinzen Karl Ämil.
Von Ephr. Jonath. Raumer. K. B. B. St. 5886.

Glückwunschgedicht zur Geburt der Prinzessin Theodora.
Von Röling. K. U. K. S. 44.

Der Einfall der Schweden. Zwei Ged. Von G. Hesekiel.

Der Engel von Fehrbellin. Von W. Martin.

Die Schlacht von Fehrbellin. Ditfurth, hist. Volkslied.
S. 46.

  1) Fehrbellin. Von J. Minding.

  2) Der große Kurfürst. Von Julius Curtius.

  3) Emanuel Froben. Von F. O. Gruppe.

  4) Der große Kurfürst. Von Wagner.

  5) Vom Rhein zum Rhin. Von A. Serenius.

Der große Kurfürst, historisches Schauspiel. Von H. Köster.

Der Prinz von Homburg. Von H. v. Kleist.

Feldmarschall Derfflinger, ein soldatisches National=
Lustspiel. Von einem Unbekannten.

Einzugslied (28. Nov. 1675). Von Heinr. Hoffmann
v. Greiffenpfeil. K. B. B. St. 5890.

1676. Neujahrsgedicht. Von Röling. K. U. K. S. 44, und
von demselben zum Geburtstag der Kurfürstin.

Geburtstagsgedicht. Von Hagemann. K. U. K. S. 24.

Zwei lateinische Geburtstagsgedichte. Von den Brüdern
v. Brebelow. K. B. B. St. 5886.

1677. Glückwunsch zur Geburt des Prinzen Christ. Ludwig.
Von Röling. K. U. K. S. 44.

Capitulatio Stettini. Ditfurth, hist. Volkslied, S. 53.

Die Eroberung Stettins. Von Wilh. Martin.

Glückwunschgedicht auf die Eroberung v. Stettin. Von
 Reinh. Werner. K. U. K. Od. 591.

Einzugslied. Von Konrad Schloßhauer. H. Z. M. C. 57.

1678. Geburtstagsgedicht. Von Röling. K. U. K. S. 44.

    1) Einnahme von Stralsund. Von F. O. Gruppe.

    2) Der Sieg von Stralsund. Von J. Priem.

    3) Sonett auf den Grafen von Königsmark. Von
     Jakob Klein. K. U. K. S. 24.

Statua triumphalis. Von Balth. Mulner. K. B. B.
 St. 5890.

Ein latein. und ein deutsches Gedicht (Triumph=Säule).
 Von Röling. K. B. B. St. 5890.

1679. Bewillkommnungsgedicht bei der Ankunft in Königsberg.
 Von Röling. K. U. K. S. 44.

Geburtstagsgedicht. Von Röling. K. U. K. S. 44.

Antwunsch hochbeglückter Reise. Von Röling. K. U. K.
 S. 44.

Die große Schlittenfahrt. Von F. O. Gruppe.

Der große Kurfürst verfolgt die Schweden über das
 kurische Haff. Von E. Wichert.

Henning v. Treffenfeld. Von G. Hesekiel.

Vivat und wiederholter Glückszuruf, als der Kurfürst
 die Schweden aus dem Lande gejagt hatte. Von
 Hagemann. K. U. K. S. 24.

Lat. Verse auf einem Medaillon. Seyler, S. 177.

Theatrum mundi. Ditfurth, hist. Volkslied, S. 59
 und 63.

Der Friede von St. Germain.

    1) Von F. O. Gruppe.

    2) Von W. Martin.

Dorothe, hist. Roman. Von Willibald Alexis.

Das Lied vom Feldmarschall Derfflinger. 1) Von Sallet,

2) von Jof. Lehmann, 3) von einem Unbekannten.
(Vgl. vom Fels zum Meer, v. Remy, S. 76.)

1680. 1) Unfer erster Seefieg. Von G. Hefetiel. 2) Der große
Kurfürft zur See. Von F. O. Gruppe.

Wie der große Kurfürft zur See mächtig war. Von
G. Hefetiel.

„Friedensfreude" von den fämtlichen Studierenden der
Univerfität Frankfurt. K. U. K. Oe. 23.

1681. Glückfeligkeit der Brandenburgifchen Unterthanen bei der
Magdeburgifchen Erbhuldigung. Von Beffer.

Lat. Glückwunfch. Von Aug. Kirchhoff. K. B. B.
St. 5890.

L'oriente dal l'occidente, italienifches Huldigungs=
gedicht, nach einer lat. προςφώνησις. Von Frederico
Galeno. K. B. B. St. 5886.

Der Mohr von Berlin, hift. Roman. Von G. Horn.

Der Bauer und der Mohr. Von F. O. Gruppe.

Die Tartarengefandtfchaft. Von Wilh. Martin.

Die tartarifche Gefandtfchaft, hift. Drama. Von Kugler.

1682. Geburtstagsgedicht. Von Conr. Vogt. K B. B.
St. 5886.

1683. Geburtstagsgedicht. Von Heinr. von der Lith. K. B. B.
St. 5890.

Aufruf Kaifer Leopolds gegen die Türken. Ditfurth,
hift. Volkslied, S. 83.

1684. Der Brandenburgifche Glücks=Löwe, Geburtstagsgedicht.
Von Beffer. K. B. B. St. 5886.

Geburtstagsgedichte. Von Joh. Kreuter und Conr. Vogt.
K. B. B. St. 5890.

„Unterthänigftes Dankopfer" für die Zulage zum beffern
Unterhalt der Prof. zu Frankfurt. K. B. B.
St. 5890.

Sulbans Krankheit. Ditfurth, hist. Volkslied. S. 117.

1685. Geburtstagsgedicht. Von Besser.

Verthoninge en Afbeldsel van een Scheeps-Vloot. Von J. Clefmann. K. B. B. St. 5894.

Erstlinge des Dankopfers, dargebracht zum Namenstage von der neuerbauten Haupt= und Residenzstadt Friedrichs=Werder. K. B. B. St. 5886.

Panegyris, Begrüßungsgedicht bei der Ankunft in Wesel. Von Joh. Nic. Sellius. K. B. B. St. 5890.

Der Hort der Hugenotten. Von Wilh. Martin.

Die Schützlinge des großen Kurfürsten, hist. Roman. Von M. Ring.

Devises et emblemes. K. B. B. St. 5896. 11 St.

Wetterwolken, Roman. Von Georg Hiltl.

1686. Neujahrswunsch. Von Daniel Krüger. K. U. K. carm. varii generis, Vol. 4. S. 3, IV.

Zwei Geburtstagsgedichte. Von Jakob Klein und Conr. Vogt. K. B. B. St. 5894.

Ein Gedicht. Von Christoph Becherer. K. B. B. St. 5886.

Glückwunschgedicht zum Namenstage der Kurfürstin Dorothea. Von H. Schweling. K. B. B. St. 5886.

Bewillkommnungswunsch und Valet=Opfer bei der Durch= reise durch Wesel. Von Andreas Lupplus. K. B. B. St. 5890.

An Sr. Kurf. Durchl. Fr. Wilh. über ihre 1686 unter Schöning nach Ungarn geschickten Hülfsvölker. Von Besser.

Als Kurprinz Friedrich seinem Vater einen kostbaren Stab verehrte. Von Besser.

Ein Lobgedicht auf die Expedition der Brandenburgischen Truppen wider die Ungläubigen und Türken, von ben Stubierenben ber Univerſität Frankfurt. K. U. K. Oe. 23.

Die Branbenburger im Türkenkriege. Von F. O. Gruppe. Ehrengebicht auf bie Königliche Hauptſtabt Ofen. Ottfurth, hiſt. Volkslieb. S. 138.

1687. Geburtstagsgebicht von ben Stubierenben ber Univerſität Frankfurt. K. U. K. Oe. 23.

Denkmal. Von Joach. Chriſtian Berchelmann. K. B. B. St. 5894.

Geburtstagsgebicht. Von Jakob Klein. K. B. B. St. 5894.

Begrüßungsgebicht, von ben Stubenten ber Univerſität Frankfurt. K. B. B. St. 5880.

Unterthänigſtes Dankopfer für bie ber Univerſität Frank= furt erwieſenen vielfältigen hohen Gnabenbezeugungen. K. U. K. Oe. 23.

Über ben unvermuteten Tobesfall bes Prinzen Lubwig. Ein beutſches Gebicht. Von Georg Rub. v. Stoſch unb ein lateiniſches von Bäbecker. K. B. B. St. 5894.

1688. Geburtstagsgebicht von ben Stubierenben ber Univerſität Frankfurt. K. U. K. Oe. 23.

Geburtstagsgebicht. Von Georg Rub. v. Stoſch. K. B. B. St. 5894.

Geburtstagsgebicht. Von ben Brübern Chriſt. Albr. unb Franz Lubw. v. Meinbers. K. B. B. St. 5886.

Lat. Geburtstagsgebicht. Von Heinr. v. Lith. K. B. B. St. 5894.

Warum ber Geburtstag Fr. Wilhelms mit bem Namens= tage ber Kurfürſtin zuſammengekommen. Von Beſſer.

Totenklagen, latein.: Aeternae memoriae magni in- victique herois, serenissimi potentissimi et gloriosissimi principis et domini Friderici

Wilhelmi etc. humillimum hunc atque supre-
mum cultum devotissime consecravit academia
Regiomontana. Nach einem kurzen Vorwort von
dem Rektor G. Woseginius, lat. Dichtg. von
den Professoren Bernhardus v. Sanden, Joh.
Phil. Pfeiffer, Christ. Dreier, Frid. Deutsch,
Theod. Pauli, Johann Christoph Boltz, Ach.
Christ. Ranger, Mart. Jeschke, Carol. Henr.
Charisius, Sigism. Döscher, Carol. Frid. Lau,
Joh. Behrent, Frid. Lepner, Joh. Henr.
Starcke, Phil. Jac. Hartmann, Georg. Rast,
Joh. Fridr. Wagnerus, Dan. Chr. Beckherr,
Andr. Hedio, Jac. Reich, Conr. Vogt, Barth.
Goldbach, Georg. Thegen, Laur. Weger,
Paulus Rabe. K. U. K. Oe. 14.
Monumentum pietatis. Von Jacob Möller. K. B. B.
St. 5894.
Deutsche: Eine Totenklage. Von Berh. von Sanden.
K. U. K. Od. 591.
Höchsterworbenes Heldendenkmal. Aufgerichtet von Konr.
Vogt. K. U. K. Oe. 14.
Ecloga oder Hirtengedicht über das vortreffliche Leichen-
begängnis Sr. Durchl. des Kurfürsten Fr. Wilhelm.
Von Michael Kongehl. K. U. K. Oe. 14.
Das doppelte Leben ꝛc. Von Gertraut Mollerin. K. U. K.
Oe. 14.
Die am Begräbnistage des großen Frieb. Wilh. wehklagende
Durchlauchtigste Kurfürstin Dorothea. Von Besser.
Lobgedicht oder Zunahme Fr. Wilh. des Großen. Von Besser.
Friedrich Wilhelms des Großen Abschied von Friedrich
(dem nachmaligen Könige). Von Besser.
Auf den Tod des großen Kurfürsten. Von G. Hesekiel.

IV. Periode: Von seinem Tode bis auf unsere Zeit.

Das Testament des großen Kurfürsten, hist. Schauspiel.
Von Putlitz.

Lied auf Friedrich III., der das Andenken seines großen
Vaters ehrt. Von Piwko.

Das Pferd Friedrich Wilhelms auf der Brücke zu Berlin.
Von G. E. Lessing.

Friedrich II. am Sarge des großen Kurfürsten. Von
Wilh. Martin.

L'art de la guerre, Chant III. Von Friedrich II.

Die Königin Luise in Schwedt. Von Weise.

Brandenburgs Glanz. Von Üchtritz.

Der große Kurfürst. Von Straß.

Friedrich Wilhelm dem Großen, dem Gründer Preußens.
Von J. A. Märcker.

Der große Kurfürst, in Ehlerts, „Charakterzüge aus dem
Leben Friedrichs Wilhelms III.," Bd. I.

Je Souviens-tu? Von Julie Rosenberger geb. Du Bois-
Reymond (Die franz. Colonie. 1887. No. 11.
S. 156).

1684 und 1884. Von Gerhard v. Amyntor.

1885. Prolog zu dem Feste der französischen Kolonie. Von
Fontane sen.

Dramatisches Festspiel. Von Fontane jun.

Gedenk, daß Du ein Deutscher bist. Von W. Martin.

1887. Die Hohenzollern. Von R. v. Schmeling. (Kriegspoesien.)

Eb. Freyhoff's Buchdruckerei, Oranienburg.